Arbeitskreis Wirtschaftsinformatik an Hochschulen für Angewandte Wissenschaften im deutschsprachigen Raum (AKWI)

Angewandte Forschung in der Wirtschaftsinformatik 2020

Tagungsband zur 33. AKWI-Jahrestagung
am 14.09.2020
ausgerichtet von der Hochschule Karlsruhe – Wirtschaft und Technik

herausgegeben von
Franz Nees, Ingo Stengel, Vera G. Meister, Thomas Barton,
Frank Herrmann, Christian Müller, Martin R. Wolf

mana-Buch, Heide

Bibliografische Information der Deutschen Nationalbibliothek:
Die Deutsche Nationalbibliothek verzeichnet diese Publikation in der Deutschen Nationalbibliografie, detaillierte bibliografische Daten sind im Internet über www.dnb.de abrufbar.

Angewandte Forschung in der Wirtschaftsinformatik 2020
Tagungsband zur 33. Jahrestagung des Arbeitskreises Wirtschaftsinformatik an Hochschulen für Angewandte Wissenschaften im deutschsprachigen Raum (AKWI) am 14.09.2020, ausgerichtet von der Hochschule Karlsruhe – Wirtschaft und Technik.

Herausgeber:
Franz Nees, Hochschule Karlsruhe – Technik und Wirtschaft, franz.nees@hs-karlsruhe.de
Ingo Stengel, Hochschule Karlsruhe – Technik und Wirtschaft, ingo.stengel@hs-karlsruhe.de
Vera G. Meister, Technische Hochschule Brandenburg, vera.meister@th-brandenburg.de
Thomas Barton, Hochschule Worms, barton@hs-worms.de
Frank Herrmann, Ostbayerische Technische Hochschule Regensburg, frank.herrmann@oth-regensburg.de
Christian Müller, Technische Hochschule Wildau, christian.mueller@th-wildau.de
Martin R. Wolf, Hochschule für Angewandte Wissenschaften Aachen, m.wolf@fh-aachen.de

Mitglieder des Programmkomitees:

Wolfgang Alm (HS Aschaffenburg)
Gunnar Auth (HS Meißen)
Thomas Barton (HS Worms)
Frank Bensberg (HS Osnabrück)
Stefan Bente (TH Köln)
Christian Czarnecki (HS Hamm-Lippstadt)
Christian Drumm (FH Aachen)
Ingo Elsen (FH Aachen)
Heinrich Faßbender (FH Aachen)
Andreas Heberle (HS Karlsruhe)
Frank Herrmann (OTH Regensburg)
Stephan Jacobs (FH Aachen)
Jürgen Karla (HS Niederrhein)
Norbert Ketterer (HS Fulda)
Steffen Kinkel (HS Karlsruhe)
Ute Klotz (HS Luzern Wirtschaft)
Bodo Kraft (FH Aachen)
Vera Meister (TH Brandenburg
Frank Morelli (HS Pforzheim)
Christian Müller (TH Wildau)
Franz Nees (HS Karlsruhe)
Rainer Neumann (HS Karlsruhe)
Jörg Puchan (HS München)
Stefanie Regier (HS Karlsruhe)
Harald Ritz (TH Mittelhessen)
Thomas Ritz (FH Aachen)
Andreas P. Schmidt (HS Karlsruhe)
Andreas Schmidt (HS Karlsruhe)
Klaus-Peter Schoeneberg (BHT Berlin)
Thomas Specht (HS Mannheim)
Ulrike Steffens (HAW Hamburg)
Ingo Stengel (HS Karlsruhe)
Matthias Vieth (FH Aachen)
Martin R. Wolf (FH Aachen)
Alfred Zimmermann (HS Reutlingen)

Redaktionsschluss: 17.08.2020
Erscheinungstermin: 14.09.2020

Verlag: mana-Buch, Feldblick 24, 25746 Heide, Germany, www.mana-Buch.de
Druck: Amazon Fulfillment
ISBN: 978-3-944330-66-2

Inhaltsverzeichnis

Geleitwort der Sprecherin des Arbeitskreises Wirtschaftsinformatik an Hochschulen für Angewandte Wissenschaften im deutschsprachigen Raum 5

Vorwort der Herausgeber 6

KI, Auswirkungen und Akzeptanz

Rationalität maschineller Entscheidungen im Unternehmen durch die Einbindung von „Explainable Artificial Intelligence" (XAI) 8
Frank Morelli, Simon Geschwill, Konrad Zerr, Christian Lossos

Akzeptanz von Chatbots in beruflichen Employee- und Manager- Self-Service-Anwendungen 18
Saskia Rafalski, Martin Przewloka, Martin Rupp

Effekte der Nutzung von digitalen und KI-Technologien auf Rückverlagerungen der Produktion 29
Steffen Kinkel, Enrica Cherubini

Die Wirkkraft der Sprache auf die Wahrnehmung neuartiger Technologien wie kollaborationsfähiger Roboter (Cobots) oder künstlicher Intelligenz (KI) 41
Tobias Kopp

Original oder Plagiat? Das neue Kontinuum wissenschaftlicher Arbeiten 53
Eike Meyer, Doris Weßels

Digitale Betreuungssysteme in der Pflege im ethischen und ökonomischen Spannungsfeld 61
Martin Przewloka

Prozessorganisation und Plattformen für Geschäftsprozesse

ERP-Reifegradansatz im Praxistest 72
Sandy Eggert

Postmoderne Organisationsformen fordern das IT-Management heraus – Kollektive Kooperation auf Distanz ist gefragt 82
Elvira Kuhn

Sicherheit und Datenschutz

Organisatorische Maßnahmen zu Erhöhung der IT-Sicherheit – Empfehlungen aus der Perspektive der Konflikttheorie 93
Klemens Köhler, Martin R. Wolf

Anforderungen an die IT-Dokumentation aus Sicht von Informationssicherheit und Datenschutz 103
Kristin Weber, David Veit, Andreas Johannsen

Prototypen und Modelle

Entwicklung und Evaluierung des Lernspiels „InnoV8" zur Verständnisförderung im Bereich Wirtschaftsinformatik 116
Mario Schüller, Klemens Köhler, Tamara Brettner, Martin R. Wolf

Ausprägung von Einflussgrößen bei der Konstruktion eines adaptiven Referenzmodells für hybrides Projektmanagement 127
Martina Königbauer

Semantic Feature Engineering für ElasticNet-Modelle 137
Johannes Busse

Autoren.. 146

Geleitwort der Sprecherin des Arbeitskreises Wirtschaftsinformatik an Hochschulen für Angewandte Wissenschaften im deutschsprachigen Raum

Liebe Teilnehmerin, lieber Teilnehmer,

Sie halten den Tagungsband zur 33. Jahrestagung des AKWI in den Händen, der unter sehr besonderen Bedingungen zustande gekommen ist. Planmäßig wären wir am 14.09.2020 an der Hochschule für Wirtschaft und Technik Karlsruhe mit einem Programm zusammengekommen, das die gesamte Breite der angewandten Forschung und Lehre in der Wirtschaftsinformatik repräsentiert. Die Planungen zu einer neuen Tagung beginnen immer sehr bald nach Abschluss der vergangenen und bei Versand des Call for Papers im Dezember 2019 war noch nicht absehbar, welche Einschränkungen und Herausforderungen auf uns in diesem Jahr zukommen werden.

Tatsächlich erreichten uns zunächst weniger Einsendungen als üblich. Wir mussten somit in einer ungewissen Situation weitreichende Entscheidungen treffen. Den Veranstaltern um Prof. Dr. Franz Nees und Prof. Dr. Ingo Stengel gebührt unser Dank, dass Sie nicht nur die Herausgabe des Tagungsbandes für die diesjährige Online-Tagung übernommen haben, sondern sich bereiterklärten, auch für die nächste AKWI-Jahrestagung als Gastgeber zur Verfügung zu stehen – dann hoffentlich wieder vor Ort. Der Tagungsband fällt also in diesem Jahr etwas schmaler aus als zuletzt gewohnt. Dennoch haben alle Beiträge den bereits etablierten doppelblinden Begutachtungsprozess durchlaufen. Auch ohne Einnahmen aus Tagungsgebühren im laufenden Jahr konnte der AKWI Mittel bereitstellen, um den Tagungsband neben dem offenen Online-Zugang wie gewohnt in gedruckter Form herauszugeben. Er wird im Anschluss an die Tagung allen Mitgliedshochschulen zugesandt.

Im Oktober letzten Jahres musste unser Arbeitskreis durch den unerwarteten Tod von Christian Seel einen herben Verlust hinnehmen. Christian Seel hat die Arbeit des AKWI in den letzten Jahren maßgeblich mitgestaltet. Sein Engagement reichte von der Herausgeberschaft der jährlichen AKWI-Tagungsbände sowie der seit einigen Jahren im Springer-Verlag erscheinenden Buchreihe "Angewandte Wirtschaftsinformatik", über vielfältige Initiativen zur Förderung von Forschung und Transfer im Kontext des AKWI bis zu unermüdlicher Publikationstätigkeit – zumeist in fruchtbarer Kooperation mit seinen zahlreichen Doktoranden und Studierenden. Besonders hervorzuheben ist Christian Seels Initiative, dem AKWI auch auf DACH-weiten, großen WI-Konferenzen mehr Sichtbarkeit zu verleihen. Er war unglaublich breit vernetzt in Wirtschaft, Wissenschaft und Verwaltung. Wir sind jetzt in der Pflicht, diese Aktivitäten in seinem Sinne fortzuführen und weiterzuentwickeln.

Dass jede Krise auch wertvolle Entwicklungschancen birgt, haben wir in den letzten Monaten in unserer täglichen Arbeit erfahren. Ich verbinde diese Erkenntnis mit der Hoffnung, dass es uns gelingen möge, das Format der diesjährigen Tagung als Test neuer – vielleicht ergänzender Formate – auch für zukünftige Vor-Ort-Tagungen zu nutzen.

Prof. Dr. Vera G. Meister, Sprecherin des AKWI

Vorwort der Herausgeber

Liebe Leserinnen und Leser,

Sie halten den Tagungsband zur 33. Jahrestagung des „Arbeitskreises Wirtschaftsinformatik an Hochschulen für Angewandte Wissenschaften im deutschsprachigen Raum" (AKWI) der Gesellschaft für Informatik e.V. in Ihren Händen.
Die Veranstaltung des AKWI war für den 14. September 2020 an der Hochschule Karlsruhe geplant. Die aktuellen Bedingungen haben uns bewogen die Herausforderung anzunehmen und einen weiteren Schritt in Richtung Digitalisierung zu gehen. Deshalb findet die Veranstaltung zum 33. Jahrestag diesmal online statt.
Die Themen der Beiträge spiegeln die aktuellen Entwicklungen in der Forschung und in der Industrie zum aktuellen Zeitpunkt wider. Dabei sind die Themen künstliche Intelligenz sowie deren Auswirkung und Akzeptanz immer bedeutsamer für die Wirtschaftsinformatik geworden. Auch die Themen IT-Sicherheit und Datenschutz und hier besonders im Hinblick auf organisatorische Maßnahmen und Dokumentation spielen eine immer wichtigere Rolle. Der Themenbereich Prozessorganisation schließlich setzt sich mit den aktuell geänderten Arbeitsbedingungen auseinander und spricht die kooperative Kooperation auf Distanz an. Traditionell spielen zu guter Letzt Prototypen und Modelle eine wichtige Rolle und weisen auf die Praxisrelevanz der Beiträge im Bereich der Wirtschaftsinformatik hin.
Wir bedanken uns bei den Autorinnen und Autoren für die Einreichungen in diesen herausfordernden Zeiten. Die Erstellung des Bandes wurde durch die gute Kooperation, das pünktliche Abliefern der Beiträge sowie das Beachten der Hinweise der Gutachter und des Organisationskomitees vereinfacht.
Das Organisationskomitee bedankt sich bei den Gutachterinnen und Gutachtern für die konstruktiven Anmerkungen und für das zügige Erstellen der Gutachten, sowie bei Frau Nasutta für das Lektorat und die Erstellung des Tagungsbandes.

Karlsruhe, im August 2020

Prof. Franz Nees (HS Karlsruhe)
Prof. Dr. Ingo Stengel (HS Karlsruhe)
Prof. Dr. Vera G. Meister (TH Brandenburg)
Prof. Dr. Thomas Barton (HS Worms)
Prof. Dr. Frank Herrmann (OTH Regensburg)
Prof. Dr. Christian Müller (TH Wildau)
Prof. Dr. Martin Wolf (FH Aachen)

KI,
Auswirkungen und Akzeptanz

Rationalität maschineller Entscheidungen im Unternehmen durch die Einbindung von „Explainable Artificial Intelligence" (XAI)

Frank Morelli, Simon Geschwill, Konrad Zerr, Christian Lossos

Zusammenfassung

Machine Learning (ML)-Systeme versprechen scheinbar bessere unternehmerische Entscheidungen. Anhand eines vergleichsweise einfachen IT-technischen Anwendungsbeispiels zum Kampagnenmanagement lässt sich jedoch zeigen, dass trainierte Modelle mit einer akzeptablen Accuracy die Entscheidungsrationalität einschränken können. Entsprechende Risiken sowie regulatorische Aspekte machen Transparenz und Fairness erforderlich, was die in der Unternehmenspraxis eingesetzten XAI-Post-hoc-Ansätze restringiert. Ein performantes Zusammenwirken mit menschlichen Entscheidungsträgern kann erzielt werden, wenn man traditionelle XAI-Ansätze um Entscheidungsheuristiken ergänzt. Dies eröffnet Potenziale für zukünftige Forschungsaktivitäten.

1 Rationalität als Anforderung an unternehmerische Entscheidungen

Rationale Entscheidungen setzen beim Menschen Fachwissen und Erfahrung voraus. Darauf aufbauend eröffnet die Intuition von Fachexperten in Form von ganzheitliche Assoziationen Chancen für nachhaltiges und verantwortliches Handeln [Chlu17]. Als „rational" können unternehmerische Entscheidungen dann bezeichnet werden, wenn sie eine eindeutige und nachvollziehbare Mittel-Zweck-Relation aufweisen. Aus mehreren Handlungsalternativen ist diejenige auszuwählen, welche der bestmöglichen Umsetzung unternehmerischer Zielsetzungen dient. Als „bestmöglich" gilt entsprechend der Subjectively Expected Utility (SEU)-Theorie [Vogt10] diejenige Alternative, die den maximalen Grad der Zielerreichung verspricht. Alternativ hierzu erweist sich gemäß dem „Discrimination Model" die voraussichtlich größte positive Differenz der Zielerreichung zum durchschnittlichen Zielerreichungsgrad aller Alternativen als optimal [Linde81]. Entscheidungen sind dabei selten singulär, sondern meist in einem komplexen Entscheidungsnetz mit vor- und nachgelagerten, sich gegenseitig beeinflussenden Entscheidungen sowie dem Entscheidungsumfeld verwoben. Die Grenzen rationaler menschlicher Entscheidungen liegen u.a. in der Fähigkeit des Gehirns, solche komplexen Entscheidungszusammenhänge ganzheitlich zu durchdringen. Eine Informationsüberlastung durch große Datenmengen beinhaltet die Gefahr, relevante Zusammenhänge zu vernachlässigen und dadurch irrationale, d.h. nicht zieladäquate Entscheidungen zu treffen [Chlu17].

Unter künstlicher Intelligenz bzw. „Artificial Intelligence" (AI) wird nachfolgend die Fähigkeit von Maschinen verstanden, durch die kontextorientierte Verarbeitung von Daten komplexe Aufgaben selbstständig und zielorientiert zu lösen. Mit ihr ist die Hoffnung auf eine rationale Entscheidungsfindung verbunden. Gegenwärtig werden im AI-Kontext insbesondere Verfahren des maschinellen Lernens (ML) diskutiert. Diese basieren auf Algorithmen, die durch kontinuierliches Überprüfen und Verbessern ihrer Ergebnisse Lernprozesse simulieren. Sie zielen auf die Entdeckung von Korrelationen in Datensätzen ab und erlauben so die Identifikation von darin enthaltenen Mustern. ML ist daher bei großen Datenmengen und heterogenen Datenbeständen sinnvoll einsetzbar. Bei ML handelt es sich zumeist um „Black-Box"-Ansätze. Diese Verfahren legen keine kausalen Zusammenhänge zwischen Variablen offen. Die Nachvollziehbarkeit der Ergebnisse und damit der Entscheidungen einer solchen AI ist daher nicht oder nur sehr eingeschränkt gegeben. Der XAI-Forschungsbereich versucht diesen „Black-Box"-Charakter zu beheben und die Transparenz als wesentliches Kriterium rationaler maschineller Entscheidungen zu verbessern. Bislang entwickelte Methoden basieren hierbei ausschließlich auf formallogischen, mathematischen Verfahren [AdBe18]. Diese vernachlässigen, dass unternehmerische Entscheidungen immer auch in einen soziokulturellen und organisationspsychologischen Kontext eingebettet sind. Um Entscheidungen im Unternehmen zu optimieren werden in diesem Artikel deshalb Heuristiken für eine Mensch-Maschine-Kooperation vorgestellt, die solche Kontexte berücksichtigen.

2 Ausprägungen gegenwärtig diskutierter XAI-Gestaltungsansätze

Ziel von XAI ist die Sicherstellung transparenter und erklärbarer maschineller Entscheidungen. Eine Erklärung stellt letztlich die finale Antwort auf eine Frage dar [Gi++18]. Sie ist gebunden an Wissen, Kognition und die individuellen Interpretationen eines menschlichen Empfängers. Hieraus ergibt sich ein Spannungsverhältnis zwischen Interpretierbarkeit und Vollständigkeit des Wissens. Interpretationen sind für den Rezipienten verständliche, mit für ihn bedeutungsbehafteten Begriffen formulierte Beschreibungen komplexer Systeme. Vollständigkeit fordert die Erfassung aller eine Entscheidungssituation prägenden Operationen und Informationen bzw. Parameter. Mit dem Zeitpunkt, an dem die „Erklärbarkeit" ansetzt, lassen sich drei generische XAI-Ansätze unterscheiden (vgl. Abb. 1): [Khal19]

- *Ante-hoc-Konzepte* umfassen u.a. explorative Analysen von Datensätzen mittels mathematisch-statistischer Verfahren. Einblicke in zugrundeliegenden Datensätze ermöglichen hierbei z.B. Heat-Maps, Bi-Plots oder Histogramme. Ferner lassen sich statistische, datenbeschreibende Kennzahlen, wie z.B. Mittelwerte, Varianzen und Zusammenhangsmaße erfassen oder implizite Muster in den Daten z.B. durch Clusteranalysen oder andere multivariate Verfahren aufdecken. Sie helfen auch bei der Ausgestaltung einer nachvollziehbaren Dokumentation durch automatisch generierte Variablen. In diesem Kontext kann die Erfahrung von Experten helfen, Datensätze besser zu verstehen und zu erklären.
- *Designansätze* zielen auf die Entwicklung von einfachen, interpretierbaren Rechenmodellen ab. Dabei wird das Gesamtsystem in überschaubare Module aufgegliedert. Auf der „kleinteiligen" modularen Ebene verspricht man sich eine bessere Erklärbarkeit („White Box"). Solchen Modellen wird allerdings ein Zielkonflikt zwischen Erklärbarkeit und Performance („Interpretability vs. Performance Trade-off") attestiert: Sie weisen eine designbedingte geringere Leistungsfähigkeit bei der Modellierung komplexer Aufgabenstellungen im Vergleich zu „Black-Box"-Modellen, wie z.B. tiefen neuronalen Netzen, auf. Zusätzlich zu berücksichtigen ist, dass auch „White-Box"-Modelle sehr komplex und unübersichtlich sein können, z.B. bei hochdimensionalen Datensätzen, sehr tiefen Entscheidungsbäumen oder breiten Entscheidungsregeln.
- *Post-hoc-Konzepte* lassen sich in drei Untergruppen unterteilen: Techniken des *Model Debugging* beschäftigen sich mit Residual- und Sensitivitätsanalysen sowie mit der

Generierung von adversarialen Beispielen. Im letzteren Fall kann beispielsweise die Veränderung von Pixeln eines Bildes das Modell zu einer falschen Klassifikation desselben provozieren. Demgegenüber sind Menschen häufig in der Lage, solche „Manipulationen" unmittelbar zu erkennen. *Post-hoc-Erklärungen* kann man auf „Black-Box"-Modelle anwenden [Ar++20]. Die Verfahren lassen sich in modellagnostische und modellspezifische Verfahren differenzieren. Modellagnostische Ansätze werden im Nachgang auf ein trainiertes Modell angewendet und erzeugen eine Erklärung für die Entscheidungsfindung des Modells. Modellspezifische Verfahren sind in ihrer Anwendungsart auf bestimmte Klassen von Modellen reglementiert. Unter *Post-hoc- Bias-Einschätzungen* lässt sich das Erkennen und Beseitigen von u.a. disparaten Einflüssen im Kontext eines Modells verstehen. Eine disparate Einflussanalyse beschreibt die Divergenz im Output für verschiedene Gruppen. So kann es bspw. basierend auf einem ML-Modell für Gruppen verschiedener Ethnien zu unterschiedlichen Kreditentscheidungen kommen. Besonders das Prozedere des sogenannten „Redlining" aus dem Finanzsektor hat hierbei Aufsehen erlangt: Auch wenn die Ethnie in den Modellen als Inputfaktor nicht explizit benutzt wird, kann es aufgrund ihrer Korrelationen mit Einkommen, Adresse und anderen Faktoren zu einer rassistisch-verzerrten Vorhersage kommen [WaUC18].

Die generischen XAI-Konzepte lassen sich in Form von „hybriden" Gestaltungsansätzen kombinieren: Diese zielen durch die Vermischung von White- und Black-Box-Modellansätzen darauf ab, die Leistungsfähigkeit bzw. die Vorhersagekraft eines Modells zu steigern, indem z.B. ein performantes neuronales Netz mit der Erklärbarkeit eines „White-Box"-Modells kombiniert [Ar++20] wird. Die Verankerung von Vorhersage und Erklärung in einem Modell setzt allerdings nachvollziehbare Trainingsdaten voraus. Die angebotenen Erklärungen repräsentieren außerdem nicht den tatsächlichen Entscheidungspfad des Modells, sondern eine vereinfachte, für den Menschen interpretierbare Beschreibung. Anpassungen der Architektur zur Schaffung von Erklärbarkeit fokussieren sich auf tiefe neuronale Netze und nutzen spezielle Verlustfunktionen, um z.B. bei Prototypen einer Klassifikation zu lernen. Durch Hinzunahme von regulierenden Termen in den Verlustfunktionen sollen Modelle automatisiert ausgestaltet werden, deren Entscheidungsgrenzen sich durch „White-Box"-Modelle wie Entscheidungsbäume approximieren lassen. Dieses Ersatzmodell simuliert die Vorhersage in einer verständlicheren Art.

Die aufgezeigten XAI-Ansätze bieten viele Möglichkeiten, Wissen über trainierte Modelle zu erlangen. Es sind aber auch deren Grenzen näher zu definieren. Der Zielkonflikt zwischen Interpretierbarkeit und Vollständigkeit sorgt in komplexen Systemen für Situationen, in denen das System an den jeweiligen Enden eines Kontinuums zu komplexe bzw. zu einfache und dadurch irreführende Erklärungen produziert. Post-hoc-Ansätze können die Entscheidungsgrenzen der Modelle schätzen, aber sie berechnen keine optimale Lösung. Zudem zeigen die dargestellten XAI-Ansätze zwar Überschneidungen mit den aktuell diskutierten Ansätzen zur „Fairness-Schätzung" [GaPe17], sind damit aber nicht gleichzusetzen. Bei diesen Ansätzen geht es im Kern darum, Verzerrungen in den für das Training verwendeten Datensätzen und damit verbundene Diskriminierungen auf unterschiedlichen Ebenen in maschinellen Entscheidungen erkennen und ausschließen zu können. XAI-Methoden liefern eine Hilfestellung dafür, Verzerrungen in den Trainingsdaten transparent und erklärbar zu machen und leisten insoweit einen Beitrag zur Schaffung von „Fairness". Es ist daher erforderlich, Varianten der Fairness-Schätzung mit XAI-Methoden zu kombinieren.

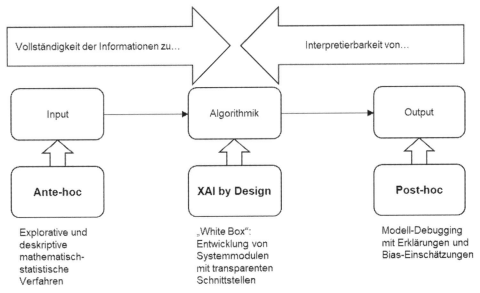

Abbildung 1: Übersicht der verschiedenen XAI-Ansätze

3 Anwendung der XAI-Ansätze am Beispiel eines ML-Prototypen zur Beurteilung einer Direktmarketingkampagne im Bankensektor

3.1 Entscheidungsproblem

KI-Modelle ermöglichen die Berechnung der Erfolgswahrscheinlichkeit zielgruppenspezifischer Kampagnen und die Vermeidung kostenintensiver Streuverluste zur Ressourcenoptimierung im Marketing. Allerdings bergen fehlerhaft modellierte Ursachen-Wirkungszusammenhänge die Gefahr mangelhafter Vorhersagen. Daher ist es erforderlich mittels XAI-Verfahren die Modellgüte erklären zu können. Im Folgenden wird ein Beispielmodell kreiert und mittels XAI-Ansätzen analysiert.

3.2 Dateninput

Der verwendete Datensatz enthält 45.211 Beobachtungen einer Telefon-Marketing-Kampagne eines portugiesischen Bankinstituts. [CoRi14] Die Daten der Telefonanrufe dienen zur Berechnung des Kampagnenerfolgs, der im Einrichten eines Festgeldkontos besteht. Mit 5.289 Erfolgen liegt ein unausgeglichener Datensatz vor, da nur ca. 11 % der Beobachtungen zum Erfolg bzw. Abschluss führten. Dies gilt es zu berücksichtigen, wenn im weiteren Verlauf Maße der Modellgüte wie bspw. Accuracy interpretiert werden.
Eine explorative Datenanalyse zeigt, dass der Datensatz zur Modellbildung 17 Attribute mit persönlichen Daten der Bewerber wie Alter, Job, Bildung, Familienstand, finanzielle Situation oder auch Merkmale der Kontakthistorie rund um die Kampagne bereitstellt. Dabei wird die im Datensatz abgebildete Dauer des im Rahmen der Kampagne durchgeführten letzten Anrufs nicht berücksichtigt, da diese Variable nicht als Prognosevariable verwendbar ist. Die kategorialen Attribute wie Job, Familienstand, Bildung, Kontaktart oder das Ergebnis der vorherigen Kampagne sind mittels One-Hot-Encoding in binäre Variablen übersetzt. Das Alter der Kunden ist wie folgt abgebildet: Zur Kategorie „Jung" gehören alle Kunden unter

30, das „mittlere Alter" bilden die über 30 und die unter 50-jährigen ab und alle Kunden, die 50 und älter sind, repräsentieren mit „Alt" die dritte Kategorie. Ziel dieser Unterteilung ist eine Analyse der Auswirkung verschiedener Altersgruppen im Rahmen der Erfolgsprognose des Modells. Zum besseren strukturellen Verständnis des Datensatzes, ist in Tabelle 1 am Beispiel „Alter" eine Analyse der Verteilung vorgenommen worden.

	Datensatz (%)	Kommunikations-zielgruppe	Marketing-zielgruppe	Bevölkerung (% in 2020)
Jung	15,5	?	?	29,6
Mittleres Alter	64	?	?	27,5
Alt	20,5	?	?	42,9
GESAMT	(n = 45.211)			(n = 10.286.263)

Tabelle 1: Häufigkeitstabelle als Basis einer „Verteilungsanalyse" am Beispiel der unabhängigen Variablen „Alter"

Schon dieses einfache Beispiel zeigt, dass die Beurteilung der „Fairness" eines Datensatzes herausfordernd und komplex sein kann: Zum einen stellt sich die Frage, welche der oben in der Tabelle aufgeführten Gruppen (Kopfzeile) letztlich als Vergleichsgruppe zur Identifikation von Disproportionalitäten und damit „Fairnessproblemen" herangezogen werden soll. Ohne Werturteile des Marketingmanagements ist diese Frage nicht zu beantworten. Zum anderen erscheint es bereits im obigen einfachen Beispiel nicht trivial, für alle der genannten Gruppen und alle zu betrachtenden Variablen überhaupt valide Vergleichsdaten zu erhalten. So lagen im vorliegenden Fall bspw. keine Daten zur konzeptionell definierten Kommunikations- und Marketingzielgruppe vor.

3.3 Modellierung des Bankdatensatzes (Algorithmik)

Zur Berechnung der Wahrscheinlichkeit eines Kampagnenerfolgs wurde ein neuronales Netz mit Hilfe der Python-Deep-Learning-API-Keras trainiert. Sieben lineare Schichten mit einer variierenden Anzahl von bis zu 264 Neuronen resultieren in 63.682 Parametern, die erlernt werden mussten. Verglichen mit modernen Modellen mit hunderten Millionen Parametern ist dies ein einfaches Konstrukt, das aber bereits von ungenügender Modellentwicklung betroffen sein kann. Das Modell wurde über 10 Epochen mit einer Batch-Size von 100, anhand der Accuracy-Metrik, trainiert. Es resultiert in einer Accuracy von 0.88 und einem F1-Gütemaß von 0.46 auf den zurückgehaltenen Testdaten. Diese Werte deuten, je nach Anwendungsszenario, auf ein akzeptables Modell hin. Ohne weitere Untersuchungen könnte dies zur Annahme des Modells führen. Dies würde jedoch nicht die fehlende Balance des Datensatzes zwischen Annahme der Produkte einerseits und Auswirkung auf die Risikomaße andererseits reflektieren: Während der Accuracy-Wert die Annahme des Modells noch rechtfertigen könnte, zeigt der F1-Score dessen schlechte Generalisierung auf die Testdaten durch den verkürzten Trainingsprozess und die hohe Anzahl an Neuronen.

3.4 Modellbeurteilung mittels XAI und Fairnessanalysen (Output)

XAI hilft aufzuzeigen, an welchen Punkten das Modell schlecht gefittet wurde. Dabei ist auch zu überprüfen, ob vorhandenen Gruppen die gleiche Repräsentation haben bzw. der angewendete ML-Algorithmus keine diskriminierende Einschätzung einer Gruppe erlernt. Im vorliegenden Fall wird auf Post-hoc-Erklärungen zur Erhöhung der Transparenz der generierten Ergebnisse zurückgegriffen.

Die spieltheoretisch optimalen Shapley-Values sind ein additives Maß, um einzelnen Variablen eine Wichtigkeit zuordnen zu können. Die Informationen dieser Werte lassen sich nutzen, um Fehlstellungen im trainierten Modell zu erkennen. Hierbei wird ein Erklärungsmodell als Linearfunktion von binären Variablen kreiert, welches jeder Variable einen Effekt zuordnet. In einer zugehörigen Analyse des Datensatzes zeigt sich, dass die Variable „pdays" (Anzahl der Tage seit dem letzten Kontakt einer vorherigen Kampagne) neben anderen wie z. B. „contact" den größten Einfluss im Rahmen des Modells besitzt.

Die häufige Verwendung binärer Variablen im Rahmen dieses Modells ermöglicht eine trennscharfe Analyse des jeweiligen Einflusses von verschiedenen Variablen auf die Modellvorhersage. Ein weiterer Ansatz, den Einfluss der einzelnen Variablen auf die Modellvorhersage aufzuzeigen, sind sogenannte „Partial Dependence Plots". Diese Methoden zeigen den Einfluss einer Variablen auf die Vorhersage des Modells, indem dieser über die Verteilung aller anderer Variablen marginalisiert wird [Fried01]. Dabei kann man den Einfluss einzelner oder mehrerer Variablen gemeinsam auf die Vorhersage ermitteln. Beispielsweise reduziert sich im Prototypen die Wahrscheinlichkeit von 15 % auf 5 % für die gleiche Anzahl an Tagen, wenn der mögliche Kunde ein höheres Guthaben besitzt. Die Implementierung eines solchen Modells könnte zu einem fehlenden Kontakt und damit zu potenziellen wirtschaftlichen Einbußen und einer Verschlechterung der Marketingeffizienz für die Bank führen. Allerdings kann diese Methodik im Rahmen der Marginalisierung durch Monte-Carlo-basierte Varianten implausible Datenpunkte erschaffen.

ML-Verfahren basieren auf mathematischen Methoden, welche von Datensätzen abhängen, auf denen sie trainiert werden. Liegen mit Blick auf das definierte Vorhersageziel verzerrte Gruppenverteilungen im zugehörigen Datensatz vor, werden diese auch in den herausgebildeten Modellen abgebildet. Daher ist es unerlässlich die Trainingsdaten auf einen disparaten Einfluss auf die Vorhersagefunktion zu überprüfen [Fe++14]. Im vorliegenden Modell lassen sich z. B. unterschiedliche Erfolgswahrscheinlichkeiten insbesondere zwischen Gruppen identifizieren, die mit Blick auf die Variablen Einkommen, Bildung aber auch Alter variieren. Eine Unterscheidung zwischen den für die Zielfunktion relevanten und den irrelevanten Verzerrungen erweist sich deshalb als bedeutsam.

Im Rahmen des Anwendungsfalls zeigt sich diese Problematik besonders deutlich für die Gruppen „mittleres Alter" (0,64), „Selbstständige" (0,70) und „Arbeiter" (0,56). Hinzu kommen weitere Gruppen, z. B. „Kontaktart unbekannt" (0,27) oder bei einem unbekannten Ausgang der vorherigen Kampagne (0,39). Da auf Basis der ungleich verteilten Daten das ML-Verfahren ebenfalls einen disparaten Einfluss erlernt, zeigt sich für den im zweiten Schritt verwendeten Testdatensatz eine geringere Vorhersage des Marketingerfolgs und damit eine ungleiche Behandlung der Gruppen („mittleres Alter" (0,37), „Selbstständige" (0,20) und „Arbeiter" (0,46)). Dies impliziert die Notwendigkeit einer Analyse der Trainingsdaten, um diese Effekte wahrzunehmen und zu managen.

Letztlich bedarf es maßgeblich menschlicher Expertise aus unterschiedlichen Bereichen wie z. B. Marketing, Predictive Analytics und Statistik, um den Einfluss der durch das Modell identifizierten Zusammenhänge zwischen den Variablen auf sachlogische Plausibilität zu überprüfen. Methodisch-technische Lösungen alleine erscheinen bereits im vorliegenden Anwendungsbeispiel nicht ausreichend, um die Prognose fehlerhafter Werte ausschließen und damit verbundene Fehlallokationen des Marketingbudgets verhindern zu können. XAI wird insgesamt erst durch das Einbringen interdisziplinärer Kompetenzen von Business Analysten, Citizen Data Scientists, Enterprise Architekten, Fachexperten und Systemarchitekten in einen Prozess der diskursiven Modellevaluation ermöglicht.

4 Defizite „traditioneller" XAI-Ansätze zur Beurteilung rationaler unternehmerischer Entscheidungen

4.1 Ausblendung regulatorischer Rahmenbedingungen in der Entscheidungsfindung

Das vorangegangene Kapitel illustriert, dass die Übertragung eines Entscheidungsproblems auf ML-Algorithmen Risikopotenziale aufweist. Allgemein sind im Rahmen der Entscheidungsfindung auf Basis von großen Datenmengen mit multiplen Korrelationen oftmals personenbezogene (Kunden-)Daten zu berücksichtigen. Entsprechend müssen Unternehmen externe Regularien wie z. B. die DSGVO berücksichtigen. Daraus ergeben sich vielfältige und komplexe Anforderungen, um den Schutz der Daten individueller, natürlicher Personen zu gewährleisten. Weitere externe Anforderungen wie das Allgemeine Gleichbehandlungsgesetz (AGG) erfordern eine hohe Sorgfalt bei der Implementierung von ML. In der Praxis haben die vielfältigen, rechtlichen Anforderungen bereits vereinzelt zur Ausgestaltung von internen Regularien gemäß einer Corporate Governance zur Entwicklung und Anwendung von AI bzw. von ML geführt.

4.2 Fokussierung auf formallogisch abbildbare Rationalität

Rationalität fungiert als zentrale Anforderung an unternehmerische Entscheidungen. Diese gelten als rational, wenn sie mit Blick auf ihre Zieladäquanz, d. h. ihren Mittel-Zweck-Charakter, begründbar und damit intra- und intersubjektiv nachvollziehbar erscheinen [Sche09]. Aus diesem Rationalitätsverständnis ergeben sich für die Beurteilung vier zentrale Fragestellungen:

- *Relationsproblem:* Welche Ziele werden mit einer Entscheidung verfolgt? Sind diese alle expliziert und operationalisiert oder existieren „verdeckte", d.h. nicht offen gelegte Zielsetzungen? Bei multiplen, sozioökonomischen Systemen betreffenden Zielen existieren zudem mehrere Rationalitäten. Das Relationsproblem lässt sich daher weiter in die Kategorien Zweck-, Wert- und affektive Rationalität differenzieren.
- *Vollständigkeitsproblem:* Welche und wie viele Entscheidungsalternativen liegen vor? Sind tatsächlich alle relevanten Alternativen bei der Entscheidungsfindung berücksichtigt oder existieren hier auf die verwendeten Inputdaten und Algorithmen zurückzuführende Restriktionen?
- *Modellierungsproblem:* Wie gut können die mit den jeweiligen Entscheidungsalternativen verbundenen Risiken und Unsicherheiten modelliert und die jeweils resultierenden Zielerfüllungsgrade mit den einzelnen korrespondierenden Erwartungssicherheiten prognostiziert werden? Die Rationalität von Entscheidungen hängt von der Qualität der Modelle zur Abschätzung der Zielerreichungsgrade und den damit verbundenen Erwartungssicherheiten ab.
- *Begründungsproblem:* Kann die Entscheidung intra- und auch intersubjektiv nachvollziehbar begründet werden und wenn ja, welche Wertigkeit und Belastbarkeit weisen die Begründungen zugunsten einer Entscheidung auf? Rationalität setzt voraus, dass es hinsichtlich des Mittel-Zweck-Charakters der Entscheidung Begründungen gibt und diese ein Mindestmaß an Valenz und Resilienz aufweisen.

Der Rationalitätsbegriff erweist sich als komplex: Mit Blick auf das „Relationsproblem" gilt es z. B. nicht nur die einem System vorgegebenen ökonomischen Zielgrößen transparent und nachvollziehbar zu begründen. Vielmehr müssen auch die mit dem Einsatz von AI-Systemen verbundenen Wertorientierungen und affektiven Zielsetzungen bzgl. der „Befindlichkeiten" der Entscheider, Mitarbeiter oder Kunden abgleichbar sein. Dies erscheint mit gegenwärtigen XAI-Konzepten nicht vollständig umsetzbar und ein interessanter Aspekt für weitere Forschungsaktivitäten zu sein. Ebenso verhält es sich mit dem Fairnessbegriff, der zwar interdisziplinär etabliert ist, in der Wirtschaftsinformatik allerdings in einer engen Begriffsfassung interpretiert wird: Er steht hier primär für eine "Strukturanalyse" zur Identifikation von Disproportionalitäten in den verwendeten Datensätzen im Vergleich zur definierten Grundgesamtheit. Es ist jedoch zu hinterfragen, ob Disproportionalitäten bzw. Verzerrungen in den Daten stets mit „Unfairness" im Sinne der Fairnessforschung gleichgesetzt werden dürfen.

5 Ausblick: Notwendigkeit der Erweiterung traditioneller XAI-Ansätze um Entscheidungsheuristiken

Die aufgezeigte Problematik traditioneller XAI-Verfahren verdeutlicht die Notwendigkeit zusätzlicher Instrumente zur Schaffung von Transparenz und Rationalität in unternehmerischen Entscheidungen. Heuristiken sind hier als pragmatischer Kompromiss zwischen rationalistischer Euphorie und empiristischer Dysphorie zu verstehen. Sie sollen dazu dienen, gute Entscheidungen zu fällen, ohne deren Optimalität und Zuverlässigkeit garantieren zu können. Für die Zwecke der Konstruktion und Evaluation von Heuristiken kommt es primär auf deren Beitrag zur realen Entscheidung, d.h. deren praktische Einsetzbarkeit und Lösungsqualität, an. Entscheidendes Prüfkriterium für die Beurteilung im XAI-Kontext ist die Frage: Sind sie zur Konstruktion von kooperativen Entscheidungen zwischen Mensch und Maschine zweckmäßig und geeignet, d.h. erlauben sie die Ableitung sinnvoller Lösungen in unternehmerischen Entscheidungssituationen?
In Analogie zum Ansatz der ganzheitlichen Evaluierung von Industrie-4.0-Konzepten („Heuristik 4.0") [HiKa19] wird ein sich auf mehrere Ebenen erstreckendes Postulat für die Mensch-Maschine-Interaktion vorgestellt:

- *Nachvollziehbarkeit:* Bei der Abwägung zwischen der Modellperformanz (z.B. Genauigkeit, Präzision) und Modelldeutbarkeit ist die zweite Kategorie für ein kooperatives Zusammenwirken bedeutsamer.
- *Flexibilität:* Entscheidungsfreiheit bei der Nutzung von ML-Systemen steigert die Akzeptanz für die Kooperation bei den menschlichen Entscheidungsträgern.
- *Kommunikationsunterstützung:* Die Transparenz von ML-Systemen muss auf unterschiedlichen Ebenen vorliegen (Gesamtmodell, einzelne Komponenten und Algorithmeneinsatz). Generell sind visuelle Erklärungen zu präferieren. Eine Interaktion zwischen XAI-System und Nutzer ermöglicht dabei zusätzlich die Erhöhung der Akzeptanz.
- *Informationsaustausch:* Die zur Verfügung gestellten Daten müssen den Unternehmens-Governance- und -Compliance-Anforderungen genügen. Diese sind zyklisch zu aktualisieren.
- *Balance:* Die Kooperation und der Aufbau von Erfahrungen sind seitens der menschlichen Entscheidungsträger durch das Unternehmen in geeigneter Weise zu fördern.
- *Kompatibilität:* Unternehmen haben der Situation Rechnung zu tragen, dass es sich um ein dynamisches, lernendes System handelt. Die Zielstruktur ist im Entscheidungsmodell abzubilden und muss konsistente Ergebnisse liefern. Es ist ein systematischer

Kompetenzaufbau der Entscheidungsträger für den Umgang mit XAI-Systemen zu betreiben. Die Auswahl der Methoden im Rahmen eines XAI-Systems muss dabei anhand vordefinierter Kriterien erfolgen [SoFl20].
- *Organisationseffizienz:* Der Entscheidungsprozess ist möglichst durchgängig durch XAI-Systeme zu begleiten.
- *Unterstützungstechnologie:* Als Spielregel für die Interaktion hat das ML-System dem menschlichen Entscheidungsträger rechtzeitig und in geeigneter Form Vorschläge zu unterbreiten und keine Anweisungen zu tätigen. Der Entscheidungsprozess darf durch das ML-System nicht behindert werden. Dieses „Zuliefersystem" steht für eine Arbeitsteilung, in welcher der Mensch bei auftretenden Unsicherheiten maßgeblich die Verantwortung übernimmt.

Der Wirkungsgrad einer Heuristik lässt sich allerdings erst bestimmen, wenn hinreichende Einsatzerfahrungen vorliegen.

Literaturverzeichnis

[AdBe18]   Adadi, Amina; Berrada, Mohammed: Peeking Inside the Black-Box: A Survey on Explainable Artificial Intelligence (XAI). In: IEEE Access Volume: 6 (2018), S. 52138–52160.

[Ar++20]   Arrieta, Al Alejandro Barredo; Díaz-Rodriguez, Natalia; Del Ser, Javier; Bennetot, Adrien; Tabik, Siham; Barbado, Alberto; Garcia, Salvador; Gil-Lopez, Sergio; Molina, Daniel; Benjamins, Richard; Chatila, Raja; Herrera, Francisco: Explainable Artificial Intelligence (XAI): Concepts, taxonomies, opportunities and challenges toward responsible AI. In: Information Fusion Volume 58 (2020), S. 82–115.

[Chlu17]   Chlupsa, Christian: Der Einfluss unbewusster Motive auf den Entscheidungsprozess. Gabler Verlag, München, 2017.

[CoRi14]   Cortez, Moro, P.; Rita, P.: A Data-Driven Approach to Predict the Success of Bank Telemarketing. 2014, https://archive.ics.uci.edu/ml/datasets/Bank+Marketing. Abruf am 2020-03-14

[Fe++14]   Feldmann, Michael; Friedler, Sorelle; Moeller, John; Scheidegger, Carlos; Venkatasubramanian, Suresh: Certifying and removing disparate impact. 2014, https://arxiv.org/abs/1412.3756. Abruf am 2020-03-14

[Fried01] Friedman, Jerome H.: Greedy function approximation: A gradient boosting machine. In: Ann. Statist. 29 (2001), S. 1189–1232.

[GaPe17]   Gajane, Pratik; Pechenizkiy, Mykola: On Formalizing Fairness in Prediction with Machine Learning. 2017, https://arxiv.org/abs/1710.03184. Abruf am 2020-03-14

[Gi++18]   Gilpin, Leilani H.; Bau, David; Yuan, Ben Z.; Bajwa, Ayesha; Specter, Michael; Kagal, Lalana: Explaining Explanations: An Overview of Interpretability of Machine Learning. 2018, https://arxiv.org/abs/1806.00069. Abruf am 2020-03-14

[HiKa19]   Hirsch-Kreinsen, Hartmut; Karačić, Anemari: Digitalisierung von Arbeit 16. Forschungsinstitut für gesellschaftliche Weiterentwicklung (e.V.), Düsseldorf, 2019.

[Khal19]   Khaleghi, Bahador: The How of Explainable AI: Pre-modelling Explainability. 2019, https://towardsdatascience.com/the-how-of-explainable-ai-pre-modelling-explainability-699150495fe4. Abruf am 2020-06-04

[Linde81]	Lindenberg, Siegwart: Rational, Repetitive Choice: The Discrimination Model Versus the Camilleri-Berger Model. In: Social Psychology Quarterly 44 (1981), S.312-330.
[Sche09]	Scheidegger, Milan: Die Rationalität der Emotionen. 2009, http://www.milans.name/resources/Emotionen_web.pdf. Abruf am 2020-03-14
[SoFl20]	Sokol, Kacper.: Flach, Peter: Explainability Fact Sheets: A Framework for Systematic Assessment of Explainable Approaches. In: Proceedings of the 2020 Conference on Fairness, Accountability, and Transparency, FAT, Barcelona, 2020.
[Vogt10]	Vogt, Thomas: Das sozialwissenschaftliche Erklärungsmodell. In: Kalkulierte Kreativität. VS Verlag für Sozialwissenschaften	GWV Fachverlage GmbH, Wiesbaden, 2010.
[WaUC18]	Wang, Hao; Ustun, Berk; Calmon, Flavio P.: On the Direction of Discrimination: An Information-Theoretic Analysis of Disparate Impact in Machine Learning. 2018, https://arxiv.org/pdf/1801.05398.pdf. Abruf am 2020-03-14

Kontakt

Prof. Dr. Frank Morelli
HS Pforzheim
Tiefenbronnerstr. 65, 75175 Pforzheim
T +49 7231 28-6697, frank.morelli@hs-pforzheim.de

Simon Geschwill
Schwarz Dienstleistung KG
Stiftsbergstraße 1, 74172 Neckarsulm
simon.geschwill@mail.schwarz

Prof. Dr. Konrad Zerr
HS Pforzheim
Tiefenbronnerstr. 65, 75175 Pforzheim
T +49 7231 28-6206, konrad.zerr@hs-pforzheim.de

Christian Lossos
Robert Bosch GmbH
Postfach 30 03 20, 70442 Stuttgart
christian.lossos@de.bosch.com

Akzeptanz von Chatbots in beruflichen Employee- und Manager- Self-Service-Anwendungen

Saskia Rafalski, Martin Przewloka, Martin Rupp

Zusammenfassung

Digitale Self-Service-Anwendungen, über die Mitarbeiter selbstständig und eigenverantwortlich einen Teil ihrer (administrativen) Gelegenheitsaufgaben ausführen können, sind bereits heute in vielen Unternehmen verankert. Mehr und mehr werden diese Anwendungen in Form sogenannter „mobile apps" ausgerollt, um den Mitarbeitern einen jederzeit erreichbaren Anwendungszugang zu ermöglichen. Wenngleich die durch diese Systeme erzielbaren Effizienzvorteile für Unternehmen nicht mehr grundsätzlich in Frage gestellt werden, so haben sich Problembereiche herauskristallisiert. Hierzu zählen der notwendige Mitarbeiterschulungsaufwand, ein potenziell höheres Fehleraufkommen aufgrund weniger erfahrener Anwender und nicht ausgereifter Systeme, neue Herausforderungen hinsichtlich der Sicherheit sowie die Notwendigkeit einer hochgradigen Standardisierung der Prozesse. Chatbot-Systeme können Self-Service-Applikationen sehr wesentlich bereichern, indem diese den Gelegenheitsnutzer führen, individueller und flexibler dessen Probleme erkennen und auch für komplexere Anwendungen einsetzbar sind. Letzteres führt dazu, dass weitere, bis dato von Menschen ausgeführte administrative Tätigkeiten nunmehr von digitalen Anwendungen übernommen werden, wodurch die Mensch-Maschine-Interaktion noch stärker in den beruflichen Alltag einzieht. Die Frage der Akzeptanz dieser Systeme rückt unmittelbar in den Fokus und ist bis dato für diesen Anwendungsbereich wenig untersucht. Die vorliegende Arbeit hatte sich zum Ziel gesetzt, eine Untersuchungsmethodik zur Akzeptanzanalyse von Chatbot-gestützten Self-Service-Applikationen zu entwickeln und für ein ausgewähltes Szenario, die Terminkoordination, zu verproben. Es konnte gezeigt werden, dass ein hybrider Forschungsansatz, bestehend aus explorativer Methodik kombiniert mit einem dreistufigen Experiment, anwendbar, robust und reproduzierbar ist. Für die gewählte Anwendung konnte zudem gezeigt werden, dass eine potenziell hohe Nutzerakzeptanz für Chatbots in Self-Service-Anwendungen vorhanden ist.
Stichworte: Digitalisierung, Ethik, Chatbots, Kalendermanagement, Akzeptanz

1 Einleitung

Die Digitalisierung verändert die Art und Weise der industriellen Wertschöpfung. Dies betrifft nicht nur die physischen Produktionsprozesse, sondern auch die Formen und Wege der menschlichen Leistungserbringung. Angestrebt und in vielen Bereichen bereits in der Umsetzung ist eine zeitliche, räumliche und organisatorische Flexibilisierung der Zusammenarbeit. Der Begriff „New Work" [Berg2019} ist in diesem Zusammenhang von ausgesprochener Aktualität und legt hierbei das sogenannte „agile Unternehmen" zugrunde. Fokussierte man in der Vergangenheit sehr stark die Effizienz eines Unternehmens, indem man klar definierte, standardisierte und optimierte Prozesse in den Fokus rückte, so kommt nunmehr ein weiterer Aspekt hinzu: „Abweichungen sind keine Ausnahme mehr, sie werden zur Regel". Die Schaffung des effizienten und gleichermaßen flexiblen Unternehmens sichert nicht nur eine starke Position im sich verstärkenden globalen Wettbewerb, es bildet zudem die Grundlage der Innovationskraft und damit dessen zukunftssicherndes Fundament.

Self-Service-Anwendungen sind eng mit der Entwicklung betrieblicher Anwendungssysteme verbunden. Eine Kerneigenschaft, die konsistente und echtzeitermöglichende Datenverarbeitung zum Zwecke des Ressourcenmanagements und der Unterstützung der Unternehmensgeschäftsprozesse, brachte schon sehr früh den Gedanken auf, ausschließlich administrativ arbeitende Organisationseinheiten zu rationalisieren, indem man einfache Datenpflegeaufgaben, wie bspw. die Pflege personalstamm- bzw. abrechnungsrelevanter Daten, in die Eigenverantwortung des Mitarbeiters übertrug. Ebenso wurden workflowbasierte Prozesse geschaffen, in deren Rahmen notwendige Genehmigungsschritte den betreffenden Personen zugewiesen und von diesen über einfache Anwendungen verarbeitet wurden. Man erkannte hierbei, dass damit nicht nur Kosteneffizienzen für das Unternehmen entstehen, sondern nunmehr auch die Flexibilisierung des Arbeitens im Sinne des New Work maßgeblich gestützt werden kann. In der Konsequenz müssen sich diese Anwendungen zukünftig so weiterentwickeln, dass sie auch die immer individueller und weniger routinemäßig anfallenden Aufgaben bewältigen können. Die Komplexität nimmt zu und steht damit im Widerspruch zur Erwartungshaltung der Anwender.

Die Lösung des sich aufzeigenden Dilemmas können sogenannte Chatbot-Systeme darstellen. Letztere bilden eine Brücke zwischen dem Nutzer und hochintegrierter Anwendungen, indem sie diese dadurch simplifizieren, dass sie eine weniger routinierte, aber trotz allem geführte Kommunikation zwischen Nutzer und Anwender ermöglichen. Diese neue Generation von Self-Service-Anwendungen wird sich aber nur dann durchsetzen, wenn der Anwender diese Systeme akzeptiert und damit auf die Tätigkeitsübernahme durch eine menschliche Person verzichtet. Der Akzeptanzbegriff wird im sozialen Umfeld verwendet, um die positive bzw. bejahende Einstellung einer Person zu einer Norm oder Regel zu bewerten. Gleichermaßen versucht man, das grundsätzliche Verhalten von Menschen hinsichtlich neuer Technologien zu beschreiben. Hierbei ist ein gängiger Ansatz, die innere, einstellungsmäßige Akzeptanz von der äußeren, verhaltensmäßigen Akzeptanz zu unterscheiden ([Dav1989] sowie [MÜE1986]).

Die Zielsetzung dieser Arbeit lag darin, einen Ansatz zu entwickeln, für Chatbot-gestützte Self-Service-Anwendungen die grundlegende Akzeptanz und deren Parameter erfassbar und messbar zu machen, wobei der Fokus auf die Bewertbarkeit der Einstellungsakzeptanz gelegt wurde. Hierzu musste zunächst eine geeignete Self-Service-Anwendung identifiziert werden, um hierauf aufbauend eine experimentell basierte Akzeptanzmessung vornehmen zu können.

2 Für Chatbots geeignete Self-Service-Anwendungen

Typischerweise werden Self-Services-Anwendungen über Unternehmensportale angeboten, mehr und mehr setzen sich auch spezifische mobile Applikationen durch. Kategorien für Employee-Self-Services sind:
- Stammdatenpflege (Personalwirtschaft, Equipmentpflege)
- Aufgabenübergreifendes Bestellwesen (Arbeitsplatzmittel, Weiterbildung, uvm.)
- Termin- und Reisemanagement

- Projektmanagement (Rückmeldungen)
- Informationen und Kommunikation (Dokumentenmanagement, Expertensuche, usw.)

Für den Manager kommen im Wesentlichen Self-Services hinzu, die zur Ausübung ihrer hierarchischen Positionen relevant sind. Hierzu zählen erweiterte analytische Anwendungen (Reporting) wie auch die Kategorie der Genehmigungsverfahren als Teil sogenannter workflowbasierter Prozesse.

Im Rahmen dieser Arbeit sollte der Fokus auf der Identifikation eines Self Services gelegt werden, der eine erkennbare Aufwertung in Form einer ergänzenden Chatbot-Anwendung verspricht. Um den passenden Service zu identifizieren wurde ein einfaches Bewertungsverfahren angesetzt, welches vier wesentliche Kategorien adressiert:

- Die *Anwendungshäufigkeit*: Kennzahl, die ausdrückt, wie regelmäßig diese Anwendung genutzt wird und damit eine hohe Effizienzanforderung stellt, um möglichst wenig Arbeitszeit des Nutzers zu deren Ausführung in Anspruch zu nehmen.
- Die *Ausnahmehäufigkeit*: Kennzahl, die ausdrückt, wie oft Abweichungen von einem Standardprozess vorgehen, indem bspw. viele, wechselnde Parteien involviert sind und/oder eine potenziell hohe Anzahl an Rück- und Klärungsfragen notwendig ist.
- Die *Komplexität*: Kennzahl, die die Facetten Umgang des Nutzers mit der Anwendung (Usability), den anwendungsbedingten Zugriff auf eine Vielzahl von (heterogenen) Datenquellen aber auch Sicherheitsanforderungen umfasst.
- Den *Benefit für das Unternehmen*: Kennzahl, die ausdrückt, welche Vorteile für das Unternehmen bestehen, wenn die Anwendung direkt vom Mitarbeiter ausgeführt wird. Dies können Kosten- und Zeitersparnisvorteile sein, aber ebenso eine höher erzielbare Qualität.

Anwendung	Anwendungs-häufigkeit	Ausnahme-häufigkeit	Komplexität	Benefit für Unternehmen	Chatbot-Eignung
Datenpflege HR	X	X	X	XX	X
Datenpflege Equipment	X	X	X	XX	X
Bestellwesen	XX	X	X	X	X
Termin-Mgmt.	XXXXX	XXX	XXX	XXX	XXX
Reise-Mgmt.	XX	XXXX	XXXX	X(1)	XXX
Projekt-Mgmt.	XXX	X	XX	XXX	XX
Doku-Mgmt.	XX	X	XX	XX	XX
Expertensuche	XX	X	XX	XX	XX

Tabelle 1: Identifikation eines Self-Service-Szenarios, welches eine hohe Eignung für eine Chatbot-Unterstützung aufweist. Die Bewertungen wurden basierend auf dem Expertenwissen der Autoren vorgenommen und lieferten den Favoriten „Terminmanagement".

Das Bewertungsverfahren wurde in einer geringen Granularität (5-stufig) durchgeführt und nutzte das Expertenwissen der Autoren. Es wurde auch nur für die Anwendungen durchgeführt, die Mitarbeiter und Manager gleichermaßen betreffen. Die vorgenannten Kriterien wurden identisch gewichtet und führten so zu einer klaren Entscheidung für das Terminmanagement, da das Reisemanagement bereits von vielen Unternehmen an externe Dienstleister ausgelagert wird (1).

3 Akzeptanzkriterien für Chatbots

Das Forschungsfeld der Akzeptanz ist breit. Auch wenn es keine allgemeingültige Begriffserklärung gibt, so wird Akzeptanz zumeist mit Begriffen wie „Anerkennung", „Annahme", „Aufnahme", „Einwilligung", „Genehmigung" und „Zuspruch" umschrieben [BIB2019]. In der Literatur wird zwischen Einstellungs-, Handlungs- und Nutzungsdimension in der Akzeptanzforschung unterschieden [MÜE1986].
Einstellungsakzeptanz setzt sich aus drei verschiedenen Komponenten zusammen. Die erste ist die *affektive Komponente*, welche die Gefühle und Emotionen darstellt, die ein Objekt bei einer Person auslöst und damit dessen Einstellung beeinflusst. Diese beeinflusst die *kognitive Komponente*, die einer an dem Verstand orientierten Einstellung entspricht und auf einer Gegenüberstellung der Kosten und Nutzen eines Objekts basiert. Die kognitive Komponente kann in einer *konativen Komponente*, einer Handlungsbereitschaft, resultieren. Denn auch wenn kein Verhalten ausgelöst wird, kann ein Objekt die Bereitschaft zu einer Handlung in einer Person hervorrufen. [MÜE1986]. Die Einstellungsakzeptanz bezieht sich bspw. auf die Phase vor dem Kauf einer Technologie [KOLL1998].
Wird die Tendenz oder Bereitschaft zu einer Handlung in die Tat umgesetzt, bspw. durch den Kauf, die Verbreitung oder Implementierung einer Technologie, spricht man von Handlungsakzeptanz [KOLL1998]. Diese äußert sich in beobachtbarem Verhalten und kann durch eine verbale Reaktion oder eine Handlung ausgedrückt werden [MÜE1986].
Wenn eine Technologie nach der Anschaffung freiwillig zur Erledigung einer spezifischen Aufgabe genutzt wird, spricht man von Nutzungsakzeptanz [KOLL1998]. Die nachfolgende Abbildung verdeutlicht den Zusammenhang zwischen den Komponenten der Einstellungsakzeptanz sowie die Verbindung zwischen Einstellungs-, Handlungs- und Nutzungsakzeptanz.

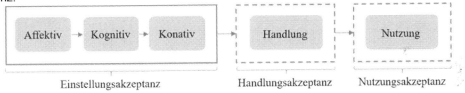

Abbildung 1: Zusammenhang zwischen Einstellungs-, Handlungs- und Nutzungsakzeptanz (Eigene Darstellung)

Für die erfolgreiche Einführung einer Technologie besonders im Unternehmen stellt die Einstellungsakzeptanz die Voraussetzung für eine Handlungs- und Nutzungsakzeptanz seitens der Mitarbeiter dar. In dieser Arbeit wurde sich daher auf die Einstellungsakzeptanz mit ihren drei wesentlichen Komponenten konzentriert.

4 Entwicklung der experimentellen Akzeptanzmessmethodik

4.1 Experimentelles Forschungsdesign

Im Rahmen der in dieser Arbeit entwickelten Akzeptanzmessmethode wurde die Einstellungsakzeptanz von Self-Service-Bots mit der affektiven, kognitiven und konativen Komponente anhand eines dreistufigen Feldexperiments untersucht. Dieses bestand aus zwei Fragebögen sowie einem Prototypentest. Vor der Konzeption des Experiments wurden auf Basis von Erkenntnissen aus Literatur, Studien, wissenschaftlichen Artikeln sowie Empfehlungen aus der Praxis wichtige Eigenschaften von Chatbots in anderen Anwendungsbereichen extrahiert, auf den zur Untersuchung dienenden Anwendungsfall, Terminkoordination übertragen und in zwei Chatbot-Prototypen umgesetzt. Letztere unterschieden sich nur in der Eigenschaft, dass der erste Prototyp dem Anwender ein nicht erfolgreiches Ergebnis lieferte, der andere hingegen erfolgreich war.

Für das Experiment wurden insgesamt 100 Probanden gewonnen, die regelmäßig Terminkoordinationen durchzuführen haben. Das Panel wurde in zwei Gruppen gleicher Größe unterteilt. Aufgrund der Tatsache, dass die Termine für die Durchführung des Experiments mit den Probanden nach deren zeitlicher Verfügbarkeit vereinbart werden mussten, konnte automatisch die Randomisierung sichergestellt werden. Die ersten 50 Probanden wurden der Versuchsgruppe und die anderen 50 Probanden der Kontrollgruppe zugewiesen. Beide Gruppen bekamen zunächst einen Fragenbogen, der allgemeine, soziodemographische Fragen enthielt. Anschließend bekamen diese die Aufgabenstellung des Experiments zu lesen, welche für Versuchs- und Kontrollgruppe gleich war und die Probanden aufforderte, einen Präsenztermin zwischen zwei Personen mithilfe des Chatbots zu vereinbaren. Die Versuchsgruppe testete Terminbot 1. Dieser Prototyp war per Konzeption nicht in der Lage, einen Termin gemäß der Aufgabenstellung zu vereinbaren. Die Kontrollgruppe arbeitete mit Terminbot 2, der dieselben Fragen stellte wie Terminbot 1 und am Ende der Konversation erfolgreich einen Terminvorschlag sendete. Das unterschiedliche Ergebnis in Versuchs- und Kontrollgruppe sollte dazu beitragen, die Ursache-Wirkungs-Beziehung zwischen dem Ergebnis der Interaktion (unabhängige Variable) und der Akzeptanz der Mitarbeiter (abhängige Variable) zu untersuchen. Nach dem Test des Prototyps bekamen die Probanden beider Gruppen einen zweiten Fragebogen zur Evaluation der Chatbot-Interaktion vorgelegt. Dieser Fragebogen war bis auf eine Frage, die auf die jeweilige Probandengruppe angepasst war, identisch.

4.2 Anwendungsfall

Der Anwendungsfall, der in dieser Arbeit dazu diente, die Akzeptanzmessmethode zu testen, war das Kalendermanagement mit den Aufgaben Terminkoordination und Raumbuchung. Unter „Terminkoordination" wird das Abstimmen eines für alle Teilnehmer passenden Zeitfensters sowie die Termineinstellung in die Kalender der Teilnehmer verstanden. Das Einholen aller relevanten Informationen wie Art und Titel des Termins, Teilnehmer, Datum, Uhrzeit sowie Ort des Termins ist ebenfalls Bestandteil der Terminkoordination [END2019]. Mit „Raumbuchung" ist das Suchen und Buchen von Besprechungsräumen sowie der Eintrag des reservierten Raums in den Termin und das verfügbare Raumbuchungstool gemeint. Als Aufgabenstellung wurde ein einmaliger Präsenztermin zwischen zwei Personen gewählt, da dies einer der häufigsten Termine im Berufsalltag ist und sich alle Probanden leicht in diese Situation hineinversetzen können. Die realitätsnahe Aufgabenstellung stellt die externe Validität des Experiments sicher [KRE2014]. Datum und Titel des Termins wurden den Probanden in der Aufgabenstellung vorgegeben. Die Aufgabenstellung gab an, dass der Proband die Uhrzeit für den Präsenztermin mit einer bekannten Person zum vorgegebenen Datum vereinbaren und dafür die für die Untersuchung erstellten Prototypen nutzen sollte.

4.3 Erhebungsinstrument Prototyp

Der Anwendungsfall wurde in zwei Versionen ausgearbeitet, die sich entsprechend dem Experimentdesign in ihren Ergebnissen unterschieden und in zwei Prototypen umgesetzt wurden. Für die Erstellung der Prototypen wurde die Plattform „SAP Conversational AI"

[SAP2020] genutzt. Der Proband startete die Konversation mit dem Bot durch eine Begrüßung wie „Hallo". Beide Bots fragen die Probanden zunächst nach den wesentlichen Informationen, die sie für die Vereinbarung des Termins benötigten. Hierzu zählten der Name des Teilnehmers, das Termindatum, die Dauer und der Titel sowie die Raumidentifikation. Die Antworten auf die Fragen des Chatbots wurden in der Aufgabestellung spezifiziert. Der Bot der Versuchsgruppe 1 teilte final dem Probanden mit, dass er keinen freien Termin an dem gewünschten Tag finden konnte, entschuldigte und verabschiedete sich anschließend. Damit endeten Konversation und Test. Die Kontrollgruppe konnte bei Terminbot 2 zwischen zwei Zeitfenstern an dem vereinbarten Tag wählen. Bot 2 schickte dem Probanden entsprechend seiner Wahl eine Bestätigung, stellte eine Terminerinnerung ein und verabschiedete sich ebenfalls von dem Probanden. Dies stellte das Ende der Konversation und des Tests von Terminbot 2 dar.

4.4 Erhebungsinstrument Fragebogen

Neben dem Prototypentest sollte mithilfe eines zweiteiligen Fragebogens die Akzeptanzmessmethode getestet werden. Der erste Fragebogen (Eingangsfragen) wurde dem Probanden vor dem Testen des Prototyps ausgehändigt und enthielt Fragen allgemeiner Natur, die sich auf die soziodemografischen Faktoren der Probanden (Alter, Geschlecht, berufliche Branche, Führungsverantwortung) sowie auf deren Einstellung zu Chatbots, Bewertung vergangener Erfahrungen mit Bots sowie deren Bezug zu Technik bezogen.

Die Fragen des zweiten Teils (Ausgangsfragen) bezogen sich auf die Evaluierung des getesteten Prototyps und waren für Versuchs- und Kontrollgruppe bis auf eine Frage identisch. Die Probanden wurden gebeten, eine Gesamtbeurteilung der Interaktion (affektive Komponente), die empfundene Nützlichkeit (kognitive Komponente) sowie die Wahrscheinlichkeit anzugeben, mit der sie den Chatbot für ihre Terminkoordination nutzen würden (konative Komponente). Außerdem sollten sie die fünf umgesetzten Eigenschaften des Chatbot-Prototypen in eine Reihenfolge nach ihrer Wichtigkeit bringen. Die Probanden der Versuchsgruppe sollten beurteilen und begründen, ob sie die Nützlichkeit des Terminbots 1 anders bewerten würden, wenn er einen Termin hätte ausmachen können. Bei der Kontrollgruppe lautete die Frage, ob die Teilnehmer die Nützlichkeit des Terminbots 2 anders bewerten werden würde, wenn der Terminbot keinen Termin hätte ausmachen können.

Der Aufbau vom Allgemeinen zum Speziellen wurde gewählt, um die Probanden an das Thema der Untersuchung heranzuführen und durch den logischen Aufbau und eine festgelegte Reihenfolge sicherzustellen, dass nicht zwischen Themen gesprungen oder die Probanden durch vorzeitig gestellte Fragen in ihren Antworten beeinflusst wurden. Der Fragebogen war anonym. [KLÖ2014]. Grundsätzlich enthielt der Fragebogen geschlossene Fragen mit standardisierten Antwortmöglichkeiten, um die Vergleichbarkeit der Antworten zu ermöglichen [REI2014]. Lediglich eine Frage war offen gestellt, um die empirischen Erkenntnisse durch qualitative Informationen zu bereichern. Es wurde auf eine kurze und eindeutige Formulierung der Fragen und Antwortmöglichkeiten geachtet, um Missverständnisse vorzubeugen und die Qualität der Antworten nicht zu gefährden. Da die Probanden nicht zwingend einen Bezug zu Technik und Chatbots hatten, wurden Fachbegriffe vermieden, um den Fragebogen so verständlich wie möglich zu gestalten. Die Fragen wurden neutral formuliert, sodass die Probanden nicht durch Suggestionen in der Fragestellung beeinflusst wurden. Eine Frage enthielt einen zu bewertenden Sachverhalt. In dem Fragebogen wurde darauf geachtet, dass die vorgegebenen Antworten zu der Fragestellung passten und alle Variationen vollständig, aber ohne Überschneidungen abbildeten. So wurde sichergestellt, dass sich die Probanden eindeutig einer Antwort zuordnen konnten. [POR2014]. Für die Beantwortung der soziodemografischen Fragen wurden Antwortcluster zur Verfügung gestellt. Binäre Antwortmöglichkeiten gab es für „Ja-Nein-Fragen". Für Bewertungsfragen wurden fünf- bzw. siebenstufige, verbalisierte oder Endpunktbenannte Likert-Skalen eingesetzt [REI2014]. Diese wurden gewählt, um einer möglichen Zustimmungstendenz der Probanden vorzubeugen, möglichst ausdifferenzierte, bewusste Antworten zu erhalten, eine Fehlinterpretation in der Auswertung der Ergebnisse ausschließen zu können und die Replizierbarkeit der Studie zu erhöhen [FRA2014]. Die Auswertung der offenen Frage wurde die qualitativen Inhaltsanalyse nach Mayring zur Wahrung der Auswertungsobjektivität angewandt.

4.5 Pretest

Vor der Durchführung im Feld wurde ein Pretest des Experiments mit vier Personen mit dem Ziel durchgeführt, beide Erhebungsinstrumente vor der Durchführung zu optimieren [WEI2014]. Die Teilnehmer des Pretests waren unterschiedlichen Alters (27–55 Jahre) und Geschlechts und entstammten aus der anvisierten Stichprobe des Experiments. Dies sollte sicherstellen, dass das Erhebungsinstrument für verschiedene Altersklassen verständlich ist. Die Prototypen wurden auf ihr Sprachverständnis und ihre Funktionsweise geprüft. Es zeigte sich, dass die Teilnehmer dazu tendierten, den Chatbot in einem begrenzten Rahmen auf seine Verständlichkeit hin zu testen. Durch den Pretest konnten weitere Ausdrücke ergänzt und somit eine vollumfängliche Funktionsweise sichergestellt werden. Auch wurde das Erhebungsinstrument Fragebogen und Aufgabenstellung auf Verständlichkeit und Eindeutigkeit hin untersucht. Um zu prüfen, ob die Probanden die enthaltenen Fragen in der von der Verfasserin anvisierten Art und Weise verstanden und interpretierten, wurden sie gebeten, ihr Verständnis der Frage durch Paraphrasieren zu erläutern sowie ihre Gedanken in Bezug auf die Frage laut auszusprechen. Dadurch wurden einerseits die Reliabilität und andererseits die Durchführungsobjektivität des Feldexperiments sichergestellt, da die Aufgabenstellung dazu diente, die Störvariablen im Feld bestmöglich zu kontrollieren. [WEI2014]. Dies sowie die Zuordnung der Testfragen zur zentralen Fragestellung prüfte die interne Validität der Erhebungsinstrumente [KRE2014].

5 Durchführung und Ergebnisse

Das Experiment wurde im Zeitraum vom 07.08.2019 bis 21.08.2019 mit 100 Probanden im Rhein-Main-Gebiet im Rahmen eines persönlichen Treffens am Arbeitsplatz der Probanden als einmalig durchgeführte Querschnittstudie durchgeführt [MOCH2014]. Die Probanden wurden zur Teilnahme an dem Experiment in einem Termin eingeladen und waren über den Rahmen der Forschung, nicht aber über das Forschungsziel informiert [BECK2014]. Zu Beginn des Experiments wurden die Probanden in das Thema eingeführt sowie über den Ablauf und die Anonymität informiert. Zudem wurden die Probanden gebeten, bei der Beantwortung der Fragebögen die Reihenfolge der Fragen einzuhalten und keine Fragen zu überspringen. Anschließend füllten die Probanden den ersten Fragebogen aus und wurden danach über den Anwendungsfall Kalendermanagement informiert. Sie bekamen die Aufgabenstellung zu lesen mit dem Hinweis, dass dies ihre Aufgabe für den folgenden Test des Prototyps sei. Die Fragebögen sowie die Aufgabenstellung wurden den Probanden ausgedruckt vorgelegt, damit die Probanden die Antwortvorgaben während des Chatbot-Tests zur Hand hatten. Anschließend testeten die Probanden den Prototypen ihrer Gruppe. Nach Ende des Chatbot-Tests wurde den Probanden der zweite Fragebogen zur Evaluierung des getesteten Prototyps vorgelegt. Das Experiment wurde in geschlossenen Räumen durchgeführt, sodass die Probanden nicht abgelenkt werden konnten. Die Interaktion zwischen Probanden und der Untersuchungsleitung wurde möglichst geringgehalten.

Für die Auswertung der Ergebnisse wurde ein Mittelwert von größer gleich fünf als Grenzwert für die positive Bewertung im Sinne der Fragestellung und Akzeptanzmessung festgesetzt. Diese Grenze wurde gewählt, da auf den verwendeten siebenstufigen Likert-Skalen der Wert vier grafisch die Mitte darstellt. Probanden wählen häufig die mittlere Kategorie einer Antwortskala, wenn sie zu einer Frage oder einem Sachverhalt keine Meinung haben [FRA2014]. Eine Bewertung mit einer vier kann daher als eine neutrale Bewertung und somit neutrale Einstellung im Sinne der Einstellungsakzeptanz gewertet werden, wohingegen eine Bewertung mit der Note fünf eine positive Einstellung widerspiegelt.

	Probandenanalyse	Affektive Komponente (Mittelwert)	Kognitive Komponente (Mittelwert)	Konative Komponente (Mittelwert)	Gewichtete Akzeptanz
Versuchsgruppe (Bot nicht erfolgreich)	Insgesamt	5,74	4,86	4,96	5,06
	Männer	5,68	4,54	4,78	4,85
	Frauen	5,92	5,77	5,46	5,64
	Mitarbeiter	5,70	4,89	4,89	5,02
	Führungskräfte	6,00	4,67	5,50	5,31
Kontrollgruppe (Bot war erfolgreich)	Insgesamt	6,18	6,22	6,04	6,12
	Männer	5,96	6,07	5,89	5,96
	Frauen	6,45	6,41	6,23	6,33
	Mitarbeiter	6,26	6,27	5,95	6,11
	Führungskräfte	6,50	0,25	0,50	6,21

Tabelle 2: Ergebnisse der Akzeptanzmessmethode

Die Ergebnisse in der obenstehenden Tabelle zeigen, dass es Akzeptanz seitens der Probanden für Chatbots gibt, die Termine im beruflichen Umfeld vereinbaren. Es ist zu erkennen, dass in Bezug auf die affektive Komponente der Einstellungsakzeptanz sowohl die Versuchs- (M=5,74) also auch die Kontrollgruppe (M=6,18) einen positiven ersten Eindruck des Terminbots hatten. Bezüglich der Frage nach der Nützlichkeit und damit kognitiven Kosten-Nutzen-Abwägung, ist zu erkennen, dass die Kontrollgruppe den Terminbot als nützlich einstuft, und somit der Nutzen, die Kosten überwogen hat (M=6,22). Die Versuchsgruppe hingegen, deren Terminbot keinen Termin vereinbaren konnte, stuft diesen als etwas weniger nützlich ein. Da der Mittelwert von 4,86 jedoch nahe an der gesetzten Grenze von 5,00 liegt, kann von einer positiven Tendenz im Sinne der kognitiven Komponente der Einstellungsakzeptanz gesprochen werden. Auch bezüglich der Frage nach der Nutzungswahrscheinlichkeit zeigt sich eine höhere Bewertung der Kontrollgruppe (M=6,04) als in der Versuchsgruppe (M=4,96). Trotz der Unterschiede in den Gruppen ist eine Handlungsbereitschaft im Sinne der konativen Komponente der Einstellungsakzeptanz für den Terminbot gegeben. Die Unterschiede in der Bewertung der Versuchs- und Kontrollgruppe sind durch die verschiedenen Ergebnisse zu erklären. Die Frage, ob die Probanden die Nützlichkeit des Terminbots anders bewerten würden, wenn sie ein anderes Ergebnis bekommen hätten, zeigt, dass die Mehrheit der Probanden unter dem Mehrwert ein erfolgreiches Ergebnis verstand. Nur wenige Probanden hatten den Mehrwert unabhängig vom Ergebnis erkannt (bspw. schnellere Bearbeitung der Anfrage).

In Bezug auf den ersten Eindruck, die Nützlichkeit sowie Handlungsbereitschaft zeigte sich, dass Frauen eine positivere Bewertung abgaben als Männer. Unterscheidet man die Probanden nach dem Kriterium Führungsverantwortung fällt auf, dass Führungskräfte eine schlechtere und somit kritischere Bewertung der Nützlichkeit vornahmen als Mitarbeiter ohne Führungsverantwortung. Dafür zeigten Führungskräfte eine höhere Nutzungsbereitschaft auf, was mit einem erhöhten Aufkommen von Terminen erklärt werden könnte. In der Berechnung einer gewichteten Akzeptanz, in die die affektive Komponente zu ein Sechstel, der kognitive Bestandteil zu zwei Sechstel und die konative Komponente zu drei Sechstel einging, sieht man, dass sowohl die Versuchs- also auch die Kontrollgruppe Akzeptanz für den Terminbot aufzeigten. Auch hier ergab sich bei Frauen und Führungskräften eine höhere Akzeptanz als bei Männern bzw. Mitarbeitern ohne Führungsverantwortung.

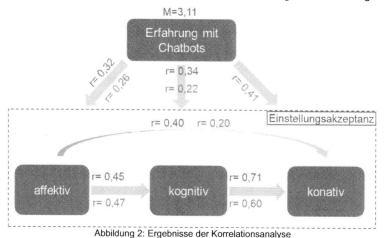

Abbildung 2: Ergebnisse der Korrelationsanalyse

In einer Korrelationsanalyse zeigt sich, dass die affektive Komponente der Einstellungsakzeptanz, die kognitive Kosten-Nutzen-Abwägung beeinflusst. Die kognitive Komponente beeinflusst wiederum die Handlungsbereitschaft. Zudem konnte gezeigt werden, dass negative Gefühle die Handlungsbereitschaft negativ beeinflussen. Positive Gefühle korrelieren dagegen nur schwach mit der Handlungsbereitschaft.

Die Untersuchung zeigt zudem, dass Einstellung zu Chatbots und der Bezug zu Technik keine Einflussfaktoren für die Akzeptanz von Terminbots sind. Nachgewiesen werden konnte jedoch, dass die bereits gemachten Erfahrungen mit Chatbots einen Einfluss auf alle drei Komponenten der Einstellungsakzeptanz haben.

6 Zusammenfassung und Fazit

Das Ziel dieser Arbeit, eine Methodik zur Messung der Einstellungsakzeptanz hinsichtlich der Einführung Chatbot-gestützter Self-Service-Anwendungen zu entwickeln, wurde vollends erreicht. In einem Versuch mit 100 Probanden konnte das Verfahren, welches aus einem Experiment mit zwei Gruppen, die sich durch einen positiven versus negativen Ausgang unterschieden, sowie die Praktikabilität bestätigt werden. Zudem lieferte der durchgeführte Versuch für den Anwendungsfall Terminmanagement Indikatoren dafür, dass eine signifikant hohe Grundeinstellung hinsichtlich der Chatbot-Technologie für Self-Services besteht. Auch konnte die Korrelation zwischen der affektiven, kognitiven und konativen Komponente gezeigt werden. Aus Sicht der Autoren, ist das Versuchsmodell auch direkt auf die Messung der Verhaltensakzeptanz übertragbar. Die wesentliche Änderung sollte dann darin bestehen, Messdaten im Rahmen der Versuchsdurchführung hinzuzunehmen, wie bspw. die Art und Weise der Chatbot-Kommunikation.

Literatur

[BECK2014]   Beck, H. (2014):„Behavioral Economics. Eine Einführung", Wiesbaden: Springer Gabler.

[Berg2019]   Bergmann, F.: New Work New Culture, Work We Want And A Culture That Strengthens Us. John Hunt Publishing, zero books, Winchester, Washington 2019.

[BIB019]   Bibliographisches Institut GmbH (2019): „Ak-zep-tanz, die", abrufbar unter https://www.duden.de/rechtschreibung/Akzeptanz Abruf: 05.07.2020.

[DAV1989]   Davis, F. D. (1989): "Perceived usefulness, perceived ease of use and user acceptance of information technology", MIS Quarterly, 13 (3), S. 319–339.

[END2019]   Endres, Anna (2019): „Effizientes Kalendermanagement und nachhaltige Meetingkultur"; in: „Chefsache Assistenz. Effiziente Chefentlastung im Office 4.0", Hrsg. Schenk, D.; Springer Fachmedien W.07.2020iesbaden GmbH, S. 77–93.

[FRA2014]   Franzen, A. (2014): „Antwortskalen in standardisierten Befragungen", in: „Handbuch Methoden der empirischen Sozialforschung", Hrsg. Baur, N., Blasius, J., Springer VS, S. 701–711.

[KLÖ2014]   Klöckner, J.; Friedrichs, J. (2014): „Gesamtgestaltung des Fragebogens" , in: „Handbuch Methoden der empirischen Sozialforschung", Hrsg. Baur, N., Blasius, J., Springer VS, S. 675–685.

[KOLL1998]   Kollmann, T. (1998): „Akzeptanz innovativer Nutzungsgüter und -systeme. Konsequenzen für die Einführung von Telekommunikations- und Multimediasystemen", Wiesbaden: Gabler Verlag.

[KRE2014]   Krebs, D., Menold, N. (2014): „Gütekriterien quantitativer Sozialforschung", in: „Handbuch Methoden der empirischen Sozialforschung", Hrsg. Baur, N., Blasius, J., Springer VS, S. 425–438.

[MOCH2014]   Mochmann, E. (2014): „Quantitative Daten für die Sekundäranalyse", in: „Handbuch Methoden der empirischen Sozialforschung", Hrsg. Baur, N., Blasius, J., Springer VS, S. 233–244.

[MÜE1986]   Müller-Böling, D., Müller, M. (1986): „Akzeptanzfaktoren der Bürokommunikation", München, Wien: Oldenbourg.

[POR2014]   Porst, R. (2014): „Frageformulierung", in: „Handbuch Methoden der empirischen Sozialforschung", Hrsg. Baur, N., Blasius, J., Springer VS, S. 687–699.

[REI2014]   Reinecke, J. (2014): „Grundlagen der standardisierten Befragung", in: „Handbuch Methoden der empirischen Sozialforschung", Hrsg. Baur, N., Blasius, J., Springer VS, S. 601–617.

[SAP2020] SAP: SAP Conversational AI; https://www.sap.com/products/conversational-ai.html, Abruf 05.07.2020.

[WEI2014] Weichbold, M. (2014): „Pretests", in: „Handbuch Methoden der empirischen Sozialforschung", Hrsg. Baur, N., Blasius, J., Springer VS, S. 299–304.

Kontakt

Saskia Rafalski
CGI Deutschland B.V. & Co. KG
Weihergasse 5b, 65203 Wiesbaden
T +49 172 84 57 354, saskia-r@falski.de

Prof. Dr. Martin Przewloka
Institut für Digitale Assistenzsysteme e.V.
Ulmenring 4, 35418 Buseck
T +49 6408 4656, martin.przewloka@mnd.thm.de, martin.przewloka@institut-das.de

Prof. Dr. Martin Rupp
Provadis School of International Management and Technology
Industriepark Höchst, Gebäude B845, 65926 Frankfurt
T +49 69 305-81051, martin.rupp@provadis-hochschule.de

Effekte der Nutzung von digitalen und KI-Technologien auf Rückverlagerungen der Produktion

Steffen Kinkel, Enrica Cherubini

Zusammenfassung

Die Ergebnisse einer internationalen Online-Umfrage bei 655 Industrieunternehmen zeigen einen klaren, positiven Zusammenhang zwischen der Nutzung von Technologien zur digitalen Vernetzung der Produktion (Industrie 4.0) sowie Anwendungen der industriellen KI und der Rückverlagerungsneigung von Unternehmen. Dies ebnet den Weg für lokal orientierte Wertschöpfungsketten, um individuelle Kundenbedürfnisse flexibler bedienen zu können.

1 Einleitung: Auslandsaktivitäten und Digitalisierung

In den vergangenen drei Jahrzehnten gab es in der deutschen Industrie, wie auch in anderen Ländern, einen starken Trend zu globalen Wertschöpfungsketten. Dieser Trend wurde vorrangig gespeist durch große internationale Arbeitskostenunterschiede, die Reduktion von Handelsbarrieren für Zwischengüter, sehr geringe Transportkosten und die rasante Entwicklung der IT, die eine reibungslose grenzüberschreitende Kommunikation und Koordinierung ermöglicht. Die resultierenden Wertschöpfungsketten sind stark fragmentiert, insbesondere bei komplexen Hightech-Produkten. Manchmal entfällt auf das Land, in dem die (End-)Produktion stattfindet, nur ein kleiner Teil der Wertschöpfung, wie etwa beim iPhone in China. Solche Produkte sind faktisch „made in the world" [BFGG15:1254].

In der jüngeren Vergangenheit haben Unternehmen in westlichen Industrieländern jedoch begonnen, den Nutzen dieser Strategie in Frage zu stellen. Die Nachteile dieser stark fragmentierten Lieferketten zeigten sich in hohen, versteckten Kosten für Lager- und Sicherheitsbestände oder für die aufwendige Koordination und Betreuung der ausländischen Standorte. Obwohl die Auslandsverlagerung (Offshoring) noch lange kein Auslaufmodell ist, hat sich in den letzten Jahren ein Gegentrend herausgebildet, bei dem Unternehmen ihre vormals ausgelagerten Produktionsaktivitäten wieder in ihr Heimatland zurückholen [Kink12; Kink14; DFOS18; FDBN14]. Diese Umkehrbewegung, d. h. die Rückverlagerung von Teilen der Produktion, wird heute in der englischsprachigen Literatur als Backshoring [Kink12; Kink14; CaHa13] oder Reshoring [GSER13; ElTP13; Tate14] bezeichnet.

Gleichzeitig durchdringt und vernetzt die Digitalisierung immer mehr Industriebereiche und Geschäftsprozesse. Die erwarteten Effekte und Potenziale sind vielfältig, so dass vielfach von einer vierten industriellen Revolution gesprochen wird (Industrie 4.0). Auch Methoden der künstlichen Intelligenz (KI) erhalten zunehmend Einzug in die Fabriken und versprechen große Produktivitäts-, Automatisierungs- und Entlastungspotenziale. Vor diesem Hintergrund stellt sich die Frage, welchen Beitrag die zunehmende Digitalisierung der Produktion (Industrie 4.0) und die Nutzung von KI-Technologien zur Sicherung der Wertschöpfung am heimischen Produktionsstandort leisten kann und ob dadurch Rückverlagerungen von Produktionsaktivitäten an den heimischen Stammsitz begünstigt werden.

2 Literaturüberblick

2.1 Digitalisierung und künstliche Intelligenz in der Produktion

Die Digitalisierung durchdringt und vernetzt immer mehr Industriebereiche und Geschäftsprozesse [DwZa14]. Das disruptive Potenzial entspringt dabei weniger der Digitalisierung an sich, sondern den damit einhergehenden Vernetzungspotenzialen [KRRL16]. Viele Beobachter gehen daher davon aus, dass wir eine technologische Revolution in der Produktion erleben werden [BrMc14; Ford16; OECD16; OECD17]. Diese Revolution basiert auf einer Vielzahl von digitalen Produktionstechnologien (z. B. Sensoren, Aktoren, horizontale und vertikale Prozessintegration, Roboter, additive Fertigung), neuen IT-gestützten Managementprozessen (z. B. integrierte ERP- und MES-Systeme, integrierte Datenanalysen, Anwendungen der künstlichen Intelligenz) sowie neuen Geschäfts- und Ertragsmodellen. Die erwarteten Effekte sind vielfältig und bisweilen radikal, so dass von einer vierten industriellen Revolution – nach Mechanisierung, Elektrifizierung und Automatisierung – oder „Industrie 4.0" gesprochen wird [KaWH13; SGGH13; Baue14].

Industrie 4.0 basiert im Kern auf der Idee der intelligenten, in Echtzeit stattfindenden, horizontalen und vertikalen digitalen Vernetzung von Wertschöpfungsprozessen und Geschäftsmodellen. Komponenten und Maschinen sollten damit ihre Abläufe in Fabriken und Wertschöpfungsketten autonom kommunizieren und koordinieren können [BFGG15; Baue14; KaWH13; SGGH13; OECD17; UNCT17]. Eine zentrale Komponente von Industrie 4.0 sind sogenannte Cyber-Physische Systeme (CPS), intelligente Maschinen, Produktionsanlagen und Logistiksysteme, die digital entwickelt wurden und eine durchgängige IKT-basierte Integration von der Eingangslogistik über die Produktion, das Marketing und die Ausgangslogistik bis hin zum Service ermöglichen [KaWH13]. Die potenziellen Anwendungsfelder sind vielfältig und reichen von modular aufgebauten Plug-and-Work-Maschinen, intelligenten Logistiklösungen bis hin zu selbststeuernden Fabriken und Wertschöpfungsnetzwerken [Baue14]. Neben grundlegenden Produktivitätsfortschritten werden bei einer konsequenten Umsetzung der *Industrie 4.0* sprunghafte Verbesserungen der Flexibilität und Wandlungsfähigkeit bis hin zu Ressourceneinsparungen in Aussicht gestellt [SGGH13]. Im Kern sollen die Voraussetzungen für eine hochflexible und gleichzeitig hocheffiziente Produktion geschaffen werden, die es ermöglicht, hochindividualisierte Produkte unter den wirtschaftlichen Rahmenbedingungen eines Massenherstellers herzustellen [LSBB15].

Auch die OECD [OECD17] erwartet, dass die neuen digitalen Technologien die Art und Weise, wie Unternehmen ihre Produktionsprozesse organisieren und welche Geschäftsmodelle sie anwenden, radikal verändern wird. Die zukünftig breitere Verfügbarkeit dieser Technologien – aufgrund sinkender Kosten – und insbesondere die Verknüpfung verschiedener Technologien/Anwendungen ermöglichten demnach eine digitale Revolution. Die OECD erachtet Big Data, Cloud Computing und das Internet der Dinge (IoT) als grundlegende Technologien, welche die Digitalisierung der Produktion durch Simulationen und virtuelle Zwillinge, horizontale und vertikale Systemintegration und Methoden der künstlichen Intelligenz befördern und industrielle Anwendungen autonomer Maschinen, adaptiver Mensch-Maschine-Interaktion und generativer Fertigungsverfahren ermöglichen [OECD17].

Industrielle Anwendungen der *künstlichen Intelligenz (KI)* sind vielfach automatisierte Systeme, die zur Lösung von Problemen entwickelt wurden, die ansonsten ein menschliches Eingreifen erfordern [KaHa19]. KI in diesem Kontext wird definiert als "die Fähigkeit eines Systems, externe Daten korrekt zu interpretieren, aus diesen Daten zu lernen und diese Erkenntnisse durch flexible Anpassung zur Erreichung bestimmter Ziele und Aufgaben zu nutzen" [KaHa19:5]. Die KI kann unterschiedliche Auswirkungen auf verschiedene Geschäftsprozesse haben, insbesondere wenn sie es den Unternehmen ermöglicht, Entscheidungsprozesse zu verbessern oder zu automatisieren [SBvK19]. Jüngere Forschungsergebnisse zeigen, dass KI den Entscheidungsfindungsprozess in vielen Geschäftsprozessen und Organisationen positiv beeinflussen kann [Makr18; MuSA19]. Zudem ermöglicht es KI den Unternehmen, maßgeschneiderte Angebote zu erstellen, zu kommunizieren und zu liefern, indem sie zuvor von Kunden gesammelte Daten nutzen, entsprechend auswerten [FoHo15] sowie die Beziehungen zu Kunden und Lieferanten verändern [HuRu18].

2.2 Zusammenhang zwischen der Nutzung von digitalen und KI-Technologien sowie Rückverlagerungen der Produktion

Einige jüngere Veröffentlichungen widmen sich den vermuteten Zusammenhängen zwischen der betrieblichen Nutzung digitaler Technologien in der Produktion und der Neigung der Unternehmen zur Rückverlagerung (Backshoring oder Reshoring) von Produktionsaktivitäten aus dem Ausland. Demnach lässt sich bislang kein Effekt von Investitionen in Robotik auf Rückverlagerungen von Produktionsressourcen in Industrieländer feststellen, wohl aber ein negativer Effekt von Investitionen in Robotik auf das Tempo von Auslandsverlagerungen (Offshoring) [DDMS18; JMSZ15]. Ein Arbeitspapier der OECD [DeFl17] geht davon aus, dass Kommunikationstechnologien das Wachstum von globalen Wertschöpfungsketten weiter befördern werden, während Informationstechnologien Wertschöpfungsketten verkürzen könnten. Robotik, Automatisierung, computergestützte Fertigung, Künstliche Intelligenz, usw. könnten die Vorteile der Produktion in Niedriglohnländern verringern und damit das Fortschreiten der internationalen Fragmentierung der Produktion einschränken. Die digitale Vernetzung könnte demnach stärker regional orientierte Wertschöpfungsketten befördern, da kleinere Chargen und regionale Produktionen wirtschaftlicher werden und damit die Tendenz zur Re-Balancierung der Weltwirtschaft in Richtung der entwickelten Volkswirtschaften unterstützen [DeFl17; StZu18].

Nach DaKJ [2019] könnten digital vernetzte Technologien der Industrie 4.0 durchaus Anreize für Unternehmen schaffen, Teile ihrer Produktion wieder zurück ins Heimatland zu verlagern. Je höher die Investitionen in solche fortschrittlichen Technologien sind, desto höher ist die Notwendigkeit einer hohen Kapazitätsauslastung, was Produktionskonzentrationen an (inländischen) Leitwerken begünstigt. Der Einsatz digital vernetzter Technologien könnte auch die Reaktionsfähigkeit auf individuelle Kundenwünsche und die Fähigkeit, viele Varianten oder kundenspezifische Produkte mit vertretbaren Kosten zu fertigen, verbessern. Da einige Verlagerungsinitiativen die Flexibilität und Reaktionsfähigkeit auf individuelle Kundenanforderungen reduziert zu haben scheinen, könnte dies Unternehmen veranlassen, gezielte Rückverlagerungen durchzuführen und das volle Flexibilitäts- und Anpassungspotenzial der digital vernetzten Technologien an ihren heimischen (Stamm-)Werken zu nutzen. Die Nutzung von Technologien der Industrie 4.0 ermöglicht prinzipiell auch Produktivitätssteigerungen durch Automatisierungspotenziale, die Produktionsprozesse kapitalintensiver und weniger arbeitsintensiv machen. Dies macht die Produktion am innovativen Heimatstandort tendenziell attraktiver und Arbeitskostenvorteile in Niedriglohnländern weniger verlockend [DaKJ19].

Auch durch die Einführung und Nutzung von KI-Technologien könnten Firmen weniger Gründe haben, Produktionsaktivitäten in Niedriglohnländer zu verlagern, da sie durch die neuen Technologien konkurrenzfähiger, was den Trend zur Rückverlagerung in Industrieländer verstärken könnte [Ford16]. Dieser Aspekt kann zusammen mit anderen Faktoren wie Qualität, schnellere Reaktionsfähigkeit auf Marktveränderungen und Kundenanforderungen sowie Standorten nahe den Kernmärkten die Geografien von Produktionsaktivitäten verändern, wobei dem Herkunftsland zunehmend eine Schlüsselrolle zukommt [VaMB18]. Allerdings ist trotz der wachsenden Relevanz von KI für Geschäftsprozesse bislang nur sehr wenig über die Rolle dieser Technologie für die internationale Ausrichtung von Unternehmen bekannt. Vor diesem Hintergrund will der Beitrag folgenden Fragen nachgehen:

- Welcher Zusammenhang besteht zwischen der Nutzung von Technologien zur digitalen Vernetzung der Produktion (Industrie 4.0) und Rückverlagerungen der Produktion?
- Welcher Zusammenhang besteht zwischen der Nutzung von Technologien der künstlichen Intelligenz (KI) und Rückverlagerungen der Produktion?

3   Datenbasis und Methodik

Die Analysen basieren auf einer im September/Oktober 2019 durchgeführten, internationalen Online-Umfrage mit verwertbaren Informationen von 655 Unternehmen des Verarbeitenden Gewerbes aus 16 führenden Industrienationen (Brasilien, China, Deutschland, Frankreich, Indien, Italien, Japan, Kanada, Mexiko, Polen, Russland, Schweden, Spanien, Südkorea, USA und Vereintes Königreich). Befragt wurden leitende Verantwortliche in der Produktion oder der Geschäftsführung der Unternehmen.

In Tabelle 1 ist die Verteilung der Stichprobe nach Stammland, Branche und Größenklasse der Unternehmen dargestellt. Demnach sind die meisten Teilnehmer der Online-Umfrage von Unternehmen aus China (11 %), gefolgt von Unternehmen aus Polen (9 %) sowie Deutschland und Mexiko (jeweils 8 %). Insgesamt ist die Stichprobe hinsichtlich des Stammlandes der Unternehmen mit Ausnahme von Kanada und Schweden (jeweils ca. 2 %) recht gut verteilt. Auch hinsichtlich der Branchen ist die Stichprobe recht gut über das Verarbeitende Gewerbe verteilt. Fast 40 % der Teilnehmer stammen aus KMU mit weniger als 250 Beschäftigten, aber auch 36 % aus großen Unternehmen mit mehr als 1000 Beschäftigten. Die Stichprobe kann damit als balanciertes Sample aus KMU, mittleren und großen Unternehmen der wesentlichen Branchen des Verarbeitenden Gewerbes in den abgedeckten Ländern betrachtet werden.

Die Daten wurden deskriptiv sowie mittels logistischer Regressionsmodelle ausgewertet. Die Einschätzung des Einsatzes von Technologien der digitalen Vernetzung in der Produktion (Industrie 4.0) erfolgt anhand eines metrischen Index', im Folgenden als *I4.0-Index* bezeichnet. Dieser Index basiert je Unternehmen auf dessen Angaben zum Nutzungsgrad von 13 verschiedenen I4.0-Technologien, nämlich: Digitales Supply Chain Management, Vernetzung von Maschinen und Komponenten (Internet der Dinge), Cloud-Dienste, Big Data Analysen, „digitaler Schatten" von Maschinen und Anlagen, Tracking (Identifikation und Lokalisierung) der Produkte in der Produktion, Online-Plattformen zur Produktkonfiguration durch den Endkunden, Generative Fertigungsverfahren, Virtual oder Augmented Reality (VR/AR), Kooperative Roboter (Cobots) sowie Künstliche Intelligenz oder maschinelles Lernen zur Analyse großer Datenmengen, zur Unterstützung der Planung und Optimierung von Geschäftsprozessen oder mit autonomer Entscheidungskompetenz. Dazu wurden alle Antworten in eine metrische Skala der Nutzungsintensität („gar nicht"= 0; „in Pilotmaßnahmen"= 1; „in Teilbereichen"= 2; „durchgängig"= 3) übertragen und die Ergebnisse anschließend gemittelt, womit auch die resultierenden Werte im Intervall [0,3] liegen.

Stammland	Häufigkeit	prozentualer Anteil	Branche	Häufigkeit	prozentualer Anteil	Anzahl Beschäftigte	Häufigkeit	prozentualer Anteil
BR	44	6,7	Metall	92	14,1	1-49	120	18,3
CA	10	1,5	Chemie & Pharmazie	70	10,7	50-249	139	21,2
CN	74	11,3	Maschinenbau	50	7,6	250-999	160	24,4
DE	51	7,8	Elektroindustrie	87	13,3	1000-4999	130	19,8
ES	30	4,6	Nahrungsmittel	64	9,8	>5000	106	16,2
FR	25	3,8	Textil & Bekleidung	81	12,4	**Gesamt**	**655**	**100,0**
IN	49	7,5	Fahrzeugbau	50	7,6			
IT	49	7,5	Gummi und Kunststoff	23	3,5			
JP	31	4,7	Restl. VG	138	21,1			
KR	44	6,7	**Gesamt**	**655**	**100,0**			
MX	51	7,8						
PL	59	9,0						
RU	47	7,2						
SE	12	1,8						
UK	36	5,5						
US	43	6,6						
Gesamt	**655**	**100,0**						

Tabelle 1: Verteilung der Stichprobe nach Stammland, Branche und Größenklasse der befragten Unternehmen

Die Einschätzung des KI-Einsatzes erfolgt ebenfalls anhand eines metrischen Index', im Folgenden als *KI-Index* bezeichnet. Dieser Index basiert je Unternehmen auf dessen Angaben zum Nutzungsgrad Künstlicher Intelligenz in den drei abgefragten Anwendungsfällen zur Analyse großer Datenmengen, zur Planung und Optimierung von Geschäftsprozessen sowie mit autonomer Entscheidungskompetenz. Wiederum wurden alle Antworten in eine metrische Skala der Nutzungsintensität (s. o.) übertragen und dann die Ergebnisse gemittelt, womit ihre Werte wiederum im Intervall [0,3] liegen.

4 Deskriptive Ergebnisse

Zur Bestimmung von Rückverlagerungen wurde danach gefragt, ob das betreffende Unternehmen seit 2017[1] Produktionskapazitäten von eigenen ausländischen Standorten oder anderen Unternehmen ins Inland zurück verlagert hat. Die deskriptiven Auswertungen zeigen, dass insgesamt 17,6 % aller Teilnehmer gewisse Produktionsaktivitäten aus dem Ausland zurückgeholt haben. Differenziert nach der Komplexität des jeweils hergestellten Hauptprodukts zeigt sich, dass diese sich verstärkend auswirkt: Je komplexer die hergestellte Ware, desto höher die Rückverlagerungstendenz. So verlagerten ein Viertel der Betriebe, deren Hauptprodukt sich durch hohe Komplexität auszeichnet, Teile ihrer Produktion vom Ausland zurück ins Inland. Bei einfachen Produkten (12,4 %) sowie Produkte mittlerer Komplexität (16,1 %) waren es deutlich weniger rückverlagernde Unternehmen. Ebenso lässt sich ein klarer Zusammenhang zur Unternehmensgröße ausmachen (Tabelle 2). Demnach verlagern große Unternehmen mit 250 und mehr Beschäftigten deutlich häufiger Produktionsaktivitäten aus dem Ausland zurück (21,2 %) als mittelgroße oder kleine Unternehmen (12,2 % bzw. 11,7 %).

Wie Tabelle 2 zu entnehmen ist, steigt auch der I4.0-Index wie auch der KI-Index mit der Größe der Unternehmen.

---

[1] Also in einem Zeitraum von knapp zwei Jahren seit der Erhebung im September/Oktober 2019.

Anzahl Beschäftigte	Anteil Rück-verlagerer (%)	I4.0-Index	KI-Index
1-49	11,7	0,98	0,69
50-249	12,2	1,26	0,93
250-999	19,4	1,46	1,19
1000-4999	23,1	1,67	1,36
>5000	21,7	1,72	1,39
Gesamt	17,6	1,41	1,11

Tabelle 2: Anteile der Rückverlagerer, mittlerer I4.0- und KI-Index nach Größenklassen

Größere Unternehmen haben mehr Ressourcen, Kapazitäten und Erfahrungen mit der Einführung und Nutzung innovativer Technologien und adoptieren diese daher immer früher und intensiver als mittlere oder kleine Unternehmen. Würde man nur den bivariaten Zusammenhang zwischen Rückverlagerungsaktivitäten und I4.0-Index bzw. KI-Index auswerten, würde man wahrscheinlich einen starken Größenklasseneffekt verdecken. Von daher ist es wichtig, ein multivariates Erklärungsmodell mit der Beschäftigtenzahl als Kontrollvariable zu rechnen.

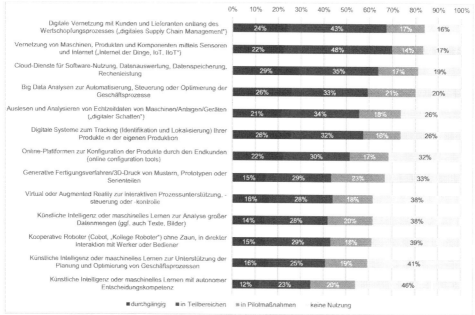

Abbildung 1: Mittlere Nutzungsintensitäten der abgefragten I4.0- und KI-Technologien

Abbildung 1 zeigt die mittleren Häufigkeiten der Nutzungsintensitäten (gar nicht; in Pilotmaßnahmen; in Teilbereichen; durchgängig) für die 13 abgefragten Technologien, inklusive der drei KI-Anwendungen, über alle Teilnehmer, aus denen dann die beiden Indizes (I4.0 und KI) berechnet wurden. Am meisten und intensivsten genutzt werden demnach Digitales Supply Chain Management und die Vernetzung von Maschinen und Komponenten durch das „Internet der Dinge". Die drei KI-Anwendungen zur Analyse großer Datenmengen, zur Planung und Optimierung von Geschäftsprozessen sowie mit autonomer Entscheidungskompetenz sind unter den vier am wenigsten genutzten Technologien. Dies erklärt auch die niedrigere mittlere Ausprägung des KI-Indexes (1,11) im Vergleich zum I4.0-Index (1,41) trotz der Normierung auf die jeweilige Anzahl der einbezogenen Technologien.

5 Ergebnisse der logistischen Regressionen zum Zusammenhang zwischen digitaler Vernetzung und Rückverlagerungen

Zur Erklärung der Wahrscheinlichkeit, ob ein Unternehmen seit 2017 Produktionskapazitäten aus dem Ausland zurückverlagert hat oder nicht, wurden zwei logistische Regressionen gerechnet. Darin gingen neben den im Folgenden beschriebenen Unternehmenscharakteristika einmal der I4.0-Index und einmal der KI-Index als unabhängige Erklärungsvariable mit ein. Die Branchenzugehörigkeit der befragten Unternehmen ging als nominale Variable mit neun zur Wahl stehenden Sektoren als Ausprägungen ein. Als Referenz wurde die Elektrotechnik gewählt, zu welcher die übrigen Branchen somit in Relation zu sehen sind. Die zweite nominale Eigenschaft, nämlich der Standort des entsprechenden Firmenhauptsitzes, hatte Ausprägungen in Form der 16 enthaltenen Industrienationen, von welchen Brasilien als Referenz definiert wurde. Alle übrigen, nichtmetrischen Modellvariablen (Seriengröße, Produktkomplexität und Wettbewerbsfaktoren) weisen je drei verschiedene Level auf, unter denen eine natürliche Ordnung besteht und denen die Werte 1–3 zugewiesen wurden. Als Referenz wurde in allen Fällen das niedrigste Level, d.h. die kleinstmögliche Charge, Komplexität bzw. Strategierelevanz festgelegt. Bei den Wettbewerbsfaktoren fällt auf, dass die entsprechenden arithmetischen Mittel in allen Fällen größer als 2 sind, was darauf schließen lässt, dass die Umfrageteilnehmer mehreren der abgefragten Wettbewerbsfaktoren (z.B. Qualität, Innovation, Preis) eine hohe Relevanz beimessen. Die Beschäftigtenzahl wurde für die Analyse mittels natürlichem Logarithmus transformiert. Die resultierende Variable ist annähernd normalverteilt. Der zweite metrische Faktor, die F&E-Intensität, beschreibt den Anteil der F&E-Ausgaben eines Unternehmens an dessen Umsatz.

Das Modell der logistischen Regression zur Erklärung der Rückverlagerungswahrscheinlichkeit unter Einbezug des *I4.0-Index* ist insgesamt signifikant und weist mit einem Pseudo-R^2 nach Nagelkerke von 0,208 eine zufriedenstellende Güte auf (Tabelle 3). Das Pseudo-Bestimmtheitsmaß von Nagelkerke hat gegenüber beispielsweise McFadden-R^2 den Vorteil, dass es analog zum Bestimmtheitsmaß bei der linearen Regression interpretiert werden kann. Wie sich zeigt, beeinflussen sowohl die F&E-Intensität eines Unternehmens wie auch die Nutzungsintensität von Technologien der Industrie 4.0, gemessen am I4.0-Index, die Rückverlagerungswahrscheinlichkeit signifikant positiv. Ähnlich verhält sich das logistische Regressionsmodell zur Erklärung der Rückverlagerungswahrscheinlichkeit unter Einbezug des *KI-Index*. Auch dieses Modell ist signifikant mit einem Pseudo-R^2 nach Nagelkerke von 0,206 insgesamt zufriedenstellend. Und auch hier erweisen sich einzig die F&E-Intensität sowie hier des KI-Index als signifikant positive Einflussvariablen auf die Rückverlagerungswahrscheinlichkeit der befragten Unternehmen (Tabelle 3).

Anhand der Ergebnisse lässt sich festhalten, dass sich eine hohe F&E-Intensität positiv auf die Neigung der Unternehmen zur Produktionsrückverlagerung auszuwirken scheint. Dies lässt sich dadurch begründen, dass forschungsintensive Unternehmen eher dazu neigen könnten, wichtige Produktionsaktivitäten in die Nähe ihrer inländischen Forschungs- und Entwicklungsabteilungen, die zumeist noch Leitcharakter haben, zu bringen. Als signifikantester Faktor erweist sich allerdings im ersten Modell die Nutzung von Technologien der Industrie 4.0 und im zweiten Modell die industrielle Anwendung künstlicher Intelligenz (KI).

Faktor	Estimate	Pr(>|z|)	Sig.	Estimate	Pr(>|z|)	Sig.
(Intercept)	-4,02167	0		-3,78599	0,00001	
Anzahl Beschäftigte (log)	0,08942	0,09715	+	0,09816	0,06436	
Branche: Fahrzeugbau	-1,0816	0,09232	+	-0,99556	0,12057	
Branche: Gummi & Kunststoff	1,19751	0,05644	+	1,18367	0,05957	
Branche: Textil & Bekleidung	0,29467	0,51785		0,27252	0,5498	
Branche: Chemie & Pharmazie	0,64101	0,16556		0,67589	0,14282	
Branche: Maschinenbau	0,01858	0,9727		-0,02006	0,9705	
Branche: Metall	0,16697	0,72157		0,17427	0,71007	
Branche: Nahrungsmittel	0,62397	0,21091		0,65481	0,18969	
Branche: Restl. VG	0,29377	0,49106		0,26909	0,52753	
Land: CA	0,77096	0,42573		0,65197	0,49914	
Land: CN	-0,09342	0,86736		-0,12434	0,82296	
Land: DE	-0,14848	0,81891		-0,12785	0,8436	
Land: ES	-0,13409	0,84423		-0,09951	0,88404	
Land: FR	-0,63181	0,47438		-0,66014	0,45243	
Land: IN	0,31687	0,56769		0,32109	0,56222	
Land: IT	0,16132	0,78226		0,17022	0,77031	
Land: JP	0,56676	0,39082		0,55022	0,40352	
Land: KR	-0,23925	0,71237		-0,24015	0,71144	
Land: MX	0,19083	0,74081		0,21228	0,71167	
Land: PL	-0,03517	0,95227		-0,00958	0,98705	
Land: RU	0,16335	0,78181		0,19166	0,74518	
Land: SE	0,73714	0,43435		0,66847	0,47768	
Land: UK	0,00968	0,98803		0,05993	0,92592	
Land: US	-1,25358	0,07769	+	-1,20448	0,08817	
Produktkomplexitaet: Produkte mittlerer Komplexitaet	0,17109	0,63648		0,23512	0,5137	
Produktkomplexitaet: Komplexe Produkte	0,60846	0,13621		0,68082	0,09326	
Seriengroesse: Kleine oder mittlere Serien/Chargen	0,13983	0,7331		0,16508	0,68622	
Seriengroesse: Grosse Serien/Chargen	-0,04378	0,92258		-0,00846	0,98491	
F&E-Intensität	1,48302	0,01513	*	1,5013	0,01408	*
Wettbewerbsfaktor Produktpreis: ziemlich wichtig	-0,0593	0,86603		-0,09469	0,7867	
Wettbewerbsfaktor Produktpreis: sehr wichtig	0,35678	0,33579		0,34499	0,3497	
Wettbewerbsfaktor Produktqualitaet: ziemlich wichtig	0,06757	0,87897		0,03593	0,93518	
Wettbewerbsfaktor Produktqualitaet: sehr wichtig	-0,45649	0,31976		-0,43147	0,34725	
Wettbewerbsfaktor Innovation: ziemlich wichtig	-0,20806	0,61897		-0,13875	0,73988	
Wettbewerbsfaktor Innovation: sehr wichtig	0,25438	0,57796		0,40357	0,37439	
Wettbewerbsfaktor Flexibilitaet: ziemlich wichtig	0,01474	0,97267		0,01598	0,97023	
Wettbewerbsfaktor Flexibilitaet: sehr wichtig	-0,16425	0,73386		-0,21272	0,65857	
Wettbewerbsfaktor Zeit: ziemlich wichtig	0,11109	0,77492		0,11831	0,76197	
Wettbewerbsfaktor Zeit: sehr wichtig	0,10661	0,80194		0,14958	0,72625	
Wettbewerbsfaktor Service: ziemlich wichtig	-0,26284	0,51095		-0,29972	0,45538	
Wettbewerbsfaktor Service: sehr wichtig	-0,428	0,35062		-0,44183	0,33486	
Wettbewerbsfaktor Design: ziemlich wichtig	-0,05741	0,87803		0,00115	0,99754	
Wettbewerbsfaktor Design: sehr wichtig	0,28588	0,46906		0,32466	0,40684	
I4.0-Index	0,75213	0,00001	***			
KI-Index				0,53141	0,00002	***
Nagelkerkes Pseudo-R^2			0,20853			0,20618

Signifikanz-Levels: *** p < 0,001; ** p < 0,01; * p < 0,05
Tabelle 3: Logistische Regressionsanalysen für die Rückverlagerungswahrscheinlichkeit der Unternehmen

Die Nutzung der I4.0-Technologien scheint produzierende Unternehmen in die Lage zu versetzen, die Effizienz und Flexibilität ihrer Produktionsprozesse so zu verbessern, dass

Standorte in ausländischen Niedriglohnländern weniger attraktiv werden. Und Unternehmen, in denen die KI-Technologien in hohem Maße angewandt werden, scheinen von den daraus resultierenden Produktivitäts- und Entlastungsvorteilen so sehr zu profitieren, dass die Vorteile der Warenfertigung in Low-Cost-Produktionsstätten übertroffen werden. Bemerkenswert in diesem Kontext ist, dass der KI-Index obschon seiner geringeren Ausprägung und Anzahl der einbezogenen Technologien, eine ähnliche Erklärungskraft entfaltet wie der I4.0-Index, was auf die jetzt schon spürbaren Effizienzpotenziale der abgefragten KI-Anwendungen schließen lässt.

6 Schlussfolgerungen

Die Nutzung von Technologien zur digitalen Vernetzung der Produktion (Industrie 4.0) wie auch industrieller KI-Anwendungen scheinen Rückverlagerungen von Produktionsaktivitäten aus dem Ausland zu stimulieren. Dies kann insbesondere durch folgende Wirkungsweisen erklärt werden [DaKJ19; KiJä19]:

- Zum einen ermöglicht die Nutzung dieser innovativen Technologien *Produktivitätssteigerungen durch Automatisierung*, die Produktionsprozesse kapitalintensiver und weniger arbeitsintensiv werden lässt. Dies macht eine hohe Wertschöpfung und Kapazitätsauslastung am Heimatstandort tendenziell vorteilhafter und Arbeitskostenvorteile in Niedriglohnländern ceteris paribus weniger attraktiv.
- Zum zweiten bieten insbesondere die Technologien der Industrie 4.0 wie auch KI-Anwendungen Potenziale, kundenspezifische Produkte in kleinen Serien zu Kosten einer Großserienproduktion herstellen zu können und durch entsprechende Datenauswertungen und Produktkonfigurationen die Effizienz und Flexibilität *individualisierter Produktionsprozesse* für maßgeschneiderte Angebote deutlich zu verbessern. Um solche kundenspezifischen Produkte schnell liefern zu können, ist es günstig, wenn der Produktionsstandort in der Nähe des Endkunden anstatt in Niedriglohnländern liegt. Dies führt eher zu Rückverlagerungen und lokalen Wertschöpfungsketten als zu weiteren Verlagerungsaktivitäten und weiter globalisierten Wertschöpfungsketten.

Zukünftig dürften daher *lokale Wertschöpfungsketten*, in denen Unternehmen von der Nähe zu Kunden mit unterschiedlichen Anforderungen profitieren, zunehmend mit den bisher dominierenden globalen Wertschöpfungsketten und ihrem inhärenten Merkmal, Produktion (in Niedriglohnländern) und Konsum (in kaufkräftigen Märkten) zu trennen, konkurrieren. Diese bislang gängige Organisation der Produktion in langen und komplexen Wertschöpfungsketten hat die Fähigkeit der Unternehmen, auf Veränderungen der Nachfrage flexibel zu reagieren, erheblich eingeschränkt. Die weitere Dynamik der Einführung digitaler Technologien könnte zudem in Richtung lokal konzentrierterer Wertschöpfungsketten wirken.

Literatur

[Baue14] Bauernhansl, T.: Die Vierte Industrielle Revolution – Der Weg in ein wertschaffendes Produktionsparadigma. In: Bauernhansl, T.; ten Hompel, M.; Vogel-Heuser, B. (Eds.), Industrie 4.0 in Produktion, Automatisierung und Logistik, 5-35. Wiesbaden, Springer, 2014.

[BFGG15]   Brennan, L.; Ferdows, K.; Godsell, J.; Golini, R.; Keegan, R.; Kinkel, S.; Srai, J.S.; Taylor, M.: Manufacturing in the world: where next? International Journal of Operations & Production Management, 2015, 35(9), 1253-1274.

[BrMc14]   Brynjolfsson, E.; McAfee, A.: The Second Machine Age: Work, progress, and prosperity in a time of brilliant technologies. New York, London, Norton Publishers, 2014.

[CaHa13]   Canham, S.; Hamilton, R.T.: SME internationalisation: offshoring, 'backshoring', or staying at home in New Zealand. Strategic Outsourcing, 2013, 6(3), 277-291.

[DaKJ19]   Dachs, B.; Kinkel, S.; Jäger, A.: Bringing it all back home? Backshoring of manufacturing activities and the adoption of Industry 4.0 technologies. Journal of World Business, Volume 54 (2019), Issue 6, https://doi.org/10.1016/j.jwb.2019.101017.

[DDMS18]   De Backer, K.; T. DeStefano, C. Menon, R. J. Suh: Industrial robotics and the global organisation of production. Paris, OECD Science, Technology and Industry Working Papers 2018/03, 2018.

[DeFl17]   De Backer, K.; D. Flaig: The future of global value chains. Business as usual or "a new normal"? Paris, OECD Science, Technology and Industry Policy Papers No. 41, 2017.

[DFOS18]   Di Mauro, C.; Fratocchi, L.; Orzes, G.; Sartor, M.: Offshoring and backshoring: A multiple case study analysis. Journal of Purchasing and Supply Management, 2018, 24(2), 108-134.

[DwZa14]   Dworschak, B.; Zaiser, H.: Competences for cyber-physical systems in manufacturing – first findings and scenarios. In: Procedia CIRP 25 (2014), pp. 345-350.

[EITP13]   Ellram, L.M.; Tate, W.L.; Petersen, K.J.: Offshoring and reshoring: an update on the manufacturing location decision, Journal of Supply Chain Management, 2013, 49(2), 14-22.

[Ford16]   Ford, M.: Rise of robots: Technology and the threat of a jobless future. New York: Basic Books, 2016.

[FoHo15]   Forrest, E.; Hoanca, B.: Artificial intelligence: Marketing's game changer. In T. Tsiakis (Ed.). Trends and innovations in marketing information systems (pp. 45–64). Hersey, PA: IGI Global, 2015.

[FDBN14]   Fratocchi, L.; C. Di Mauro, P. Barbieri, G. Nassimbeni, Zanoni A.: When manufacturing moves back: Concepts and questions. Journal of Purchasing and Supply Management, 2014, 20(1), 54-59.

[GSER13]   Gray, J.V.; Skowronski, K.; Esenduran, G. Rungtusanatham, M.: The reshoring phenomenon: what supply chain academics ought to know and should do. Journal of Supply Chain Management, 2013, 49(2), 27-33.

[HuRu18]   Huang, M.H.; Rust, R.T.: Artificial intelligence in service. Journal of Service Research, 2018, 21(2), 155–172.

[JMSZ15]   Jäger, A.; Moll, C.; Som, O.; Zanker, C.; Kinkel, S.; Lichtner, R.: Analysis of the impact of robotic systems on employment in the European Union. Final Report for the European Commission, DG Communications Networks, Content & Technology, Brussels, 2015.

[KaWH13]   Kagermann, H.; Wahlster, W.; Helbig, J. (eds.): Recommendations for implementing the strategic initiative INDUSTRIE 4.0: Securing the future of German manufacturing industry. Final report of the Industrie 4.0 Working Group. acatech – Deutsche Akademie der Technikwissenschaften e.V., Berlin, 2013.

[KaHa19]   Kaplan, A.; Haenlein, M.: Siri, Siri in my hand, who is the fairest in the land? On the interpretations, illustrations and implications of Artificial Intelligence. Business Horizons, 2019, 62(1), 15–25.

[Kink12]   Kinkel, S.: Trends in production relocation and back-shoring activities – changing patterns in the course of the global economic crisis. International Journal of Operations & Production Management, 2012, 32(6), 696-720.

[Kink14]   Kinkel, S.: Future and impact of backshoring – some conclusions from 15 years of research on German practices. Journal of Purchasing & Supply Management, 2014, 20(1), 63-65.

[KRRL16]   Kinkel, S.; Rahn, J.; Rieder, B.; Lerch, C.; Jäger, A.: Digital-vernetztes Denken in der Produktion. Studie für die IMPULS-Stiftung des VDMA, Karlsruhe, 2016.

[KiJä19]   Kinkel, S.; Jäger, A.: Digitale Vernetzung und Rückverlagerung der Produktion. Bringt die Industrie 4.0 die Produktion zurück nach Deutschland? Industrie 4.0 Management 35 (6), 2019, 55–58.

[LSBB14]   Lichtblau, K.; Stich, V.; Bertenrath, R.; Blum, M.; Bleider, M.; Millack, A.: Industrie 4.0-Readiness. IMPULS-Stiftung, Aachen, Köln, 2015.

[Makr18]   Makridakis, S.: Forecasting the impact of artificial intelligence, Part 3 of 4: The potential effects of AI on businesses, manufacturing, and commerce. Foresight: The International Journal of Applied Forecasting, 49 (2018), 18–27.

[MuSA19]   Muhuri, P.K.; Shukla, A.K.; Abraham, A.: Industry 4.0: A bibliometric analysis and detailed overview. Engineering Applications of Artificial Intelligence, 78 (2019), 218–235.

[OECD16]   OECD: OECD Science, Technology and Industry Outlook 2016. Paris, Organisation for Economic Co-operation and Development, 2016.

[OECD17]   OECD: Enabling the Next Production Revolution: the Future of Manufacturing and Services Paris, Organisation for Economic Co-operation and Development, 2017.

[SBvK19]   Shrestha, Y.R.; Ben-Menahem, S.M.; von Krogh, G.: Organizational decision-making structures in the age of Artificial Intelligence. California Management Review, 2019, 61(4), 66-83.

[SGGH13]   Spath, D.; Ganschar, O.; Gerlach, S.; Hämmerle, M.; Krause, T.; Schlund, S.: Produktionsarbeit der Zukunft – Industrie 4.0. Stuttgart, Fraunhofer-Verlag, 2013.

[StZu18]   Strange, R.; Zucchella, A.: Industry 4.0, global value chains and international business. Multinational Business Review Vol. 25 (2018) 3, S. 174-184.

[Tate14]   Tate, W.L.: Offshoring and reshoring: U.S. insights and research challenges. Journal of Purchasing and Supply Management, 2014, 20(1), 66-68.

[UNCT17]   UNCTAD: World Investment Report 2017: Investment and the Digital Economy. New York and Geneva, United Nations, 2017.

[VaMB18]   Vanchan, V.; Mulhall, R.; Bryson, J.: Repatriation or reshoring of manufacturing to the U.S. and UK: Dynamics and global production networks or from here to there and back again. Growth and Change, 2018, 49(1), 97–121.

Kontakt

Prof. Dr. Steffen Kinkel
Leiter Institut für Lernen und Innovation in Netzwerken (ILIN)
Fakultät für Informatik und Wirtschaftsinformatik
Hochschule Karlsruhe - Technik und Wirtschaft
Moltkestr. 30, 76133 Karlsruhe
T +49 721 925-2915, steffen.kinkel@hs-karlsruhe.de

Dipl.-Math. Enrica Cherubini
Institut für Lernen und Innovation in Netzwerken (ILIN)
Fakultät für Informatik und Wirtschaftsinformatik
Hochschule Karlsruhe - Technik und Wirtschaft
Moltkestr. 30, 76133 Karlsruhe
T +49 721 925-2979, enrica.cherubini@hs-karlsruhe.de

Die Wirkkraft der Sprache auf die Wahrnehmung neuartiger Technologien wie kollaborationsfähiger Roboter (Cobots) oder künstlicher Intelligenz (KI)

Tobias Kopp

Zusammenfassung

Dieser Beitrag erläutert die Wirkung der Sprache auf die Wahrnehmung neuartiger Technologien unter Bezugnahme auf die grundlegenden psychologischen Mechanismen, welche der Vermenschlichung technischer Artefakte zugrunde liegen. Gerade in der Kommunikation mit ungeübten Technikanwendern bietet die Sprachverwendung vor dem Hintergrund der Tendenz zur Vermenschlichung ein wirkmächtiges Instrument in Hinblick auf die Technikakzeptanz und eine adäquate Techniknutzung. Exemplarisch wird dies an zwei aktuellen Technologien aus dem Kontext der Industrie 4.0 aufgezeigt, namentlich an kollaborationsfähigen Robotern (Cobots) sowie künstlicher Intelligenz (KI). Insbesondere für Wirtschaftsinformatiker als Vermittler zwischen Technikern und Anwendern ist ein Bewusstsein über die Wirkung der Sprache von hoher Relevanz. Dennoch zeigen sich zunehmend Defizite bei der Sprachkompetenz von Studierenden. Der Beitrag präsentiert daher ein alternatives, onlinebasiertes Lehrkonzept zur Vermittlung von Sprachkompetenz in einem interdisziplinären Themenfeld, das u. a. KI und deren gesellschaftliche und ethische Konsequenzen einschließt.

1   Die Wahrnehmung neuer Technologien

In den vergangenen Jahren halten zunehmend komplexe technologische Artefakte Einzug in den Arbeitsalltag und die Lebenswelt, sei es in verkörperter Form bspw. als interaktiver Roboter oder als rein virtueller Agent bspw. in Gestalt eines (vermeintlich) intelligenten Algorithmus. Diese Artefakte befördern die Veranlagung zur *Vermenschlichung*, d. h. zur (sachlich ungerechtfertigten) Zuschreibung menschlicher Eigenschaften und mentaler Zustände wie Emotionalität oder Intentionalität an unbelebte Entitäten. Diese Vermenschlichung wiederum basiert auf spezifischen *mentalen Modellen*, d. h. internen Repräsentationen externer Artefakte, welche Menschen unbewusst kreieren, um Vorhersagen über das künftige „Verhalten" dieser unbekannten Entitäten treffen zu können.
Die Tendenz zur Vermenschlichung kann bspw. durch das visuelle Erscheinungsbild eines Agenten oder dessen Bewegungsform befördert werden. Abgesehen von diesen wahrnehmbaren Eigenschaften wird die Vorstellung von einer technischen Entität sprachlich vermittelt. Wenn ein Algorithmus als künstliche Intelligenz, also mit vormals menschlichen Akteuren vorbehaltenen Begriffen, bezeichnet wird, aktiviert dies unweigerlich menschenähnliche mentale Modelle, die in Eigenschaftszuschreibungen, Erwartungen und sozialemotionalen Handlungsmustern münden.
Die empirisch belegten Effekte dieses sprachlichen Framings [BaHL18], [Nij+19], [OnRo19] rücken nur langsam in den Fokus der Forschung und in das Bewusstsein von Praktikern. Dabei bietet deren gezielter Einsatz ein hohes Potenzial in Hinblick auf die Technikakzep-

tanz: Eine maßvoll eingesetzte vermenschlichte Umschreibung kann Vertrauen schaffen und Berührungsängste abbauen. Allerdings kann ein überzogenes Maß an Vermenschlichung zu Fehleinschätzungen und Frustrationen aufgrund unerfüllbarer Erwartungen und damit letztlich zu einem erheblichen Akzeptanzverlust führen. Gerade in Zeiten des Entstehens technologischer Artefakte, die sich kaum mehr in altbewährte Mensch-Technik-Unterscheidungen einordnen lassen, ist insofern ein differenzierter Sprachgebrauch und das Bewusstsein für dessen Wirkung von höchster Relevanz. Dies gilt insbesondere für Wirtschaftsinformatiker, die häufig als Vermittler zwischen Entwicklern neuartiger Technologien und mitunter wenig technikaffinen Nutzern auftreten, die noch keine stabil ausgestalteten mentalen Modelle besitzen. Vor diesem Hintergrund werden im Folgenden die Einflussfaktoren und Auswirkungen des Phänomens der Vermenschlichung sowie die Bedeutung der Sprache bei der Modulation von (menschenähnlichen) mentalen Modellen späterer Anwender dargestellt.

2   Das Phänomen der Vermenschlichung

Die Vermenschlichung (Anthropomorphisierung) beschreibt einen psychischen Prozess, bei dem Menschen anderen Entitäten menschliche mentale Zustände und Verhaltensweisen zuschreiben, auch wenn es sich dabei um offensichtlich unbelebte Maschinen handelt[2]. Die Neigung hierzu scheint tief in Menschen verankert zu sein. Menschen sprechen von *Mutter* Natur, von Computern, die heute nicht so *wollen* wie sie selbst, oder betrachten *Gott* als Ursache naturwissenschaftlich unerklärlicher Ereignisse [WiMW17]. Vor allem im Umgang mit neuen Technologien wird diese Tendenz zur Vermenschlichung in vielfacher Weise getriggert. Als historisches Anschauungsbeispiel fungieren die Braitenberg-Vehikel [Brai87].

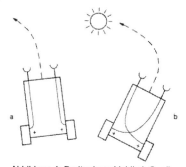

Abbildung 1: Braitenberg-Vehikel, Quelle:
http://kovan.ceng.metu.edu.tr/software/Braitenberg/BraitenbergEN/vehicle2.png

Diese beruhen auf einer simplen Verschaltung von Lichtsensoren mit Antriebsmotoren. Die Bewegungen dieser Vehikel erscheinen so, als würden sie Licht *mögen* oder *verabscheuen* und werden häufig mit psychologischem Vokabular beschrieben [May+06]. Spätere Beispiele finden sich etwa in dem Hype um Tamagotchis, bei denen Nutzer mit großer Begeisterung virtuelle Haustiere gepflegt haben [Fogg02], und bei Robotern, die von Menschen

---

[2] Hier entspinnt sich unausweichlich eine philosophische Debatte über die Kriterien für Lebendigkeit, Emotionalität etc. und die Frage, inwiefern moderne Entitäten es verdienen, als lebendig, emotional etc. bezeichnet zu werden. Solche Fragestellungen werden in diesem Beitrag nicht weiter vertieft.

beschrieben werden, als besäßen sie Absichten, Gefühle und einen biologischen Organismus [Vin+15].

Mit dem verstärkten Aufkommen von Computern zum Ende des 20. Jahrhunderts formulierten die Harvard-Professoren Reeves und Nass in ihrem vielfach rezipierten Werk *The Media Equation* die These, dass Menschen sich gegenüber Computern (und anderen Medien) ähnlich verhalten wie gegenüber anderen Menschen. Sie folgerten ferner, dass Menschen Computer als soziale Akteure wahrnehmen (*Computers are social actors*-Paradigma) [ReNa98]. Diese These basiert auf einer Serie an Experimenten, in denen bekannte sozialpsychologische Studien repliziert und dabei die menschlichen Interaktionspartner durch ein technisches Medium ersetzt werden. Es zeigte sich, dass das Verhalten der menschlichen Probanden gegenüber der Technologie dem Sozialverhalten aus den vorherigen Experimenten mit Mensch-Mensch-Interaktion glich [MoXu17]. So berücksichtigten Versuchspersonen bspw. stereotypische soziale Kategorien wie das Geschlecht oder die ethnische Abstammung, wenn sie mit Computern interagierten. Weibliche Computerstimmen wurden mit höherer Expertise in Themenbereichen wie Liebe und Partnerschaft assoziiert; virtuelle Agenten, deren Gesichter den gleichen ethnischen Hintergrund wie den des Befragten suggerierten, wurden u. a. als attraktiver, vertrauenswürdiger und intelligenter eingestuft [Broa17]. Dieses Phänomen wurde in der Folge durch weitere Untersuchungen empirisch untermauert [Ros+14], [Fogg02].

Dies veranlasste [ReNa98] zu einigen weitreichenden Schlussfolgerungen: Menschliche Reaktionen auf Medien seien in fundamentaler Weise sozial und natürlich. Die Gleichbehandlung von Medien und Menschen sei kein selten anzutreffender Prozess, sondern vielmehr ein universelles und unbewusstes Phänomen. Selbst simple Medien könnten reichhaltige soziale Einschätzungen und Reaktionen hervorrufen.

[ReNa98] lehnten es ab, diese Phänomene als Vermenschlichung zu bezeichnen, da keiner ihrer Versuchsteilnehmer behauptete, dass ein Computer es verdiene, als Mensch betrachtet oder behandelt zu werden. Offenbar liegt hier also keine *starke Vermenschlichung* vor, bei der Personen die Artefakte tatsächlich explizit für belebt halten. Dies ist in Bezug auf Technologie wenig verbreitet. Entscheidend ist jedoch, dass selbst diese *schwache Vermenschlichung*, d. h. ein rein metaphorisches vermenschlichtes Sprechen über eine Technologie wider besseres Wissen um deren Unbelebtheit, zur Aktivierung von entsprechenden (sozial-emotionalen) Verhaltensskripten führt und insofern handlungswirksam wird [EpWC07].

[ReNa98] erklärten diese Phänomene durch eine evolutionär bedingte mangelnde Anpassung des menschlichen Gehirns an neue Medien. Menschen seien daran gewöhnt, dass es sich bei allem, was interaktives Verhalten zeigt und ein Mensch zu sein scheint, auch tatsächlich um einen Menschen handelt. Eine differenziertere Erklärung liefert die psychologische Drei-Faktoren-Theorie zur Vermenschlichung [EpWC07]: Einerseits ist das Wissen über menschliche Akteure detailliert vorhanden und mit dem geringsten kognitiven Aufwand abrufbar. Wenn immer Menschen auf etwas Unbekanntes oder Unerklärliches stoßen, tendieren sie in einem heuristischen Ansatz dazu, dieses Etwas menschenähnlich zu repräsentieren [WiMW17]. Andererseits lassen sich zwei Grundbedürfnisse erfüllen, indem das Gegenüber mental als Mensch repräsentiert wird: Das Verhalten eines (vermeintlich) menschlichen Gegenübers lässt sich gut antizipieren, da sich Menschen mit menschlichem Verhalten gut auskennen (egozentrische Simulation), und reduziert somit Gefühle der Unsicherheit. Außerdem wirkt die Existenz eines (vermeintlich) menschlichen Gegenübers dem Gefühl der sozialen Isolation entgegen [EpWC07]. Dies erklärt auch, warum einsame Menschen verstärkt zur Vermenschlichung neigen [Epl+08].

Die heutige Relevanz von Vermenschlichung ergibt sich letztlich aus drei Faktoren: Erstens beruht Vermenschlichung auf tief verwurzelten menschlichen Bedürfnissen und Mechanismen. Zweitens hat auch eine schwache Vermenschlichung Konsequenzen auf menschliche Denk- und Handlungsweisen. Drittens wird Vermenschlichung durch neue technische Artefakte mit teils gezielt humanoider Gestaltung und durch die zeitgenössische sprachliche Darstellung in den Medien befördert. Gerade Personen ohne reale Berührungspunkte mit einer unbekannten Technologie kreieren ihr mentales Modell davon zwangsläufig aus sprachlichen Hinweisen von Dritten. Daher wird im folgenden Kapitel die Bedeutung der Sprache in Hinblick auf Vermenschlichung und Technikakzeptanz thematisiert.

3   Sprachliches Framing

Einerseits manifestiert sich Vermenschlichung in der Sprachverwendung, andererseits lässt sich der Prozess der Vermenschlichung durch das Sprechen über Technologie beeinflussen. Der Grad, zu welchem eine Person Technologien vermenschlicht, hängt von der Disposition des Individuums und der Ausgestaltung der Technologie sowie von Kontextfaktoren ab, welche über sog. sprachliches Framing gestaltbar sind [Onn+19]. Durch gewisse sprachliche Umschreibungen können beim Rezipienten entsprechende (Deutungs-)Rahmen und mentale Modelle aktiviert werden, in deren spezifischem Kontext der Kommunikationsinhalt unterschiedlich verstanden und interpretiert wird. Die praktische Wirkmächtigkeit der verwendeten Sprache begründet sich darin, dass der Prozess des Wortverstehens unweigerlich mit einer Handlungssimulation und -vorbereitung einhergeht [Wehl16].

In jüngerer Zeit lässt sich eine erhöhte Aufmerksamkeit für die Wirkung der verwendeten Sprache in öffentlichen sowie wissenschaftlichen Debatten feststellen. So identifiziert [Hara17] die Fähigkeit, über abstrakte, nichtexistente Konstrukte zu sprechen und damit kollektive Narrative zu formen, gar als zentrale historische Errungenschaft, welche zur heutigen exponierten Machtstellung des Menschen gegenüber anderen Tieren maßgeblich beigetragen hat. [Wehl16] argumentiert, dass politische Meinungsbildung ein Ergebnis der Wirkkraft von sprachlich induzierten Frames anstatt des Resultats eines rationalen Prozesses sei. Selbst Technologieentwickler und Wissenschaftler verwenden in Bezug auf ihre Prototypen häufig menschenähnliche Termini [Zijl17].

Besonders entscheidend ist die präzise Verwendung von Begriffen, wenn diese bisher unbekannte Entitäten umschreiben, mit denen viele Personen noch keine Berührungspunkte und Erfahrungswerte hatten und für die keine ähnlichen mentalen Modelle zur Verfügung stehen. Vor diesem Hintergrund werden im Folgenden zwei Technologien mit hoher und prognostisch steigender Relevanz im Kontext der Industrie 4.0 im Unternehmenskontext genauer analysiert. Hierbei handelt es sich um kollaborationsfähige Roboter (Cobots) und künstliche Intelligenz (KI).

4 Anwendungsbeispiele

4.1 Kollaborationsfähige Roboter (Cobots)

Im Gegensatz zu klassischen Industrierobotern erlauben sog. Cobots (engl.: collaborative robots) die direkte physikalische Zusammenarbeit mit Menschen ohne trennende Schutzvorrichtungen. Gerade für kleine und mittlere Unternehmen (KMU) mit typischerweise kleinen Stückzahlen und hoher Variantenvielfalt stellen sie eine reizvolle Lösung zur Ausgestaltung einer Mensch-Roboter-Kollaboration (MRK) und zur Steigerung der Wettbewerbsfähigkeit dar. Teilaufgaben werden vom Cobot übernommen, ohne dass die Mitarbeiter aus dem Produktionsprozess weichen müssen [KoSK20], was mitunter gar als „Ausweg aus der weiteren Vernichtung von Arbeitsplätzen durch die fortschreitende industrielle Entwicklung" [OnRo19] gesehen wird.

Durch das Entstehen eines gemeinsamen Interaktionsraums zwischen Mitarbeiter und Roboter verändert sich auch die Art und Weise, wie die Mitarbeiter den Roboter wahrnehmen [SaMu15]. Daher lässt sich der Einführungsprozess eines Cobots in Hinblick auf die Technikakzeptanz nicht ohne Weiteres mit dem einer herkömmlichen Maschine vergleichen [Lee16], denn die menschlichen „Praktiken, Selbstverständnisse und die Relation von Mensch und Maschine (...) häng[en] von der Spezifik und Funktionsweise der jeweiligen Maschine ab" [Heßl19]. Hinzu kommt, dass Roboter grundsätzlich die Tendenz zur Vermenschlichung begünstigen, da diese über eine physische Verkörperung einerseits und ein menschenähnliches Erscheinungsbild andererseits verfügen [FeEy16], was sich am humanoid gestalteten industriellen Cobot *Baxter* von *Rethink Robotics* besonders eindrücklich zeigt (vgl. Abb. 2).

Abbildung 2: Beispiel für einen humanoid gestalteten industriellen Cobot
(Baxter von Rethink Robotics, Bildquelle: The Anthropomorphic Robot Database [Phi+18])

Debatten um Vermenschlichung und sprachliches Framing werden häufig ausschließlich oder zumindest in erster Linie im Anwendungsbereich sozialer oder humanoider Serviceroboter verortet. Damit einher geht die Annahme, dass Anthropomorphisierung im funktional geprägten industriellen Produktionsumfeld keine relevante Rolle spielt. Allerdings lässt sich auch hier beobachten, dass mit der Einführung von Cobots häufiger Formulierungen wie „hybride Teams" oder „Kollege Roboter" benutzt werden [Onn+19]. Dies verdeutlicht die Tendenz zur sprachlichen Vermenschlichung auch im Industriekontext und stellt die mentale Repräsentation von Robotern als reines Werkzeug in Frage. Hinzu kommt, dass in der im Kontext von Industrie 4.0 zunehmend menschenleeren Fabrik die Einsamkeit und damit die Tendenz zur Vermenschlichung von Robotern wachsen [Hess15].

Das gezielte Framing von Cobots kann (unbewusst) die Wahrnehmung und Akzeptanz durch die Mitarbeiter verändern [DaNB15], [Kor+16], [Kor+16], [KoKl13], z.B. durch die Bezeichnung von Cobots mit menschlichen Namen im Gegensatz zu technischen Bezeichnungen, durch das Verfassen einer Hintergrundgeschichte [Darl17] oder die Nennung eines (fiktiven) Herstellungsortes eines Roboters [LeSe05]. Sprache repräsentiert nicht nur die Mensch-Technik-Beziehung, sondern interpretiert diese auch häufig als quasisoziale Beziehung [Coec10]. Dies zeigt sich auch dadurch, dass die Namen, die Robotern verliehen werden, geschlechterspezifische Assoziationen hervorrufen [Darl17]. In diesem Sinne bietet Framing ein hohes Potenzial zum Abbau von Berührungsängsten und zur Bildung realistischer Erwartungen an eine neue Technologie [Onn+19].

4.2 Künstliche Intelligenz

Noch entscheidender scheint die Wahl geeigneter Begrifflichkeiten in Bezug auf KI, die sich durch ihre fehlende Verkörperung und ihre schwerer vermittelbare Funktionsweise noch weniger mithilfe bekannter mentaler Modelle fassen lässt. Bereits die Bezeichnung als künstliche *Intelligenz* stellt einen Rückgriff auf einen Terminus aus der menschlichen Erlebenswelt dar, der wenig zielführend erscheint. Denn für Intelligenz gibt es die verschiedensten Definitionen ohne einen Konsens [Seng18], sodass sich in diesen Begriff viele unterschiedliche Aspekte hineinprojizieren lassen. Dies kann leicht zu teils unzutreffenden Assoziationen sowie zu Kategorienfehlern bei der Zuschreibung von Fähigkeiten führen [Broo17]. Ähnlich wie Produkte, die im Kontext von Industrie 4.0 zu Akteuren werden, welche die Produktionsstraße durchwandern und Menschen sowie Maschinen Anweisungen erteilen [Heßl19], werden KI-Algorithmen häufig sprachlich als intelligente aktive Entscheider vermittelt, sodass die Grenzen zwischen Subjekt und Objekt zunehmend verschwimmen [Grun19].

Ferner verweisen [KeCo16] darauf, dass die öffentlichen Debatten insbesondere seit Anfang der 2000er Jahre sehr stark durch ferne Zukunftsvisionen in Gestalt spektakulärer und hypothetischer Utopien und Dystopien geprägt werden. Diese Diskussionen fokussieren vorwiegend auf *starke KI*. Wenngleich die dahinterliegende Technologie hohes Potenzial hat, sind diese Zukunftsvisionen „bestenfalls hochkontrovers, manchmal auch unklar (...) oder [entbehren] gar jeder Grundlage" [KeCo16]. Jedenfalls stehen sie im Missverhältnis zu den aktuell bestehenden Anwendungsmöglichkeiten und verkürzen die Debatte auf spekulative Zukunftsthemen, anstatt sich mit den drängenden heutigen Problemen zu beschäftigen. Hierbei werden mitunter irreführende Begrifflichkeiten und Beschreibungen für KIs und deren Leistungen eingeführt, welche unerfahrenen Anwendern ein Bild vermitteln, dass es sich bei heutigen KIs tatsächlich um beinahe menschliche Wesen handelt. Eine solche Tendenz lässt sich u.a. auch in Hinblick auf die Roboterethik konstatieren, die sich zu großen Teilen mit kaum lösbaren Fragen nach der Intelligenz, Personalität oder Empfindungsfähigkeit von Robotern befasst, anstatt sich auf die Auswirkungen auf die Menschen zu fokussieren, die mit Robotern interagieren [Coec09].

5 Sprachkompetenz bei Studierenden

Sowohl beim Prozess des Vermenschlichens als auch beim sprachlichen Framing handelt es sich um kognitive Phänomene, die dem Gegenstandsbereich der Psychologie zuzuordnen sind. Nichtsdestoweniger sind Wirtschaftsinformatiker ebenfalls mit diesen Prozessen in zweierlei Hinsicht konfrontiert: Erstens, indem sie an der Gestaltung von Technologie (insb. in Form von Mensch-Maschine-Schnittstellen) beteiligt sind und damit Vermenschlichungsprozesse beeinflussen können. Zweitens, indem sie oftmals Technologien sprachlich vermitteln und dabei mitunter Anwender adressieren, die über wenig Bezug zu moderner Technologie verfügen. Gerade solche Personen treten der Technologie mit wenig ausgebildeten, unterkomplexen mentalen Modellen und daraus abgeleiteten Erwartungshaltungen entgegen, die noch in hohem Maße instabil und gestaltbar sind [Tal+16]. Wirtschaftsinformatiker sind also häufig diejenigen, die durch die Gestaltung von Technologie als auch durch ihre Sprache über dieselbige entscheidend dazu beitragen, welches Bild bei den (späteren) Verwendern erzeugt wird. Insofern erscheint eine ausreichende Sprachkompetenz und Sensibilität in der Sprachverwendung angezeigt.

[ReRZ20] verweisen allerdings auf zunehmende Medienberichte und anekdotische Evidenzen aus der eigenen Lehrpraxis, welche in Zweifel ziehen, ob Studierende über ausreichende Sprachkompetenz verfügen. Neben einem differenzierten Ausdrucksvermögen in Wort und Schrift zählen sie hierzu die angemessene Verwendung von Fachtermini, die auch (oder insbesondere) in den MINT-Fächern von Bedeutung ist. Vor dem Hintergrund der vorgenannten Auswirkungen der Sprachverwendung auf die (vermenschlichte) Wahrnehmung neuer Technologien ist dieser Befund als besonders bedenklich anzusehen.

Die fundierte Diskussion der Auswirkungen neuartiger Technologien sollte eine Analyse der aktuellen Sprachverwendung einschließen. Wissenschaftler und Praktiker sollten sich unbewusst eingeübte vermenschlichende Termini vergegenwärtigen, um diese durch sachlich zutreffende und verständliche Beschreibungen zu ersetzen. Eine solche adäquate Sprache ist v. a. angesichts der zunehmenden Anzahl stark arbeitsteiliger und interdisziplinärer Projekte erforderlich, bei denen die (Kommunikations-)Partner unterschiedlichen Denkschulen mit unterschiedlichen Begrifflichkeiten entstammen [Klis20]. Hier entsteht eine zentrale Herausforderung für die Hochschullehre, bei Studierenden einerseits eine ausreichende Sensibilität für die Wirkmächtigkeit der Begriffsverwendung zu erzeugen und andererseits dafür Sorge zu tragen, dass das Technikverständnis der Studierenden nicht primär auf populären und irreführenden begrifflichen Zuschreibungen aus der öffentlichen Debatte beruht. Das folgende Kapitel präsentiert einen hierfür erprobten Lehransatz.

6 Lehrformat zur Förderung der Sprachkompetenz

Seit dem SoSe 2008 veranstaltet das Referat für Technik- und Wissenschaftsethik (rtwe) im Rahmen des Ethikförderprogramms an Hochschulen für Angewandte Wissenschaften (HAW) des Landes Baden-Württemberg ein landesweites Online-Seminar[3]. Im Rahmen dieses Seminars beschäftigen sich die Studierenden mit den Themenfeldern *Künstliche Intelligenz, Ethik und Nachhaltige Entwicklung*[4] in einem moderierten Onlineforum in

---
[3] Weiterführende Informationen zur sog. Online-Akademie: https://akademie.rtwe.de/
[4] Das Themenfeld „Künstliche Intelligenz" ist im SoSe 2018 hinzugekommen.

Kombination mit einer Mailingliste, über die regelmäßig Impulstexte eingespielt werden. Pro Semester entscheiden sich etwa 100–500 Studierende für eine Neuanmeldung, sodass regelmäßig im Diskurs von etwa 100–200 aktiv schreibenden Studierenden zwischen 2.000 und 6.000 Diskussionsbeiträge entstehen. Die Quote an Beiträgen von Studierenden im Verhältnis zu Dozenten liegt im Durchschnitt bei knapp 2,0. Obwohl es sich um keine Pflichtveranstaltung handelt, erwerben pro Semester ca. 30–80 Studierende einen Teilnahmeschein. Bei vielen ist das Interesse an der Veranstaltung so hoch, dass sie ihr über viele Semester hinweg, teilweise bis zum Studienende, verbunden bleiben.

Die drei behandelten Themenfelder hängen insofern miteinander zusammen, als dass KI potenziell zur nachhaltigen Entwicklung im Sinne einer ausgewogenen Balance zwischen Ökonomie, Ökologie und dem Sozialen beitragen kann. Dabei stellt sich gleichwohl die Frage, ob und wie die Entwicklung der KI gestaltet sein sollte, damit sich dieses Potenzial realisieren lässt. Hierzu liefert die Ethik Analysen und Orientierungen zur Beurteilung von Gestaltungsvorstellungen der KI. Neben dem Ideal der nachhaltigen Entwicklung für alle Menschen werden auch die negativen Seiten und Dystopien der KI-Entwicklung diskutiert und vage Begrifflichkeiten dechiffriert, indem z. B. eigene Definitionsversuche der Studierenden gängigen Definitionen von Experten gegenübergestellt werden. Zunehmend ergänzen sich die oftmals tendenziell technikdeterministischen Ansichten um weitere Betrachtungsperspektiven, die einen ganzheitlichen Blick auf Technologie, deren Folgen und deren sprachliche Repräsentation erlauben. Das dem philosophischen Ansatz immanente beständige Hinterfragen, was genau mit dieser oder jener Formulierung gemeint sei, wie sie auf die Rezipienten wirke und welchen kritischen Rückfragen sie standhält, erfordert eine stetige Präzisierung der Ausdrucksweise und schärft das Bewusstsein für die oftmals übersehene Vieldeutigkeit von Sprache. Zunehmend gewinnen auf diese Weise anfänglich unpräzise Definitionen von KI als „Maschinen" oder „Automation" an Tiefe und wandeln sich in differenziertere Beschreibungen. Dabei entsteht gleichzeitig eine Reihe an weiterführenden Fragen: Welche Leistungen verdienen es, als intelligent ausgezeichnet zu werden? Wie lässt sich menschliche Intelligenz beobachten und messen? Wie entsteht Intelligenz? Welche Dimensionen der Intelligenz gibt es? Handelt es sich bei Intelligenz um eine manifeste Eigenschaft oder eine bloße Zuschreibung? Sind KIs intelligent oder simulieren sie Intelligenz?

Die Abwesenheit vorher festgelegter fachlicher Lernziele ermöglicht es den Studierenden, höchst individuelle Lernwege zu erschließen, welche sich einer quantitativen Evaluation weitestgehend entziehen. Neben den o. g. Kennzahlen liefern die oftmals ausführlichen individuellen Rückmeldungen wertvolle qualitative Einsichten in die Lernfortschritte der Studierenden, welche die subjektiven Eindrücke der im kompletten Diskussionsprozess präsenten Dozenten ergänzen. Dabei zeigt sich, dass gerade die interdisziplinäre Beschäftigung an den Schnittstellen der jeweiligen Themenbereiche von den Studierenden in besonderem Maße geschätzt wird, wie nachfolgende Rückmeldungen von Teilnehmern zeigen:

> „Die Möglichkeit (…), nicht nur interfakultär, sondern auch hochschulübergreifend, sich gegenseitig auszutauschen und über Themen zu diskutieren, [ist] geradezu grandios (…) und für mich der erste Weg zu einer völlig neuen Form der Ausbildung. (…) Ich könnte mir vorstellen, dass von Ihrem Beispiel so manch andere Vorlesung mehr als profitieren könnte."

Aufgrund der Tatsache, dass das komplette Seminar rein in der Schriftform stattfindet, ist es für die Studierenden essenziell, ihre Gedanken in möglichst wenigen Worten prägnant auszudrücken, damit diese für andere Studierende anschlussfähig sind und Resonanz erzeugen. So stellt die Anzahl an erhaltenen Zitationen pro verfasstem Beitrag einen guten Indikator dafür dar, wie gut es den Studierenden jeweils gelingt, ihre Meinung kurz und verständlich zu verschriftlichen. Dies schult die Fähigkeit, Begriffe präzise zu definieren und damit in interdisziplinären Diskursen eigene Urteile zu kommunizieren.

> *„Ich war für diese einzigartige Möglichkeit zum Wissenserwerb und zur Diskussion spannender Themen sehr dankbar und habe zahlreiche, wertvolle Anregungen erhalten; in persönlicher Hinsicht wie auch im Hinblick auf mein Studium und meine Abschlussarbeit. Außerdem habe ich gelernt, komplexe Sachverhalte etwas kürzer und prägnanter zu formulieren als bisher."*

Die Moderatoren achten darauf, dass die Diskussionsbeiträge den Ansprüchen einer qualitativ hochwertigen akademischen Diskussion gerecht werden und regen die Studierenden fortlaufend dazu an, über ihre Kommunikationsweise und deren Wirkung zu reflektieren. Diese sind völlig frei darin, die Intensität der Teilnahme und eigene Themenschwerpunkte selbst zu bestimmen. Diese für viele Studierende ungewohnte und geschätzte Freiheit bringt gleichsam die Notwendigkeit und Herausforderung mit sich, selbige proaktiv und selbstständig zu gestalten. Letztlich belegen die Rückmeldungen aus den vergangenen Jahren, die teils auch von Alumni stammen, dass die Wirkung dieser Kompetenzvermittlung bis in die Persönlichkeitsentwicklung hineinreicht:

> *„Ich wurde durch den Austausch (…) reich beschenkt und habe viele kostbare Impulse für mein Leben und meinen Alltag bekommen."*

> *„Die Teilnahme (…) im letzten Semester hat mir wirklich sehr viel für mein Leben gebracht, sowohl fachlich als auch für meine Persönlichkeit."*

7 Fazit

Menschen neigen zur Vermenschlichung technischer Artefakte, besonders wenn diese unbekannt sind. Selbst wenn dies nicht bedeutet, dass sie der Technologie explizit den Status eines Menschen zubilligen, hat die mentale und sprachliche Vermenschlichung unweigerlich Konsequenzen auf das Verhalten gegenüber einer Technologie und das Vertrauen in dieselbe. Vermenschlichung findet auch in klassisch funktionalen Settings wie bspw. der industriellen Fertigung statt und manifestiert sich häufig in der Verwendung von Termini, welche einst der Beschreibung von Menschen und der sozialen Interaktion mit denselben vorbehalten waren. Gleichzeitig bietet die Art und Weise über Technologie zu sprechen ein wirkmächtiges Instrument, um die Wahrnehmung einer Technologie durch deren Anwender und damit die Technikakzeptanz zu beeinflussen. Dies gilt insbesondere in Bezug auf neue Technologien wie kollaborationsfähige Robotik oder künstliche Intelligenz, die einerseits schwer in bewährten Mensch-Technik-Kategorien verortbar sind und andererseits durch ihre Ausgestaltung Vermenschlichung begünstigen. Undifferenzierte Begriffsverwendungen in der öffentlichen Debatte führen dazu, dass unerfahrene Anwender inakkurate mentale Modelle der Technologie ausbilden und dieser daher mit entsprechend unzutreffenden Erwartungen und Assoziationen beggenen. Da Wirtschaftsinformatiker häufig als Vermittler zwischen Technologie und deren Verwendern tätig sind, sollten sie sich der Wirkmächtigkeit ihrer Sprachverwendung bewusst sein und diese mit der nötigen Sensibilität einsetzen. Mitunter lässt sich bei Studierenden besonders in MINT-Fächern, eine zunehmend mangelnde Sprachkompetenz und ein geringes Bewusstsein für deren Wichtigkeit feststellen.

Die Online-Akademie des rtwe bietet einen erfolgreichen alternativen Lehransatz zur Stärkung einer differenzierten sprachlichen und diskursiven Kompetenz.

Literaturverzeichnis

[BaHL18] Baker, L. J.; Hymel, A. M.; Levin, D. T.: Anthropomorphism and Intentionality Improve Memory for Events. In Discourse Processes, 2018, 55; S. 241–255.

[Brai87] Braitenberg, V.: Experiments in synthetic psychology. The MIT Press, Cambridge, Mass., 1987.

[Broa17] Broadbent, E.: Interactions With Robots: The Truths We Reveal About Ourselves. In Annual review of psychology, 2017, 68; S. 627–652.

[Broo17] Brooks, R. A.: Die Verwechslung von Performanz und Kompetenz. In (Brockman, J. Hrsg.): Was sollen wir von künstlicher Intelligenz halten? Die führenden Wissenschaftler unserer Zeit über intelligente Maschinen. Fischer Taschenbuch, Frankfurt am Main, 2017; S. 149–152.

[Coec09] Coeckelbergh, M.: Personal Robots, Appearance, and Human Good. A Methodological Reflection on Roboethics. In International Journal of Social Robotics, 2009, 1; S. 217–221.

[Coec10] Coeckelbergh, M.: Talking to Robots: On the Linguistic Construction of Personal Human-Robot Relations. In (Lamers, M. H.; Verbeek, F. J. Hrsg.): Human-Robot Personal Relationships. Third International Conference, HRPR 2010 Leiden, The Netherlands, June 23-24, 2010 Revised Selected Papers, 2010; S. 126–129.

[DaNB15] Darling, K.; Nandy, P.; Breazeal, C. L.: Empathic concern and the effect of stories in human-robot interaction: 2015 24th IEEE International Symposium on Robot and Human Interactive Communication (RO-MAN). Aug. 31, 2015 - Sept. 4, 2015, Kobe, Japan. IEEE, Piscataway, NJ, 2015; S. 770–775.

[Darl17] Darling, K.: "Who's Johnny?". Antropomorphic Framing in Human-Robot Interaction, Integration, and Policy. In (Lin, P.; Abney, K.; Jenkins, R. Hrsg.): Robot ethics 2.0. From autonomous cars to artificial intelligence. Oxford University Press, Oxford, 2017.

[Epl+08] Epley, N. et al.: When We Need A Human: Motivational Determinants of Anthropomorphism. In Social Cognition, 2008, 26; S. 143–155.

[EpWC07] Epley, N.; Waytz, A.; Cacioppo, J. T.: On seeing human: a three-factor theory of anthropomorphism. In Psychological review, 2007, 114; S. 864–886.

[FeEy16] Ferrari, F.; Eyssel, F.: Toward a Hybrid Society. In (Agah, A. et al. Hrsg.): Social Robotics. 8th International Conference, ICSR 2016 Kansas City, MO, USA, November 1–3, 2016 Proceedings // 8th international conference, ICSR 2016, Kansas City, MO, USA, November 1-3, 2016 proceedings. asa; Springer International Publishing, Cham, 2016; S. 909–918.

[Fogg02] Fogg, B. J.: Computers as persuasive social actors. In Ubiquity, 2002.

[Grun19] Grunwald, A.: Digitalisierung und künstliche Intelligenz: Gestalten wir die Algorithmen oder gestalten die Algorithmen uns?, Stuttgart, 2019.

[Hara17] Harari, Y. N.: Homo Deus. A brief history of tomorrow. Vintage, London, 2017.

[Hess15] Heßler, M.: Die Ersetzung des Menschen? In Technikgeschichte, 2015, 82; S. 108–135.

[Heßl19] Heßler, M.: Menschen – Maschinen – MenschMaschinen in Zeit und Raum. Perspektiven einer Historischen Technikanthropologie. In (Heßler, M.; Weber, H. Hrsg.): Provokationen der Technikgeschichte. Zum Reflexionszwang historischer Forschung. Verlag Ferdinand Schöningh, Paderborn, 2019.

[KeCo16] Kehl, C.; Coenen, C.: Technologien und Visionen der Mensch-Maschine-Entgrenzung, 2016.

[Klis20] Klischat, C.: Förderung der Sprachkompetenz im Studium der Ingenieurwissenschaften. In (Regier, S.; Regier, K.; Zellner, M. Hrsg.): Förderung der Sprachkompetenz in der Hochschullehre. Theoretische Konzepte und praktische Erfahrungen. Springer Fachmedien Wiesbaden, Wiesbaden, 2020; S. 77–105.

[KoKl13] Kory, J.; Kleinberger, R.: Social agent or machine? An exploration of how the framing of a robot affects prosodic mimicry and expressivity, 2013.

[Kor+16] Kory Westlund, J. M. et al.: Effects of Framing a Robot as a Social Agent or as a Machine on Children's Social Behavior. In Robot and Human Interactive Communication (RO-MAN), 2016 25th IEEE International Symposium on, 2016.

[Kor+16] Kory Westlund, J. M. et al.: A study to measure the effect of framing a robot as a social agent or as a machine on children's social behavior: HRI'16. The Eleventh ACM/IEEE International Conference on Human Robot Interation March 7-10, 2016, Christchurch, NZ. IEEE, Piscataway, NJ, Piscataway, NJ, 2016; S. 459–460.

[KoSK20] Kopp, T.; Schäfer, A.; Kinkel, S.: Kollaborierende oder kollaborationsfähige Roboter? Welche Rolle spielt die Mensch-Roboter-Kollaboration in der Praxis? im Druck. In Industrie 4.0 Management, 2020.

[Lee16] Lee, M. K.: Algorithmic bosses, robotic colleagues. In XRDS: Crossroads, The ACM Magazine for Students, 2016, 23; S. 42–47.

[LeSe05] Lee, J. D.; See, K. A.: Trust in Automation: Designing for Appropriate Reliance. In Human factors, 2005.

[May+06] May, C. J. et al.: Rat pups and random robots generate similar self-organized and intentional behavior. In Complexity, 2006, 12; S. 53–66.

[MoXu17] Mou, Y.; Xu, K.: The media inequality: Comparing the initial human-human and human-AI social interactions. In Computers in Human Behavior, 2017, 72; S. 432–440.

[Nij+19] Nijssen, S. R. R. et al.: Saving the Robot or the Human? Robots Who Feel Deserve Moral Care. In Social Cognition, 2019, 37; 41–S2.

[Onn+19] Onnasch, L. et al.: Ethische und soziologische Aspekte der Mensch-Roboter-Interaktion. Bundesanstalt für Arbeitsschutz und Arbeitsmedizin, 2019.

[OnRo19] Onnasch, L.; Roesler, E.: Anthropomorphizing Robots: The Effect of Framing in Human-Robot Collaboration. In Proceedings of the Human Factors and Ergonomics Society Annual Meeting, 2019, 63; S. 1311–1315.

[Phi+18] Phillips, E. K. et al.: What is Human-like? Decomposing Robots' Human-like Appearance Using the Anthropomorphic roBOT (ABOT) Database. In (Kanda, T. et al. Hrsg.): Proceedings of the 2018 ACM/IEEE International Conference on Human-Robot Interaction - HRI '18. ACM Press, New York, New York, USA, 2018; S. 105–113.

[ReNa98] Reeves, B.; Nass, C. I.: The media equation. How people treat computers, television, and new media like real people and places. CSLI Publ, Stanford, Calif., 1998.

[ReRZ20] Regier, K.; Regier, S.; Zellner, M.: Warum Sprachkompetenz? – Eine Reflexion. In (Regier, S.; Regier, K.; Zellner, M. Hrsg.): Förderung der Sprachkompetenz in der Hochschullehre. Theoretische Konzepte und praktische Erfahrungen. Springer Fachmedien Wiesbaden, Wiesbaden, 2020; S. 3–11.

[Ros+14] Rosenthal-von der Pütten, A. M. et al.: Investigations on empathy towards humans and robots using fMRI. In Computers in Human Behavior, 2014, 33; S. 201–212.

[SaMu15] Sauppé, A.; Mutlu, B.: The Social Impact of a Robot Co-Worker in Industrial Settings. In (Kim, J. Hrsg.): CHI 2015 crossings. CHI 2015 ; proceedings of the 33rd Annual CHI Conference on Human Factors in Computing Systems ; April 18 - 23, 2015, Seoul, Republic of Korea. ACM, New York, NY, 2015; S. 3613–3622.

[Seng18] Seng, L.: Maschinenethik und Künstliche Intelligenz. In (Bendel, O. Hrsg.): Handbuch Maschinenethik. Springer Fachmedien, Wiesbaden, 2019; S. 1–21.

[Tal+16] Talone, A. B. et al.: An Evaluation of Human Mental Models of Tactical Robot Movement. In Proceedings of the Human Factors and Ergonomics Society Annual Meeting, 2016, 59; S. 1558–1562.

[Vin+15] Vincent, J. et al.: Social Robots from a Human Perspective. Springer International Publishing, Cham, 2015.

[Wehl16] Wehling, E.: Politisches Framing. Wie eine Nation sich ihr Denken einredet - und daraus Politik macht. Herbert von Halem Verlag, Köln, 2016.

[WiMW17] Wiese, E.; Metta, G.; Wykowska, A.: Robots As Intentional Agents. Using Neuroscientific Methods to Make Robots Appear More Social. In Frontiers in psychology, 2017, 8.

[Zijl17] Zijlstra, H.: Equality for All? Discursive Anthropomorphic Framing in Social Robotics, 2017.

Kontakt

Tobias Kopp, M.Sc.
Institut für Lernen und Innovation in Netzwerken (ILIN)
Hochschule Karlsruhe – Technik und Wirtschaft
Moltkestraße 30, 76133 Karlsruhe
T +49 721 925-2913, tobias.kopp@hs-karlsruhe.de

Original oder Plagiat? Das neue Kontinuum wissenschaftlicher Arbeiten

Eike Meyer, Doris Weßels

Zusammenfassung

Die von Studierenden zu erstellenden schriftlichen Haus-, Studien- oder auch Abschlussarbeiten werden als ein fester Bestandteil einer jahrhundertealten Universitätskultur verstanden. Das Zeitalter der künstlichen Intelligenz (KI) schafft veränderte Rahmenbedingungen und birgt zur Sicherstellung der akademischen Qualität und Integrität neue Herausforderungen für akademische Bildungseinrichtungen. Durch das wachsende Angebot von häufig frei verfügbaren KI-gestützten Werkzeugen auf Basis des „Natural Language Processing (NLP)" und den Einsatz computerlinguistischer Algorithmen können die oben genannten schriftlichen Arbeiten in sehr effizienter Form durch neue Formen der Mensch-Maschine-Autorenkooperation automatisiert generiert werden. Für die Hochschulleitungen und Lehrenden ergeben sich neue Fragestellungen durch den Anspruch, dem Bildungs-, Qualitäts- und Governance-Anspruch auch im digitalen Zeitalter gerecht zu werden. In diesem Positionspapier werden Herausforderungen und Zukunftsfragen in Bezug auf den Umgang mit Plagiaten für das „System Hochschule" im Zeitalter von KI diskutiert.
Keywords: Natural Language Generation, Natural Language Processing, Natural Language Understanding, Plagiate, Plagiatserkennung

1 Einleitung

Welcher Student oder Wissenschaftler unter hohem Leistungs- und Zeitdruck träumt nicht davon? Quasi per Knopfdruck wird aus vorhandenen (wissenschaftlichen) Dokumenten anderer Autoren das „eigene" Werk generiert, natürlich in einer Form, die nicht als Plagiat erkannt und bewertet werden kann. Gerade im Hochschulumfeld verwundert es nicht, dass die hohe Verfügbarkeit und der leichte Zugang zu qualitativ hochwertigen Quellen inklusive der Fülle beindruckend leistungsfähiger und zunehmend KI-gestützter IT-Tools sowohl von Ghostwritern wie auch von Studierenden in steigendem Ausmaß genutzt werden. Anbieter von Ghostwriter-Dienstleistungen besetzen einen Millionenmarkt und haben derzeit keine rechtlichen Risiken zu fürchten [Weße20a].
Im „Zeitalter der künstlichen Intelligenz" stellt die Unterscheidung und Bewertung von Original und Plagiat in Verbindung mit der Autorenrolle eine neue Governance-Herausforderung mit vielfältigen neuen Fragestellungen dar. Es geht letztlich um einen Betrug mit juristischer Relevanz und im akademischen Umfeld um eine gravierende Verletzung akademischer Standards.
Wenn KI-gestützte Algorithmen aber zunehmend einfacher Texte generieren können, wie z. B. der im Februar 2019 von der OpenAI-Organisation veröffentlichte Algorithmus GPT-2, wie kann oder sollte der Bildungsbereich auf diese Entwicklung reagieren [Otsu20]? Das Potenzial künstlicher Intelligenz bei der Generierung von Texten haben Christian Chiarcos und sein Team der Frankfurter Goethe-Universität im Frühjahr 2019 aufgezeigt: Das komplette Springer-Fachbuch *Lithium-Ion Batteries A Machine-Generated Summary of Current*

Research wurde von der KI „Beta Writer" generiert [WrSC19]. Diese Entwicklung zeigt, dass die Autorenrolle und der damit in Verbindung stehende Begriff der Urheberschaft neu interpretiert bzw. definiert werden müssen, wenn eine „Künstliche Intelligenz" als alleiniger Autor oder auch in Kooperation mit einem menschlichen Autor in Erscheinung tritt.

Dieses Positionspapier diskutiert aktuelle Herausforderungen für die Hochschulleitungen und Lehrenden im Kontext von Plagiaten im digitalen Zeitalter:

1. Welchen Impact haben diese disruptiv anmutenden Entwicklungen der Digitalisierung für Prüfungsleistungen in Form schriftlicher Haus- und Abschlussarbeiten?
2. Welchen Fragen muss sich das „System Hochschule" stellen, um seinem Bildungs- und Qualitätsanspruch im digitalen Zeitalter gerecht zu werden?

1.1 Der Begriff „Plagiat"

Im Weißbuch des nach eigenen Angaben weltweit führenden Anbieters von Plagiatserkennungssoftware Turnitin findet sich die folgende Definition:

„Das Wort Plagiat stammt vom lateinischen „plagiarius", was so viel bedeutet wie „Entführer". In Anbetracht seiner lateinischen Ursprünge würde also die Einstufung des „Plagiats" als „Leihe" oder „Kopie" der Aussagen oder Schriften eines anderen eine Verringerung des Schweregrads dieser Handlung bedeuten. Der Onlineversion des englischen Oxford-Wörterbuchs zufolge bezeichnet „Plagiat" die „Praxis, die Werke oder Ideen von jemand anderem zu übernehmen und sie als seine eigenen auszugeben."

Daher stellt ein Plagiat über die „Entführung" der Wörter eines anderen hinaus auch eine Betrugshandlung dar, die sowohl den Diebstahl des Werks eines anderen als auch Täuschung umfasst" [Turn19].

1.2 Das Auftreten von Plagiaten

Leider mangelt es an einer fundierten Datenbasis, die das Vorkommen von Plagiaten in den unterschiedlichsten Kontexten beschreibt. Jedoch finden sich vereinzelt frühere Studien, die die Relevanz der Thematik bereits im „Vor"-KI-Zeitalter eindrucksvoll aufzeigen, so die nachfolgende Abb. 1 mit Untersuchungsergebnissen aus dem BMBF-Projekt FAIRUSE. In diesem Projekt wurden unter Leitung von Soziologen der Universität Bielefeld und der Universität Würzburg mehrere tausend Studierende und ca. 1400 Dozenten anonym befragt. Dem zufolge hatten fast 20 Prozent der befragten Studierenden in einem Zeitraum von 6 Monaten mindestens einmal plagiiert [Pieg12] – damals noch ohne signifikante Unterstützung KI-gestützter Tools.

Ein erschreckendes Ergebnis dieser Studie stellt laut Studienleiter Sebastian Sattler das Verhalten der Dozenten dar. Obwohl einige Dozenten an ihren Hochschulen einen Zugang zu einer Plagiatserkennungssoftware haben, wird diese häufig nicht genutzt. Weniger als ein Viertel der Hochschullehrer führt stichprobenartige Tests bei Suchmaschinen durch [Pieg12]. Angesichts dieses Verhaltens ist nicht verwunderlich, dass 94 Prozent der Plagiate und ihrer Akteure nicht enttarnt werden.

Die renommierte Plagiatsforscherin Berliner Professorin Debora Weber-Wulff berichtet in der Zeitschrift „Nature" von der Plagiatsquote bei wissenschaftlichen Einreichungen für die „World Conference on Research Integrity" im Jahr 2019 [Webe19]. Schockierend bei dieser wissenschaftlichen Konferenz zum Thema Integrität war, dass 38 von 449 Einreichungen entweder Plagiate im engeren Sinne (15) oder Teilplagiate im Sinne von Eigenplagiaten aus vorhergehenden Veröffentlichungen (23) waren. Diese Quote von gut 8 Prozent darf zudem noch als untere Grenze bewertet werden.

Grafik: Anteil der Studierenden in Prozent, die mindestens einmal innerhalb von sechs Monaten angegeben haben, dass sie plagiiert haben.

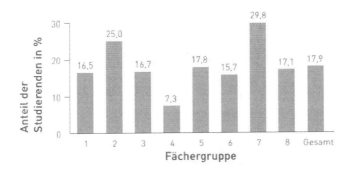

Legende: 1) Sprach- und Kulturwissenschaften, 2) Sport, 3) Rechts-, Wirtschafts- und Sozialwissenschaften, 4) Mathematik und Naturwissenschaften, 5) Humanmedizin und Gesundheitswissenschaften, 6) Agrar-, Forst- und Ernährungswissenschaften, 7) Ingenieurwissenschaften, 8) Kunst und Kunstwissenschaft

Abb. 1: Untersuchungsergebnisse aus dem BMBF-Forschungsprojekt FAIRUSE (2009-2012), zitiert nach [Satt13]

1.3 Lehrende und der Umgang mit Plagiaten

Es ist erstaunlich, dass trotz der angebotenen Plagiatserkennungssoftwarelösungen und der nach Expertenmeinung zunehmenden Verbreitung von Plagiaten viele Hochschulen und Lehrende diese Angebote nicht nutzen.

Nach den Erfahrungen der Autoren und basierend auf diversen Gesprächen im Hochschullehrerumfeld gibt es diese drei Argumentationsstufen für die Nichtnutzung von Plagiatserkennungssoftware [Weße20b]:

1. Der Einsatz derartiger Softwarelösungen stellt einen Mehraufwand dar. Die Software muss ausgewählt, beschafft, installiert, administriert, geschult und anschließend auch genutzt werden, was aus Sicht eines einzelnen Hochschullehrers auch einen zeitlichen Mehraufwand bei jeder studentischen Arbeit bedeutet.
2. Lehrende argumentieren gerne und glauben (vermeintlich?), dass sie Plagiate mit hoher Wahrscheinlichkeit ohnehin erkennen würden und somit eine Plagiatserkennungssoftware überflüssig sei.
3. Bei Entdeckung eines Plagiates „habe ich Stress" (O-Ton eines Hochschullehrers, der anonym bleiben möchte). Der „Stress" bedeutet die Auseinandersetzung mit dem Studierenden, die rechtliche Klärung mit den verantwortlichen Instanzen der Hochschule und dem mitunter festzustellenden Gefühl des „Versagens" bei der Betreuung der studentischen Arbeiten.

Gerade der letztgenannte Grund ist vermutlich die Ursache für den Nichteinsatz von Plagiatserkennungssoftwarelösungen. Es ist zu diskutieren, welche Maßnahmen seitens der Hochschulleitung helfen können, hier Einhalt zu gebieten.

2 KI-gestützte Technologien zur Erstellung wissenschaftlicher Arbeiten

Bereits heute werden tägliche Millionen von Dokumenten mittels künstlicher Intelligenz analysiert, kategorisiert und in Teilen auch neu verfasst. Die der Erstellung wissenschaftlicher Arbeiten ist hierbei eine besondere Form, die spezifischen akademischen Kriterien oder zumindest denen des Prüfprozesses genügen muss. Grundlage hierzu bilden Verfahren des Natural Language Processing (NLP), die als Basis für die generelle Verarbeitung natürlicher Sprache durch digitale Systeme dienen.

2.1 Natural Language Processing

Die linguistischen Grundlagen von NLP wurden bereits vor mehreren Jahrzehnten gelegt und auch der Begriff NLP wurde 1999 in einem zentralen Werk von [ManS99] ausführlich behandelt. Die rapide Entwicklung besserer und preiswerterer Rechensysteme wie Cloud Services und die breite Verfügbarkeit vieler Technologien wie moderner Entwicklungswerkzeuge und Frameworks haben jedoch zu einer rasanten Weiterentwicklung von NLP Ansätzen geführt. Insbesondere zwei Verfahren sind hervorzuheben:

1. Die Analyse und Bewertung von Texten aus natürlicher Sprache mit dem Ziel des Textverständnisses, auch bekannt als Natural Language Understanding (NLU) [Expe19]. Hier ist es sinnvoll zwischen unterschiedlichen Komplexitätsgraden zu differenzieren, da der Detailgrad des Sprachverständnisses je nach Anwendungsfall stark variiert.
2. Natural Language Generation (NLG) ist der umgekehrte Schritt, in dem aus vorhandenen Daten neue Texte in natürlicher Sprache generiert werden. Wie auch bei NLU gibt es hier ein sehr breites Spektrum unterschiedlicher Komplexitätsgrade.

Mit steigendem Komplexitätsgrad der Aufgabenstellung erhöhen sich auch die Anforderungen an die KI-Systeme, welche zur Umsetzung genutzt werden sollen. Da das Training solcher Systeme entsprechende Trainingsdaten benötigt, ist hier auch die Verfügbarkeit und Qualität eben dieser Daten eine Voraussetzung. In einem komplexen Umfeld wie der Generierung wissenschaftlicher Texte handelt es sich um ein eher als komplex einzuordnendes Anwendungsgebiet, da es fast beliebige Themengebiete betreffen kann und mit der Verwendung unüblicher Fachbegriffe zu rechnen ist.

2.2 KI-generierte Texte mit dem autonomen Texterstellungsmodell GPT-2 von OpenAI und das Wettrüsten zur Texterkennung

Das Texterstellungsmodell GPT-2 der im Jahr 2015 gegründeten Organisation OpenAI (damals noch Elon Musk als Mitgründer), wurde wegen seines disruptiven Potenzials und des hohen Missbrauchsrisikos bis heute nicht komplett als Open Source zur Verfügung gestellt. GPT-2 ist ein extrem umfangreiches Sprachmodell mit 1,5 Milliarden Parametern, das auf einer Datenbasis von angeblich 8 Millionen Webseiten basiert. Es ist darauf trainiert, das nächste Wort vorherzusagen, wenn zuvor alle vorherigen Wörter in einem Text berücksichtigt wurden [Open19]. Die Besonderheit von GPT-2 ist, dass es sich an den Stil des zuvor erfassten Inputs anpasst und dann schrittweise eine „Geschichte" eigenständig wie ein Mensch (als Inputquelle) weiterformulieren kann [Open19].

Das Wettrüsten auf der Seite der Erkennung dieser KI-generierten Texte [Möbu19] hat begonnen. Ein amerikanisches Forschungsteam bietet das Tool GLTR als Gegenmaßnahme an. Die von Hendrik Strobelt, Sebastian Gehrmann und Alexander Rush vom MIT-IBM Watson AI Lab und Harvard NLP zur Verfügung gestellte GLTR-Demo visualisiert das forensische Überprüfungsergebnis anhand einiger Beispieltexte, um festzustellen, ob eine Textsequenz echt oder gefälscht sein könnte [MIT-I19].

Es ist derzeit intransparent, wo und in welchem Umfang derartige Texterstellungsmodelle bereits genutzt werden und welcher Missbrauch dadurch bereits betrieben wurde.

2.3 Computerbasiertes Rewriting von Texten

Die Leistungsfähigkeit moderner Tools, siehe Abb. 2 am Beispiel von „Quillbot", spiegelt bereits heute faszinierende Möglichkeiten des Paraphrasierens wider, wenn sogar wie bei Quillbot die „Stilfrage" vom Anwender frei gewählt werden kann.

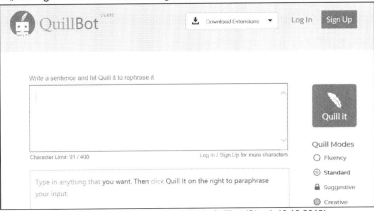

Abb. 2: Screenshot des Rewriting-Tools Quillbot (Stand: 13.12.2019)

Beim Paraphrasieren wird im Sinne des Plagiierens auch eine der großen Hürden bei der NLP umgangen, das oft mangelnde Kontextverständnis der Systeme. Da die Inhalte bereits durch den Nutzer passend zur Verfügung gestellt werden, liegt ein sinnhafter Text als Quelle bereits vor und es muss nur die Umformulierung passieren. Ein inhaltlich sinnhaftes und verständliches Zusammenführen unterschiedlicher Texte aus verschiedenen Quellen ist nicht notwendig, da der Anwender einen für sich stehenden Text aus beliebiger Quelle als Input zur Verfügung stellt.

3 Wege zur Plagiatserkennung und -vermeidung

3.1 Kompetenz und Erfahrung der Lehrenden

Laut der Berliner Plagiatsexpertin Debora Weber-Wulff und ihrer Erfahrung aus 15 Jahren Analyse von Softwarelösungen zur Plagiaterkennung wird es auch zukünftig nicht ohne den geübten und kritischen menschlichen Leser gehen. Denn nur er erkennt Stilwechsel, Änderungen im Layout wie z.B. Schriftartenänderungen und Unterstreichungen bis hin zu Passagen mit ungewöhnlichen Formulierungen und auch Rechtschreibfehlern [Webe19].

Hinzu kommen weitere „Auffälligkeiten" wie ein ungewöhnlich professioneller Schreibstil, ein zu spezielles Fachvokabular und sehr große Unterschiede zu den bisher gezeigten Studienleistungen [Satt13]. In dem Zusammenhang werden zur Vermeidung von Plagiaten verbesserte Betreuungs- und Unterstützungsangebote wie z.B. Schreibwerkstätten empfohlen, aber auch spezialisierte „Lehrprofis" als Lehrende [Satt13].

3.2 Das Duell der KI-Agenten

Während die Vorbehalte gegen den KI-Einsatz auf der Seite der Lehrenden zur Bewertung studentischer Arbeiten in Deutschland nach wie vor groß sind, werden KI-gestützte Analysen studentischer Essays mit sogenannten Robo-Grader im amerikanischen Bundesstaat Utah bereits seit einigen Jahren praktiziert. Dort werden diese Essays nur noch im Ausnahmefall mit der „natürlichen Intelligenz" der Lehrenden bewertet. Auch deutsche Universitäten z. B. in Berlin, München, Frankfurt, Heidelberg, Freiburg und Düsseldorf setzen bereits auf die softwaregestützte „automatische" Bewertung studentischer Arbeiten, hier konkret bei kurzen Essays im Rahmen der Bewerbung um einen Masterstudienplatz [Küch18].

Wohin wird uns diese Entwicklung an Hochschulen führen, wenn gleichzeitig der Einsatz KI-gestützter Software die weltweit sehr schnell wachsende Industrie der Ghostwriter in absehbarer Zukunft noch „performanter" werden lässt und quasi per Knopfdruck eine wissenschaftliche Hausarbeit oder auch eine Thesis generiert werden können? Hochschulen ohne flächendeckende Plagiatserkennungssoftwarelösungen sind kein Einzelfall. Wer bereits ein Plagiat nicht erkennt, macht es Ghostwritern ganz besonders einfach. Auf der anderen Seite könnte das Geschäftsmodell der Ghostwriter auch selbst Opfer der Digitalisierung werden, wenn der Bedarf nach menschlichen Ghostwritern durch leistungsfähige KI-Tools in den Händen der „Endkunden" entfällt.

Das Szenario führt letztlich zu einem Duell der KI-Agenten, die an zwei Stellen ihr volles Potenzial entfalten: NLG bei der Produktion der wissenschaftlichen Arbeiten durch automatisierte Ghostwriting-„Plattformen" und hinterher NLU bei der Bewertung dieser studentischen Ergebnisse in den Händen der Lehrenden an Hochschulen.

Welche Auswirkungen diese Entwicklungen für die Hochschulen haben wird, ist derzeit nur schemenhaft zu erkennen. In jedem Fall rüttelt dieses „disruptive" Szenario an den Grundfesten von Hochschulen und ihrem heutigen Selbstverständnis.

4 Der Weg zu Lösungsansätzen für Hochschulen

Die in diesem Beitrag skizzierte Entwicklung und die neuen Möglichkeiten durch den Einsatz hoch leistungsfähiger IT-Tools inklusive moderner KI-Technologien stellen Hochschulen vor neue Herausforderungen. Auf der Suche nach potenziellen Lösungswegen können zielführende Fragestellungen formuliert werden:

- Zum Schreibprozess: Wie lässt sich die Motivation für das eigenständige Schreiben bei den Studierenden steigern? Wie lässt sich der studentische Schreibprozess als wertvoller Lernprozess besser in die Lernszenarien integrieren? Wie können Lehrende bessere Einblicke in den Erstellungsprozess schriftlicher Arbeiten bekommen und welche technologischen Möglichkeiten könnten hierzu genutzt werden? Sollten KI-Werkzeuge proaktiv als „Schreibgeneratoren" in der Lehre eingesetzt werden, um Studierende mit diesen Werkzeugen ausreichend zu schulen und über die automatisierte Generierung von ersten Textentwürfen qualitativ hochwertigere Arbeiten generieren zu lassen? [Otsu20]
- Zur Priorisierung und Bewertung: Welchen Raum sollten zukünftig Literaturrecherche und -analyse bei studentischen Aufgabenstellungen einnehmen? Wie hoch sollten kreative und nachweisbar eigenständige Individualleistungen in den Prüfungsverfahren

verankert werden? Sollen vermehrt mündliche Prüfungen anstelle schriftlicher Arbeiten eingesetzt werden?
- Zum Einsatz von Plagiatserkennungswerkzeugen: Sollte der Einsatz leistungsfähiger Plagiatserkennungssoftwarelösungen verbindlich für alle Lehrenden vorgeschrieben werden?

In jedem Fall förderlich zur Umsetzung dieser Aufgabengebiete ist die Mitarbeit in Netzwerken wie z. B. dem EU-Projekt ENAI „European Network for Academic Integrity" (http://www.academicintegrity.eu/wp/) oder auch die Nutzung der vielfältigen Angebote des EU-Projektes „Path2Integrity" (http://www.path2integrity.eu).

5 Fazit

In diesem Positionspapier wurde das „neue Kontinuum" diskutiert, welches sich zwischen den Polen Original und Plagiat durch den Einsatz von digitalen Softwarelösungen inklusive leistungsfähiger KI-Werkzeuge aufspannt. Dieses stellt die Hochschulen vor vielfältige Herausforderungen.

Neben den ungeklärten juristischen Fragestellungen sind an den Hochschulen auch finanzielle Hürden und ein stetiger KI-Qualifizierungsbedarf der Lehrenden zu bewältigen. Jede aus den Handlungsoptionen resultierende Umsetzung erscheint ressourcenintensiv, was viele Hochschulen vor die Frage der Machbarkeit stellen dürfte. Um die Hochschulen erfolgreich durch das digitale Zeitalter zu manövrieren, bedarf es mutiger Entscheidungen, schneller Anpassungen an sich kontinuierlich verändernde Rahmenbedingungen und finanzieller Unterstützung von Politik und Gesellschaft. Bildungsinvestitionen sind Zukunftsinvestitionen für den Wirtschaftsstandort Deutschland.

Literaturverzeichnis

[Expe19] Expert System S.p.A.: Expert System: Artificial Intelligence and Natural Language Understanding. https://expertsystem.com/company/, 08.10.2019.

[Küch18] Küchemann, F.: Das Heulen des Fortschritts. Robo Graders prüfen Studenten. https://www.faz.net/aktuell/feuilleton/debatten/der-einsatz-von-kuenstlicher-intelligenz-an-universitaeten-15745530.html, 27.01.2020.

[MIT-I19] MIT-IBM Watson AI lab and Harvard NLP: Giant Language model Test Room. http://gltr.io/dist/index.html, 19.10.2019.

[Möbu19] Möbus, M.: Kann dieses Einhorn echt sein? KI-Tool GLTR erkennt maschinell erstellte Texte. Das Gegenmittel zum OpenAI-Textmodell GPT-2 und das Ende von Non-Profit. https://entwickler.de/online/machine-learning/gltr-kuenstliche-texte-erkennen-gpt-2-openai-579885068.html, 19.10.2019.

[ManS99] Manning, C. D.; Schütze, H.: Foundations of statistical natural language processing. MIT Press, Cambridge, Mass., 1999.

[Open19] OpenAI: Better Language Models and Their Implications. https://openai.com/blog/better-language-models/, 19.10.2019.

[Otsu20]	Otsuki, G. J.: OK computer: to prevent students cheating with AI text-generators, we should bring them into the classroom. http://theconversation.com/ok-computer-to-prevent-students-cheating-with-ai-text-generators-we-should-bring-them-into-the-classroom-129905, 17.05.2020.
[Pieg12]	Piegsa, O.: Studie offenbart Schummel-Kultur an deutschen Unis. https://www.zeit.de/studium/hochschule/2012-08/schummeln-studie-studium, 12.12.2019.
[Satt13]	Sattler, S.: Der kleine Plagiats- und Täuschungskompass. Umgang mit Täuschungen und Plagiaten an der THM, 2013.
[Turn19]	Turnitin: Akademische Integrität im digitalen Umfeld. Definition von Plagiat. Weißbuch. https://www.turnitin.com/de, 19.10.2019.
[Webe19]	Weber-Wulff, D.: Plagiarism detectors are a crutch, and a problem. In Nature, 2019, 567; S. 435.
[Weße20a]	Weßels, D.: "Original oder Plagiat? Hochschulen und wissenschaftliche Arbeiten im Zeitalter künstlicher Intelligenz(en)". In Forschung & Lehre, 2020, 27; S. 504–505.
[Weße20b]	Weßels, D.: Die unerträgliche Leichtigkeit des (wissenschaftlichen) Schreibens. Mit Ghostwritern und Künstlicher Intelligenz auf der Überholspur. Blogbeitrag. https://hochschulforumdigitalisierung.de/de/blog/ghostwriter-und-kuenstliche-intelligenz, 08.07.2020.
[WrSC19]	Writer, B.; Schoenenberger, H.; Chiarcos, C.: Lithium-ion batteries. A machine-generated summary of current research. Springer Nature, 2019.

Kontakt

Prof. Dr. Doris Weßels
Fachhochschule Kiel
Sokratesplatz 2, 24149 Kiel
doris.wessels@fh-kiel.de

Dr. Eike Meyer
Druckerstrasse 46, 22117 Hamburg
eike.j.meyer@fh-kiel.de

Digitale Betreuungssysteme in der Pflege im ethischen und ökonomischen Spannungsfeld

Martin Przewloka

Zusammenfassung

Die Zukunft der Pflege und die Digitale Transformation stehen in einem unmittelbaren Zusammenhang. Der medial artikulierte „Pflegenotstand" erfordert ein schnelles Handeln, welches nur durch das Überspringen („leap frogging") evolutionärer Digitalisierungsschritte erreicht werden kann. In der Konsequenz ergeben sich mit der damit einhergehenden Disruptivität erhebliche ethische Fragestellungen, die sich nicht nur an der Grundsatzthematik für oder gegen die Einführung digitaler Systeme festmachen dürfen. Eine differenzierte Betrachtung ist notwendig und erfordert die Entwicklung eines ethischen Bewertungsmodells für Digitale Pflegebetreuungssysteme. Die vorgelegte Arbeit hat sich das Ziel gesetzt, aufbauend auf einer neu entwickelten Kategorisierungssystematik für Digitale Betreuungssysteme, einen ethischen Bewertungskriterienkatalog zu entwickeln und exemplarisch an zwei konkreten Szenarien zu verproben. Die Entwicklung dieses Modells und der Systematik erfolgt deduktiv und mittels umfangreichen Expertenwissens. Ein wesentliches Ergebnis dieser Arbeit ist, dass insbesondere die mittelbaren ethischen Fragestellungen, welche hier als konsequentialistisch bezeichnet werden und in direktem Zusammenhang mit der Beherrschbarkeit der Datensouveränität in Verbindung stehen, von zentralster Bedeutung sind.
Stichworte: Digitalisierung, Ethik, Pflegenotstand, Pflegeroboter, Künstliche Intelligenz, Datensouveränität, Assistenzsysteme

1 Einleitung

Der „Pflegenotstand" ist als plakativer und öffentlichkeitswirksamer Begriff längst ausgerufen worden. Weitgehend einig ist man sich in der Identifikation der Kernursachen. Hierzu zählen der demografische Wandel, der medizinisch-technologische Fortschritt, der zu einer signifikanten Erhöhung des erreichbaren Lebensalters führt und die Problematik der nicht ausreichend vorhandenen Pflegefachkräfte (siehe u. a. [WHO2011] und [EU2018]). Der Diskurs beginnt an der Stelle, sobald es um ökonomische Aspekte geht, allem voran der Finanzierbarkeit eines Systems, welche den künftigen Herausforderungen standhalten muss.
Während in der klassischen Industrie die Digitalisierung zunächst dem Zwecke der Effizienzsteigerung dient und die Transformation der Produkte und Geschäftsmodelle dagegen nur vergleichsweise langsam und teilweise wenig disruptiv verläuft, werden sich die Medizin und Pflege deutlich von dieser moderaten Vorgehensweise unterscheiden müssen, um eine ökonomisch tragfähige Veränderung zu bewirken. Unbestritten sind auch in der Domäne der Pflege Effizienzvorteile identifizierbar und realisierbar; allerdings benötigt die wirksame Abschwächung des Pflegenotstands einen Ansatz, der dem Begriff der Transformation unmittelbar gerecht wird. Es fehlt schlichtweg die Zeit für einen evolutionären Ansatz, mit der Konsequenz, dass bereits ein mediales Echo entstand, welches sich an dem entferntesten Szenario orientiert: dem Ersatz der Pflegekraft durch die Maschine bzw. den Pflegeroboter.

Dies alarmierte den Ethiker, und so ist es nicht verwunderlich, dass die Mensch- versus Maschine-Diskussion – angeheizt durch das schnelle Voranschreiten der Künstlichen Intelligenz – eine Grundsatzdebatte zu diesen Systemen auslöste ([TA2018] und [DER2019]).

Die Lösung dieses ökonomisch-ethischen Spannungsfelds erfordert allerdings eine differenziertere Betrachtung. Dazu ist es notwendig, eine Kategorisierung künftiger Pflegeunterstützungssysteme, die maßgeblich auf der Nutzung digitaler Technologien aufbauen, vorzunehmen und gleichermaßen einen ethischen Kriterienkatalog zu entwickeln, der auf diese modernen Systeme angewendet werden kann.

Die Praktikabilität des in dieser Arbeit neu entwickelten ethisch/ökonomischen Bewertungskonzepts soll im Rahmen einer Verprobung mittels zweier Szenarien exemplarisch validiert werden. Hierzu worden vom Autor bewusst zwei Szenarien ausgewählt, die in den letzten 3 Jahren eine mediale und gesellschaftliche Aufmerksamkeit erfahren haben: die Markteinführung und der Einsatz von automatisierten Überwachungssystemen zu Pflegender zu sowie der Einsatz von lebensnahen Kuscheltieren in der Pflege, und hier im Speziellen die Kuschelrobbe Paro.

2 Digitalisierungsbereiche in der Pflege und Identifikation der Ankerpunkte für eine ethische Beurteilung

Das bereits aufgezeigte gesellschaftlich-ökonomische Dilemma ist bereits Realität: der rapide Anstieg an Pflegebedürftigen bei gleichzeitiger Verringerung der menschlichen Pflegekräfte (siehe auch [Rot2012]). Die Problemlösung erfordert eine deutlich über Prozessoptimierungen hinausgehende Digitalisierungsstrategie und muss im Wesentlichen über eine direkte Deckung des Pflegebedarfs erfolgen (vgl. Abbildung 1). Konkret lassen sich hierfür die folgenden Ansatzpunkte finden:

- *Ambient Assisted Living (AAL):* Digitale Betreuungssysteme zur Ermöglichung eines maximalen Autonomiegrads im eigenen Zuhause
- *Telemedizin:* Digitale Fernbetreuung und -behandlung
- *Überwachung:* Echtzeitsituationsaufnahme, Vitalparameterüberwachung und darüber hinaus, wie bspw. die schleichende Verschlechterung des Gesundheitszustands, das (un)beabsichtigte Verlassen einer vertrauten Umgebung
- *Robotik:* Die vollständige oder Teilübernahme einer Pflegefunktion
- *Prozesse:* Digitale nahtlose Integration aller Prozessschritte: Planung, Durchführung, Abrechnung von Pflegeleistungen sowie hochintegrative Nutzung von Kommunikationstechnologien zum Datenaustausch (z. B. Telemetriedaten der Patientenüberwachung, Sprach- und Videoinformationen)
- *Attraktivität des Berufsbilds und Zuwanderung:* Digitale Maßnahmen, um die Attraktivität dieses Berufsbilds in der Öffentlichkeit zu steigern

3 Kategorisierung Digitaler Betreuungssysteme

Ökonomische und ethische Bewertungsmaßstäbe erfordern eine Gruppierung der digitalen Systeme. Eine anerkannte Kategorisierung Digitaler Betreuungssysteme existiert aktuell nicht. Insofern stellt sich zunächst die Frage, welche Dimensionen gewählt werden müssen, um eine sinnvolle Kategorisierung vornehmen zu können.

Wirkungszusammenhänge: Auslöser und Lösungsansätze zur globalen/nationalen Pflegeproblematik

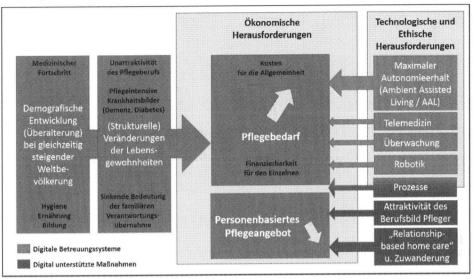

Abbildung 1: Einflussfaktoren der Pflegebedarfsdeckung unter Reduktion des Pflegeangebots. Die ethischen Fragestellungen betreffen maßgeblich die Pflegebedarfsdeckung [eigene Darstellung].

Der immens steigende Pflegeaufwand, aber auch die körperliche Belastung bei der Pflegeausübung, erfordert eine zunehmende *Automatisierung* (von unterstützend bis vollständig autonom). Des Weiteren ist es sinnvoll, die kognitiven Aspekte in der Pflege zu unterscheiden. Diese Dimension soll mit dem Begriff der *„Intelligenz"* versehen werden und stellt einfache Systeme den intelligenten (bis hin zu entscheidungsfähigen) Lösungen gegenüber. Wendet man die Dimensionen Automatisierungsgrad und Intelligenzgrad an, so ist es möglich, Digitale Betreuungssysteme entsprechend einzuordnen[5]. Zusätzlich werden in Abbildung 2 die Lösungen 3-stufig hinsichtlich des Digitalisierungsgrads unterschieden. Ein Digitalisierungsgrad bedeutet, dass die entsprechenden Systeme nur partiell technische Komponenten der Informations- und Kommunikationstechnologie enthalten und damit nur unterstützend bzw. ergänzend deren Funktionsfähigkeit ermöglichen. Die nachfolgenden Systemrepräsentanten konnten identifiziert und kategorisiert werden:

Niedriger Digitalisierungsgrad:
- *Elektronische Pflegehilfsmittel:* z. B. Therapiegeräte und Messsysteme für Reizstrom- oder Ergotherapien
- *Einfache Mobilitätshilfen:* Gehhilfen, Rollatoren, Rollstühle ausgestattet mit digitalen Baugruppen und einfacher Sensorik
- *Einfache, mobile Kommunikationssysteme:* Telekommunikationssysteme zur drahtlosen Übertragung von Sprache, Bild und Datenketten
- *Einfache Überwachungssysteme*: Überwachung von Vitalparametern, dem Aufenthaltsort, der Einnahme von Medikationen und der Ernährung

---

[5] Der Einordnung der jeweiligen Betreuungssysteme bzw. Systemkategorien liegt ein separat entwickeltes Bewertungssystem basierend auf der Nutzwertanalyse zugrunde.

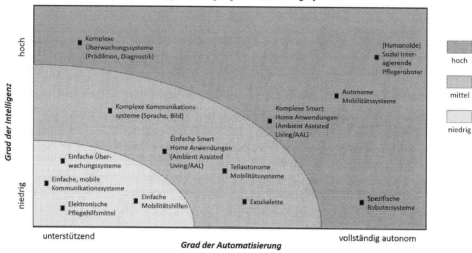

Abbildung 2: Einordnung Digitaler Pflegebetreuungssysteme nach den Dimensionen Automatisierungs- und Intelligenzgrad und farblich markiertem Digitalisierungsgrad [eigene Darstellung]

Mittlerer Digitalisierungsgrad:
- *Komplexe Kommunikationssysteme:* sprach- und videobasierte Assistenzsysteme (Chatbot-Systeme)
- *Smart-Home-Anwendungen:* Systeme zur Wohnumgebungsautomatisierung: z. B. Schließsysteme, Temperaturregelsysteme, Licht-/Beschattungssteuerung
- *Teilautonome Mobilitätssysteme:* Rollstühle u. ä., die sich auf vorgeplanten Routen und/oder in vorprogrammierten Lokationen („geo fences") bewegen
- *(Digitale) Exoskelette:* motor- bzw. servoangetriebene Außenskelette zur Schaffung bzw. Verbesserung der Stützstruktur

Hoher Digitalisierungsgrad:
- *Komplexe Überwachungssysteme:* datengetriebene Systeme, die aus Überwachungsdaten mit Hilfe komplexer (selbstlernender) Algorithmen Vorhersagen und entscheidungsrelevante Informationen errechnen
- *Komplexe Smart-Home-Anwendungen:* Systeme, die die Wohnumgebung automatisieren. Bewegungs- und Verhaltensmuster der zu Pflegenden dienen der Ableitung der Steuerungsfunktionen
- *Autonome Mobilitätssysteme*: Systeme, die dem zu Pflegenden Mobilität ermöglichen und ihn dabei vollständig führen
- *Spezifische Robotersysteme:* motor- bzw. servo-angetriebene Roboter, die spezifische Aufgaben vollends übernehmen: z. B. Wasch-/Duschroboter, Kuschelroboter bzw. Spielgefährten, aber auch Sexroboter.
- *(Humanoide) Sozial interagierende Robotersysteme*: motor- bzw. servoangetriebene Roboter, die kontinuierlich hinzulernen und als künstlich intelligente, entscheidungsfähige Systeme angesehen werden können. Dies geschieht über Sprache, Gestik bis hin zur Erkennung des emotionalen Patientenzustands. Es kann zudem eine über die eigentliche Aufgabenerfüllung hinausgehende Bindung zwischen dem Patienten und Roboter entstehen.

4 Bewertungssystem für Digitale Pflegesysteme und erste Verprobung

Die Pflegeethik, welche dem Bewertungssystem zugrunde gelegt werden soll, beschäftigt sich, wie auch die Medizinethik, mit den Wertmaßstäben und Handlungsregeln im Rahmen der Versorgung von hilfsbedürftigen Menschen, aber auch mit deren Angehörigen sowie den Personen, die die Pflegemaßnahmen durchführen. Während das wesentliche Ziel der Medizin darin besteht, die Gesundheit des Menschen zu schützen und zu fördern sowie zu heilen, kommt der Pflege eine besondere Rolle zu: die Fürsorge (englisch: care). Damit differenzieren sich die beiden Ethikdisziplinen auseinander.

Autonome Systeme, wie sie bspw. in der Form von Herz-Lungen-Maschinen in der Medizin zum Einsatz kommen, werden in unserem Kulturkreis praktisch nicht mehr in Frage gestellt. Autonome Systeme für die Pflege, wie bspw. Kuschelroboter, werden hingegen sehr kontrovers diskutiert (siehe [Ben2010], [Röß2019]). Im Regelfall ist davon auszugehen, dass sich der Gesundheitszustand der zu Pflegenden nicht mehr über den Zeitverlauf der Maßnahmen positiv verändert, sondern hochgradig individuelle, kontinuierlich weiter ansteigende Maßnahmen in der Betreuung notwendig sind. Es liegt daher zusätzlich nahe, dass Digitale Betreuungssysteme in den höheren Ausbaustufen so konzipiert werden müssen, dass sie nicht nur Routinetätigkeiten zur Ausführung bringen, wie dies schlussendlich von einer Beatmungsmaschine geleistet wird, sondern sich der spezifischen Situation anpassen. Dies wirft über die Medizinethik hinausgehende ethische Fragestellungen auf.

Ein wesentliches Grundgerüst der Pflege bildet das „Florence Nightingale Gelübde" aus dem Jahre 1893 [Coh1984]. Von hier ausgehend, entwickelte sich in mehreren Fassungen der sogenannte „ICN-Ethikodex" [ICN2012], welcher heute die international anerkannte ethische Rahmengrundlage für die Pflegeberufe darstellt. Wesentliche Grundlagen zur Beurteilung und Ableitung von Handlungsempfehlungen im Zusammenhang mit ethischen Entscheidungskonflikten in der Medizin legten Beauchamp und Childress bereits 1979 [Beau1979]: Die Kategorien Respekt der Autonomie, Prinzip der Schadensvermeidung, Prinzip der Fürsorge und das Prinzip der Gerechtigkeit, wie sie sodann für die Pflegeethik übernommen wurden, stellen hierbei erstmalig den zu Pflegenden in den Vordergrund, ohne die Umwelt vollständig zu vernachlässigen.

Erkennbar ist eine offensichtliche Lücke in der ethischen Betrachtung künftiger Digitaler Pflegesysteme: Die Diskussion findet heute maßgeblich nur an den Polen (einfachste Unterstützungsfunktionen versus menschenersetzende, vollautonome Systeme [Kehl2018]) statt und vergisst dabei, dass die Digitalisierung sich in einem deutlich breiteren Anwendungsbereich wiederfinden wird. Die bereits vorgenommene Kategorisierung Digitaler Betreuungssysteme erfordert auch für teilautonome oder datenzentrierte Systeme eine Hilfestellung zur Beurteilung ethischer Fragestellungen, die über die heute angesetzten Maßstäbe hinausgeht.

4.1 Bewertungssystem

Aufbauend auf den wissenschaftlichen Grundlagen der sogenannten Praktischen Ethik (siehe z.B. [Sing2011]) wie umfangreichen Autorenfachwissens wurde erstmalig vom Autor ein Bewertungssystem mit dem Fokus Digitale Pflegebetreuungssysteme entwickelt. Hierbei sollen drei Beurteilungscluster gebildet werden. Dabei wurden die ethischen Grundprinzipien des deontologischen Ansatzes und des konsequentialistischen Ansatzes gewählt, erweitert um einen zukunftsgerichteten Ansatz der wahlweise utopischer bis hin zu dystopischer Natur sein kann.

Die gängige Pflegeethik hat von der Medizinethik vier Kernbereiche übernommen:
- das Prinzip der *Fürsorge*, im Folgenden mit den Begriffen *Wohltun* und *Nutzen* umschrieben
- das Prinzip der *Schadensvermeidung*
- das Prinzip der *Autonomie*
- das Prinzip der *Gerechtigkeit*

Diese Prinzipien sollen als grundlegende Beurteilungskriterien dienen und aufgrund ihrer Nähe zu den Begrifflichkeiten „das Gesollte" oder auch „die Pflicht es so tun" als *Deontologische Aspekte* bezeichnet werden und zudem um den Begriff „unmittelbar" ergänzt werden.

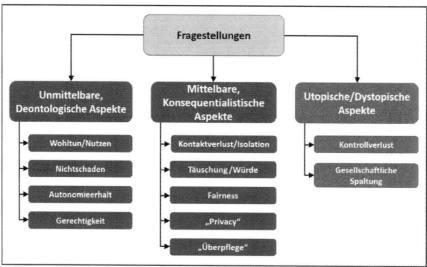

Abbildung 3: Vom Autor entwickeltes Bewertungsmodell digitaler Pflegesysteme [eigene Darstellung]

Eine vollständige Betrachtung erfordert die Hinzunahme einer weiteren, der *konsequentialistischen* Sicht. Die sogenannten mittelbaren Folgen einer Digitalen Betreuung bzw. Behandlung sind mit in die Beurteilung einzubeziehen und führen zu den Bereichen:
- *Kontaktverluste/Isolation*
- *Täuschung/Würde*
- *Fairness*
- *„Privacy"*
- *Überpflege"* [Woh2019]

Augenscheinlich wird die Struktur ethischer Beurteilungsverfahren gebrochen, indem ein dritter Bereich in dem Modell hinzugenommen werden soll: Utopische/Dystopische Aspekte, die sich insbesondere aus den Diskussionen einer sogenannten „Starken Künstlichen Intelligenz" ableiten. Logisches Denkvermögen, Entscheidungsverhalten bei Unsicherheit und die Fähigkeit, eigenständig Entscheidungen zur Erreichung eines vordefinierten Ziels zu erreichen, sind Eigenschaften eines stark künstlich intelligenten Systems. Schlussendlich kann dies dazu führen, dass eine Maschine Emotionen und Empathie zeigt - im Extremfall, um ein gewünschtes Ergebnis herbeizuführen. Die Betrachtungsaspekte
- *Kontrollverlust*
- *Gesellschaftliche Spaltung*

sind die ersten naheliegenden Kategorien für eine utopisch/dystopisch ethische Beurteilung.

4.2 Fallstudie 1: Ambient-Assisted-Living (AAL)-Betreuungssysteme mit intelligenter, multisensorbasierter Raum- und Personenüberwachung

Das fiktive Szenario einer stark pflegebedürftigen Person, die auf eigenem und Angehörigenwunsch in der vertrauten Wohnung lebt und mittels eines intelligenten AAL-Systems (Multisensorik in den Räumen, telemetrische Vitaldatenübertragung von Körpersensorik) vollständig und lückenlos überwacht wird, soll mittels des entwickelten ethischen Modells beurteilt werden.

Eine unmittelbar (deontologisch) zu treffende ethische Beurteilung dieses digitalen Systems lässt zunächst offensichtlich nur Vorteile erkennen. Die zentralen Prinzipien des Wohltuns, des Nichtschadens und des Autonomieerhalts sind erfüllt. Insbesondere haben Betroffener und Angehörige dieser Lösung zugestimmt (der Informed Consent ist gewährleistet). Das sicherlich nicht unerheblich verletzte Prinzip der Privacy ordnet sich den anderen Prinzipien unter, so dass man die gewählte Lösung deswegen nicht verwerfen wird. Eine menschliche Betreuung mit einer gleichartigen Umfänglichkeit und Qualität wäre kaum zu leisten, geschweige denn finanzierbar. Die maschinell basierte Lösung wird einen erheblichen Mehrwert für alle Parteien darstellen. Ein ökonomischer Konflikt tritt nicht auf. Zudem wird hierdurch ein personengebundenes Pflegesystem signifikant entlastet.

Das Kernproblem der ethischen Beurteilung besteht an einer völlig anderen Stelle. Wenngleich das skizzierte System technisch realisierbar ist – es entsteht damit eine Komplexität, die die Fragen der Beherrschbarkeit, der erweiterten Privacy und der Abhängigkeit hervorstechen lässt. Ein vollintegriertes System führt nicht nur unmittelbar aus, indem es die aktuelle Lokation oder biometrische Daten des Betroffenen überwacht. Es generiert kontinuierlich Daten, die erst im Kontext mit anderen Daten entscheidungsrelevant sind. Aus diesen komplexen Datenflüssen entsteht kontinuierlich Wissen über den momentanen Zustand des Betroffenen hinaus. So wird es möglich sein, wahrscheinlichkeitsbasierte Aussagen in die Zukunft zu treffen, wie bspw. die sich aufzeigende Veränderung des Gesundheitszustands bis hin zu einer Prognose der verbleibenden Lebenserwartung. Neben den Aspekten des Datenschutzes dieser hochgradig sensiblen und personenbasierten Daten ergibt sich ein moralischer Konflikt um die Auswertung dieser Daten. Das Recht der informationellen Selbstbestimmung manifestiert sich hierbei in den Grundprinzipien des Rechts auf Wissen und des Rechts auf Nichtwissen. Der eigentliche ethische Konflikt entsteht aber genau dann, wenn diese beiden Rechtsprinzipien unterschiedliche Personengruppen betreffen, also nicht nur hinsichtlich einer einzelnen Person verankert sind. In der Konsequenz dieser Gedanken ergeben sich dann auch ökonomische Spannungsfelder, da es beispielsweise für den Versicherer von erheblichem Interesse sein kann, eine erweiterte Dateninterpretation vornehmen zu können. Damit kann nicht nur der tatsächliche Pflegegrad festgestellt und kontrolliert werden, auch kann die Wirksamkeit von kostenintensiven Medikationen beobachtet werden bis hin zur wirtschaftlichen Überprüfung deren Sinnhaftigkeit.

4.3 Fallstudie 2: Lebensnahe, intelligente Kuschel- und Beschäftigungsroboter

Spielen, Freizeit, Interaktion sind wesentlich für das Wohlbefinden von Pflegebedürftigen. Das deontologisch ethische Prinzip des Wohltuns ist zu erfüllen, und so liegt es nahe, auch für diese Anwendungsdomäne der Pflege digitale Assistenzsysteme zu schaffen. Der Kuschelroboter „Paro" in Form einer lebensnahen Seerobbe hat hierbei für sehr hohe mediale Aufmerksamkeit gesorgt [Wada2003]. Während Patienten und Angehörige dieses System sehr begrüßen, der „Informed Consent", Wohltun, Schadensvermeidung, Würde und Privacy aus deren Sicht maßgeblich erfüllt sind, stellen Fachkräfte in Frage, inwieweit die Würde des Betroffenen nicht doch verletzt wird, da ein nichtmenschliches System mit fehlender Zuneigung, Emotionalität und Empathievermögen zum Einsatz kommt. Dies ist verwunderlich, da gerade Fachkräfte beklagen, dass das bestehende Gesundheitssystem im aktuellen ökonomischen Umfeld derartige Leistungen nicht erbringen kann und paradoxerweise nur mit der Einführung von teil- und vollautonomen Assistenzsystemen die Möglichkeit besteht, diesen Freiraum wieder zu schaffen.

Dem entwickelten Beurteilungssystem folgend ist sind nicht die potenzielle Täuschung des zu Pflegenden bzw. die fehlende Wärme oder Herzlichkeit kritisch zu hinterfragen, sondern vielmehr die konsequentialistischen Aspekte der Abhängigkeit, der Isolation und dem auch an dieser Stelle auftretenden Problem der Datenhoheit. Analog zu Systemen in der Domäne der Unterhaltung und Spiele können Abhängigkeiten entstehen, die in der Konsequenz zu einer vollständigen Isolation führen. Ebenso besteht die Gefahr, dass sich Betreuende Ihrer Verantwortung entziehen und den Pflegenden „abstellen" oder gar „überpflegen".

Wie im vorangegangenen Fallbeispiel ergeben sich – insbesondere bei selbstlernenden Systemen – analog die Möglichkeiten, die aufgezeichneten Datenspuren über den eigentlichen Anwendungsfall hinaus zu verwerten. Technische Vorkehrungen des Datenschutzes und gesetzliche Regulierungen allein werden nicht ausreichen, eine ethischen Kriterien standhaltende Datensouveränität für den Betroffenen sicherzustellen. Auch in diesem Fall wird die Komplexität dieser Lösungen hinsichtlich der sinnvollen und weniger sinnvollen Vernetzung so umfangreich, dass sie für den Einzelnen weder transparent noch verständlich ist. Eine auf ethischen Prinzipien vertrauensvoll basierende Datenverarbeitung – ggf. ökonomischen Anforderungen entgegenstehend – muss Voraussetzung werden.

Zwei weitere Aspekte in der Beurteilung eines Spiele- oder Kuschelroboters sind abschließend anzubringen. Zum einen: Die Frage der Fairness bzw. Gerechtigkeit wird schnell aufkommen. Hat jeder Betroffene die Möglichkeit, ein derartiges System zu nutzen? Trotz aller Erfolge, die Krankenkassen haben sich bereits geäußert und lehnen beinahe ausnahmslos die Kostenübernahme derartiger Systeme ab [DLF2019]. Damit wird schnell klar, dass mit Stand heute nur wenige die Möglichkeit haben, einen digitalen Assistenten für diesen Anwendungsfall nutzen zu können.

Noch komplexer erscheint die Beantwortung der folgenden Fragestellung: Wie hat sich ein derartiges System gegenüber seinem Patienten zu verhalten? Immer nur positiv, oder darf es auch negative Reaktionen wie Widerwillen oder Abneigungen zeigen? Die Beantwortung dieser Fragestellung erfordert ein hohes Maß an individueller Abwägung. Den Schlüssel hierzu bieten personalisierte Daten, d.h., je besser das System seinen Patienten „kennenlernt", desto differenzierter kann es adäquate Verhaltensmuster zeigen, die ggf. auch dazu führen, dass in bestimmten Fällen der Spielerroboter oder das Kuscheltier eine unerwartete, negative Reaktion zeigt. Damit schließt sich der Kreis wiederum: eine große, bis hin zu vorratsbasierter Datenverarbeitung bietet eine Möglichkeit, ein spezifisches Entscheidungsverhalten abzubilden. Die Fragestellung der Datenhoheit verstärkt sich aber gleichermaßen.

5 Zusammenfassung und Fazit

Die Digitale Transformation der Pflege, und damit verbunden die Entwicklung, Einführung und Betrieb Digitaler Betreuungssysteme, ist unausweichlich notwendig. Die Mensch-Maschine-Thematik, die sich hierbei nicht zuletzt auch aufgrund des ökonomischen Drucks ergibt, fordert den Ethiker heraus. Zur praktischen Umsetzung einer ethischen Beurteilungsgrundlage wurde ein System entwickelt, welches die anzusetzenden Kriterien in drei Kategorien einteilt. Die unmittelbaren, deontologischen Maßstäbe sind an der Medizinethik angelehnt und erlauben es, die Grundfragestellungen bezüglich eines digitalen Pflegesystems zu adressieren. Die mittelbaren, konsequentialistisch geprägten Kriterien orientieren sich maßgeblich an der kontinuierlichen Nutzung der Systeme und den ableitbaren Folgen. In dieser Phase greifen die Aspekte der Datenverarbeitung in Form der Datengenerierung, Datenverbreitung und Dateninterpretation ein. Artefakte, wie die heute nur ansatzweise diskutierte Überpflege, können so erkannt und moralisch bewertet werden.

Eine utopische bzw. dystopische Betrachtung wurde hinzugenommen, um den voranschreitenden Entwicklungen der künstlichen Intelligenz Rechnung zu tragen.

Mit Hilfe von zwei Fallbeispielen, die beide heute vollständig umsetzbar sind, wurde die Praktikabilität des entwickelten Kriterienkatalogs aufgezeigt. Auch hierbei konnte dargestellt werden, dass eine ethische Beurteilung immer wieder in den Kernbereich der modernen Datenverarbeitung vorzustoßen hat. Das eigentliche ethische Spannungsfeld wird der Umgang mit hochgradig personalisierten Daten aufgrund der unterschiedlichen Bedarfe und Interessen der beteiligten Parteien darstellen und muss daher in den Vordergrund der Dialoge treten. Eine weitergehende Prüfung und Validierung des entwickelten Modells unter Hinzunahme zusätzlicher Fallstudien ist vorzunehmen, insbesondere im Kontext der hochautomatisierten Systeme, die künftig in der direkten oder unterstützenden Pflegeausübung Verwendung finden sollen.

Literatur

[Beau1979] Beauchamp, T.L., Childress, J.F. (1979): "Principals of Biomedical Ethics", New York, Oxford University Press.

[Ben2010] Beneker, C. (2010): „Kann ein Kuschelroboter Therapeut sein?"; in: Ärztezeitung.de 17.09.2010.

[Coh1984] Cohen, B.I.(1984): "Florence Nightingale"; in: Scientific American; 250 (March 1984), S.128–137.

[DER2019] Deutscher Ethikrat (2019): „Pflege – Roboter – Ethik: Eine spannungsvolle Beziehung"; in Infobrief 02/19 Informationen und Nachrichten aus dem Deutschen Ethikrat,; abrufbar unter https://www.ethikrat.org/fileadmin/user_upload/infobrief-02-19-web.pdf No. 25, Juli 2019; Abruf 05.08.2020.

[EU2018] Spasova, S., Baeten, R., Coster, St., Ghailani, D., Peña-Casas, R., Vanhercke, B. (2018): „Challenges in long-term care in Europe A study of national policies 2018"; European Commission 2018.

[ICN2012] International Council of Nurses (ICN) (2012): "Nursing Definitions"; Genève 2012; abrufbar unter: https://www.icn.ch/sites/default/files/inline-files/2012_ICN_Codeofethicsfornurses_%20eng.pdf Abruf 05.08.2020.

[Kehl2018]	Kehl, Chr. (2018): "Wege zu verantwortungsvoller Forschung und Entwicklung im Bereich der Pflegerobotik"; in: Pflegeroboter, Hrsg. Bendel, O.; Springer, Gabler; S.141–160.
[Röß2019]	Rößler, N. (2019): „Soziale Pflegeroboter setzen sich nur langsam durch"; Deutschlandfunk, 18.02.2019; https://www.deutschlandfunk.de/zukunft-der-pflege-soziale-pflege-roboter-setzen-sich-nur.724.de.html?dram:article_id=441372 Abruf 05.08.2020.
[Rot2012]	Rothgang, H., Müller, R., Unger, R. (2012): „Themenreport Pflege 2030 – Was ist zu erwarten – was ist zu tun?"; Bertelsmann Stiftung, Gütersloh.
[Sing2011]	Singer, P. (2011): „Practical Ethics"; Cambridge University Press; 3. Auflage
[TA2018]	Technikfolgenabschätzung (2018): „Robotik und assistive Neurotechnologien in der Pflege – gesellschaftliche Herausforderungen"; in: Bericht des Ausschusses für Bildung, Forschung und Technikfolgenabschätzung (18. Ausschuss) gemäß § 56a der Geschäftsordnung; Drucksache 19/2790; 15.06.2018.
[Wada2005]	Wada, K., Shibata, T., Sakamoto, K., Tanie, K. (2005): "Long-term Interaction between Seal Robots and Elderly People — Robot Assisted Activity at a Health Service Facility for the Aged", (AMiRE 2005) S.325ff.
[WHO2011]	WHO, World health Organization (2011): "Global Health and Aging"; National Institute on Aging National Institutes of Health; NIH Publication no. 11-7737 October 2011.
[Woh2019]	Wohlmannstetter, M. (2019): „Überpflege – gibt es das auch?" in: Medizinische Klinik-Intensivmedizin und Notfallmedizin 3-2019, S.202ff.

Kontakt

Prof. Dr. Martin Przewloka
Institut für Digitale Assistenzsysteme e.V.
Ulmenring 4, D-35418 Buseck
martin.przewloka@institut-das.de, martin.przewloka@mnd.thm.de

Prozessorganisation und Plattformen für Geschäftsprozesse

ERP-Reifegradansatz im Praxistest

Sandy Eggert

Zusammenfassung

Reifegradmodelle werden zunehmend eingesetzt, um Schwachstellen innerhalb des betrachteten Bereiches aufzudecken und gezielt Verbesserungen vorzunehmen. Auch im ERP-Bereich gewinnen Reifegradmodelle an Relevanz. Sinnvolle Zeitpunkte, die ERP-Reife des Unternehmens zu messen, sind vor der Auswahlentscheidung einer neuen ERP-Software oder vor der Einführung einer bereits ausgewählten, neuen Lösung. Hier können Reifegradmodelle gezielt Handlungsempfehlungen aufzeigen, die in das Projektgeschehen sinnvoll mit einbezogen werden können. Da vor allem ERP-Einführungen im Bereich kleiner und mittlerer Unternehmen große organisatorische und kostenintensive Herausforderungen darstellen, wird das Ziel verfolgt, mit dem entwickelten Ansatz zur ERP-Reifegradmessung den Projekterfolg zur ERP-Einführung durch das Ableiten gezielter Maßnahmen zu sichern. Der folgende Beitrag stellt den Ansatz zur Messung der ERP-Reife für kleine und mittlere Unternehmen vor und zeigt insbesondere das Vorgehen und die Ergebnisse der aktuellen Testphase auf.

1 Einleitung

Die Einführung eines ERP-Systems ist mit hohen Investitionskosten und hohem zeitlichen Aufwand für die Mitarbeiter des Unternehmens verbunden. Dennoch gelten im Nachhinein fünfzig bis neunzig Prozent aller Projekte als wenig erfolgreich oder gar gescheitert [Bark03], [Gram11], [StGr15]. Im Allgemeinen werden ERP-Einführungen mit standardisierten Vorgehensmodellen von ERP-Anbietern oder Beratungen durchgeführt (siehe z. B. [Asen10], [Schü10], [Paul12]). Als Nachteil dieser Modelle erweist sich, dass die Ausgangslage des Anwenderunternehmens weitestgehend unberücksichtigt bleibt. Die Praxis zeigt jedoch, dass vor allem kleine und mittlere Unternehmen über höchst unterschiedliche Ausgangslagen vor der Einführung einer neuen Software verfügen. Es kann dabei grob zwischen sehr erfahrenen ERP-Anwendern und Unternehmen ohne jegliche ERP-Kenntnis unterschieden werden [Gron15]. Hinzu kommt eine sehr unterschiedlich ausgeprägte Softwarelandschaft, die dem Unternehmen selbst oft nur in einer geringen Detailtiefe bekannt ist. Auch sind die unterschiedlichen ERP-Kenntnisse und -Erfahrungen, die Dokumentation der Prozess- sowie Systemlandschaft, der Grad der Automatisierung, der im Unternehmen realisierten Maßnahmen auf dem Weg zur Digitalisierung sowie die Unternehmenskultur zu berücksichtigen. Diese Aspekte, die auch als Erfolgsfaktoren gelten [Klar19], werden in bekannten Modellen weder ausreichend analysiert, noch betrachtet [Niel14]. Dennoch sind es gerade die spezifischen Gegebenheiten des Anwenderunternehmens, die für Erfolg und Misserfolg einer ERP-Einführung verantwortlich sind [Hilg14]. Somit stellt sich die Frage, wann und in welcher Form eine genauere Analyse der Ausgangslage des Unternehmens betrachtet werden kann. Mit dem vorliegenden Ansatz zur Bestimmung der ERP-Reife wird das Ziel verfolgt, mit Hilfe eines Reifegradmodells, vor Beginn der Einführung einer neuen

ERP-Software, einerseits die Gegebenheiten des Unternehmens genau aufzeigen zu können und weiterhin Maßnahmen zur Unterstützung der ERP-Einführung abzuleiten. Das damit verbundene Ziel ist die Sicherung des ERP-Projekterfolgs [Egge17a].

2   Vorstellung des entwickelten Reifegradansatzes

Die ERP-Reifegradbetrachtung ermöglicht es, den Grad an Erfahrungen im Bereich der unternehmensweiten betrieblichen Anwendungen zu ermitteln. Insbesondere die Dauer und der Umfang der Nutzung, d. h. die Nutzungsintensität von betrieblichen Anwendungen unterschiedlicher Komplexität zur Ressourcenverwaltung im Unternehmen spiegeln sich hierbei wieder. Zudem finden auch die Integration des Systems bzw. der Systeme in die Prozesslandschaft und das damit verbundene Prozessverständnis Berücksichtigung bei der Erhebung der ERP-Reife. [Egge19c]

Die Entwicklung des Ansatzes zur Bestimmung der ERP-Reife wurde entlang des Vorgehens von Becker u. a. [BeKP09] durchgeführt. Zunächst erfolgte die Definition der Zielstellung, die mit der Verwendung des Ansatzes verbunden ist. Daran anknüpfend wurden Befragungen, welche die Betrachtung der Ausgangslage von Unternehmen zur Einführung von ERP-Systemen fokussieren, durchgeführt. Weiterhin wurde überprüft, inwiefern existierende Reifegradmodelle, die Anforderungen zur Ermittlung der ERP-Reife für KMU erfüllen und welche Elemente für eine Modellentwicklung übernommen werden können. Auf Basis dieser Analyse wurde der Architekturentwurf des Reifegradansatzes entwickelt.

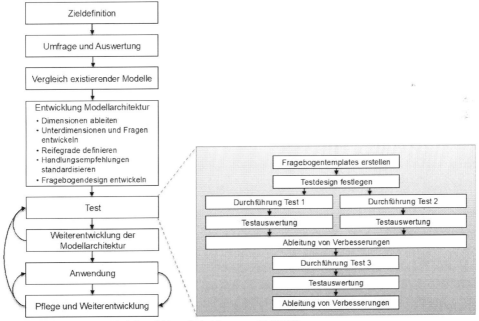

Abbildung 1: Vorgehen zur Modellentwicklung (in Anlehnung an [BeKP09]).

2.1   Modellentwicklung

Zielstellung: Unter Verwendung des Reifegradmodells soll es ermöglicht werden, die ERP-Reife von kleinen und mittleren Unternehmen vor einem Einführungsprojekt zu bestimmen und das Unternehmen unter Berücksichtigung der Ergebnisse entsprechend einzuordnen. Mit der Einordnung in Reifegrade sollen dann entsprechende Maßnahmen abgeleitet werden können, die zur Sicherung des Projekterfolges beitragen. [Egge19c]

Umfrage und Auswertung: Um den Bedarf eines solchen Modells zu überprüfen wurden zwei ERP-Anbieterbefragungen mit insgesamt 141 Teilnehmern ([Egge17b], [Egge19a]) durchgeführt. Dabei stand die Fragestellung im Fokus, inwieweit die Ausgangslagen der Anwenderunternehmen vor der Einführung eines ERP-Systems betrachtet werden. Weiterhin wurde untersucht, ob eine direkte Übertragung der Ausgangslagen in Reifegrade möglich ist. Die Ergebnisse der Befragungen verdeutlichten starke Unterschiede in den Ausgangslagen der Unternehmen – von nahezu keinen ERP-Kenntnissen bis langjährige, ausgeprägte ERP-Erfahrungen. Zudem wurde deutlich, dass die Ausgangslagen im Rahmen einer ERP-Einführung aktuell nur unzureichend betrachtet werden [Egge19c].

Vergleich existierender Modelle: Ein weiterer Schritt zur Modellentwicklung lag in der Betrachtung existierender Reifegradmodelle sowie der Prüfung auf Eignung zur Nutzbarkeit bei der ERP-Reifegradbestimmung. Zunächst wurden für eine detaillierte Betrachtung, die in der Literatur häufig genannten Modelle ausgewählt: CMM, CMMI, SPICE, EDEN, BPMM, PEMM, Bootstrap und ITIL-PMF. Um eine spezifische Analyse einzelner Modelle durchzuführen, erfolgte zunächst eine Eingrenzung entlang definierter Anforderungen: Bekanntheitsgrad/Vertretung in der Literatur, vollständige Dokumentation des Modellaufbaus/-entwicklung, Verfügbarkeit/Zugriff, Anzahl an Veröffentlichungen sowie Aktualität. [EgAk18] Eine detaillierte Analyse erfolgte anschließend mit den Modellen CMMI, SPICE, EDEN, BPMM, PEMM und ITIL-PMF [EgAk18]. Hinsichtlich der Eignung zur Bestimmung der ERP-Reife ist festzuhalten, dass CMMI und SPICE vorrangig den Bereich der Softwareentwicklung abdecken. SPICE, BPMM, PEMM und ITIL orientieren sich in ihrem grundlegenden Aufbau an CMMI. EDEN, BPMM und PEMM beziehen sich eher auf den Bereich des Prozessmanagements und können Teilbereiche für ein ERP-Reifegradmodell liefern. Im Ergebnis wurde festgestellt, dass die untersuchten Modelle insgesamt nur bedingt geeignet sind, um die ERP-Reife eines Unternehmens aus dem Bereich KMU zu erheben. Zur Bestimmung der ERP-Reife könnten Ansätze der CMMI-Ausprägung „Dienste" sowie ITIL-PMF genutzt werden. Hinsichtlich des Betrachtungsbereiches kommt das ITIL-PMF dem ERP-Kontext am Nächsten. [EgAk18] Im weiteren Verlauf wurden Anforderungen an ein ERP-Reifegradmodell definiert, welche die Basis der Entwicklung eines Ansatzes zur ERP-Reifegradbestimmung bilden. Folgende Anforderungen zur Nutzbarkeit wurden festgelegt: [EgAk18]

1. Als Betrachtungsbereich ist die ERP-Nutzung von KMU festgelegt.
2. Ziel der Modellnutzung ist die Sicherstellung und Erhöhung des Erfolgs der ERP-Einführung.
3. Unter dem Aspekt der Komplexität soll der Ansatz verständlich und einfach nutzbar sein.
4. Der Ansatz soll in die wesentlichen Unternehmensbereiche gegliedert sein, die für die ERP-Nutzung relevant sind.
5. Die Unternehmensbereiche sollen in Kategorien eingeteilt sein, um eine detailliertere Sicht auf die Gegebenheiten zu erlangen.
6. Der Ansatz soll Unternehmen eine detaillierte Ist-Analyse der ERP-Reife aufzeigen können.
7. Der Ansatz soll einen Bewertungsbogen beinhalten, der zur Vereinfachung der ausführlich durchzuführenden IST-Analyse dienen soll.

8. Der Ansatz soll der Verbesserung der analysierten Gebiete dienen und Handlungsempfehlungen aufweisen.
9. Die höchste Stufe des Ansatzes soll den bestmöglichen Zustand darstellen.

Einige Modelle, wie CMMI und BPMM, bieten Ansatzpunkte zur Weiterentwicklung, da sie die relevanten Unternehmensbereiche betrachten, jedoch erfüllen sie jeweils nur 3 Aspekte der aufgestellten Anforderungen. Auch das Reifegradmodell von ITIL V3 weist einen starken Bezug zu den geforderten Anforderungen auf, erfüllt jedoch nur 3 Anforderungen sowie eine weitere Anforderung in Teilen. [Egge19c] Das weitere Vorgehen bestand in der Entwicklung der Modellarchitektur. Zunächst wurden die im Bereich der ERP-Nutzung relevanten Bereiche als Hauptdimensionen festgelegt. Diese wurden mit Unterdimensionen angereichert, zu denen im Anschluss entsprechende Fragestellungen definiert wurden. Im weiteren Schritt wurden die Reifegrade definiert. Entlang der Reifegrade konnten bereits erste Handlungsempfehlungen festgehalten werden. Abschließend wurden die Dimensionen, Unterdimensionen und Fragestellungen mit vorgegebenen Antwortmöglichkeiten entlang der Reifegrade in ein entsprechendes Fragebogendesign zur Erhebung des IST-Zustandes übertragen.

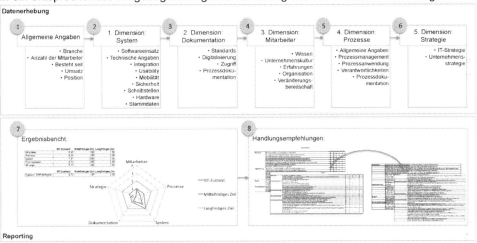

Abbildung 2: Vorgehen zur Erhebung der ERP-Reife.

2.2 Dimensionen zur Bestimmung der ERP-Reife

Um eine Reifegradmessung zu ermöglichen, wurden zunächst die Betrachtungsbereiche, also die Dimensionen zur Bestimmung des Reifegrades festgelegt. Diese Reifegraddimensionen enthalten eine weitere Zuordnung in Unterdimensionen, welche mit einsprechenden Abfragen versehen sind.

Die erste Reifegraddimension *System* stellt zur Reifegradermittlung eine zentrale Rolle dar. Aufgrund der umfangreichen Betrachtung werden hier weitere Kategorien definiert, welche die Messung der Dimension erleichtern sollen. Zu den Schwerpunkten innerhalb der Dimension gehören u. a. die eingesetzten Systeme (z. B. Kopplung der Systeme, Schnittstellen), Datenqualität (z. B. einheitliche Datenbasis, Stammdatenmanagement) und die Integrationstiefe (z. B. Medienbrüche, Schnittstellen). Die Unterdimensionen wurden mit den Kategorien Softwareeinsatz, technische Angaben, Integration, Usability, Mobilität, Sicherheit, Schnittstellen, Hardware sowie Stammdaten bezeichnet. Die dahinterliegenden Fragestellungen geben Aufschluss über den durchgängigen Informationsaustausch zwischen den eingesetzten IT-Lösungen und zeigen auf, in welcher Tiefe der IT-Einsatz innerhalb der gesamten Wertschöpfungskette abgebildet wurde.

Die zweite Reifegraddimension bezieht sich angelehnt an das EDEN-Modell [AlKn09] auf die *Dokumentation*. Zur Dokumentation wird im Rahmen der ERP-Reifegradmessung neben der Prozessdokumentation auch die IT-Systemdokumentation herangezogen. Insbesondere werden hier Standard und Zugriffe fokussiert. Die Unterdimension Digitalisierung erfragt innerhalb dieser Dimension die digitale Ablage und Verfügbarkeit der Daten und Dokumente.

Die dritte Reifegraddimension wurde in Anlehnung an das Modell ITIL-PMF [Beim09] gewählt, da sie die Grundlage zur Systemnutzung darstellt. Sie bezieht sich auf die *Mitarbeiter* des Unternehmens. Hierbei werden Angaben zur Qualifikation und Expertise der Mitarbeiter bezüglich der eingesetzten IT-Lösungen und Prozesse erhoben. Weitere Fragen dienen der Ermittlung der Kompetenzen zur Anpassung von IT-Anforderungen. Die in dieser Dimension aufgestellten Bereiche sind das Mitarbeiterwissen, die Unternehmenskultur sowie Erfahrungen, Angaben zur Organisation und Veränderungsbereitschaft.

Wie auch die vorherige Reifegraddimension, wurde die vierte Dimension *Prozesse* anhand des Modells ITIL-PMF, aufgrund der Aussagekraft hinsichtlich einer durchgängigen Systemnutzung innerhalb der Geschäftsprozesse, abgeleitet. Dabei wird u. a. aufgenommen, wie durchgängig die Prozesse mit Hilfe des ERP-Systems abgebildet werden, ob kontinuierliche Prozessverbesserungen stattfinden und inwieweit die Mitarbeiter in der Lage sind, diese Prozesse umzusetzen. Die Fragestellungen innerhalb dieser Dimension wurden unterteilt in allgemeine Angaben, Prozessmanagement, Prozessanwendung, Verantwortlichkeiten sowie Prozessdokumentation.

Die fünfte Reifegraddimension bildet angelehnt an das EDEN-Modell [AlKn09] die Fragen zu *Strategie* ab und fokussiert vorrangig den Einfluss der ERP-Nutzung auf die IT- und die Unternehmensstrategie. [Egge19b]. Dabei wird ermittelt, ob innerhalb der IT-Strategie auch Anforderungen an das ERP-System definiert wurden und ob das ERP-System maßgeblich zur Erreichung der strategischen Unternehmensziele eingesetzt wird.

2.3 Einordnung in ERP-Reifegrade

Im vorgestellten Modell wurden angelehnt an die Reifegradmodelle PEMM und ITIL-PMF 5 Reifegradstufen definiert, welche nachfolgend vorgestellt werden [Egge19b]:

Stufe 0 – Chaotisch

In der Reifegradstufe 0 werden ERP-bezogene Aufgaben und Prozesse bei Bedarf und ohne vordefinierten Ablauf erledigt. Die Ergebnisqualität ist dabei nicht vorhersagbar und stark vom jeweiligen Bearbeiter abhängig. Je engagierter die Mitarbeiter arbeiten, desto höher ist die Ergebnisqualität. Die Unternehmenssteuerung ist rudimentär. Ein ERP-System ist nicht im Einsatz. Eine systemseitige Unterstützung von Planungs- oder Verwaltungsaufgaben erfolgt höchstens durch den Einsatz von Tabellenkalkulationsprogrammen. Abläufe werden nicht dokumentiert. Kennzahlen werden nicht ermittelt.

Stufe 1 – Ansatzweise

Im Gegensatz zur Stufe 0 ist in dieser Reifegradstufe ein wenig integriertes ERP-System im Einsatz, d. h. es sind nicht alle Unternehmensbereiche systemseitig abgebildet. Weitere kleine Systemlösungen wie z. B. CRM sind möglich. Ein Abgleich an (Stamm-) Daten findet nicht statt. Der parallele Einsatz von Tabellenkalkulationsprogrammen oder Datenbanken ist in dieser Stufe wahrscheinlich. ERP-bezogene Aufgaben und Prozesse werden informell durchgeführt. Die Mitarbeiter verfügen über ausgeprägte Kenntnisse ihres Bereiches, jedoch ist das Prozesswissen schwach ausgeprägt. Abläufe sind uneinheitlich bzw. hängen vom jeweiligen Bearbeiter ab und werden nicht oder nur schwach dokumentiert. Kennzahlen werden auf Anfrage berechnet.

Stufe 2 – Fortgeschrittener ERP-Einsatz
Gegenüber der Stufe 1 ist ein integriertes ERP-System unterstützend entlang der Prozesse im Einsatz. Dabei bildet das ERP-System die wichtigsten Prozesse des Unternehmens ab. Eine Anbindung weiterer Systeme ist möglich bzw. umgesetzt. Das ERP-System stellt bis auf wenige Ausnahmen die Datenbasis des Unternehmens dar. Die Mitarbeiter verfügen über gute Prozesskenntnisse und sind mit den eingesetzten Systemen gut vertraut. Die Prozesse sind zum Teil gut dokumentiert und werden größtenteils einheitlich umgesetzt. Kennzahlen können bei Bedarf auf Basis standardisierter Berichte abgefragt werden. Der ERP-Einsatz ist von der Unternehmensstrategie losgelöst.

Stufe 3 – Durchgängig gesteuert
In dieser Reifegradstufe bildet das ERP-System durchgängig alle Unternehmensbereiche ab. Das ERP-System ist an die Unternehmensprozesse nahezu vollständig angepasst, so dass keine Verwendung von Officeanwendungen nötig ist. Das ERP-System bildet (teilweise durch Integration von weiteren Systemen oder Add-ons) alle Aufgaben ab. Die Mitarbeiter sind auf der Anwendungsebene Experten im Umgang mit der ERP-Lösung. Für notwendige systemseitige Weiterentwicklungen stehen Entwickler intern oder extern zur Verfügung, so dass Anpassungen möglich sind. Mitarbeiterschulungen zur Systemnutzung finden regelmäßig statt. Vordefinierte Kennzahlen können in Echtzeit auf Basis der Daten des ERP-Systems abgefragt werden. Die im System definierten Kennzahlen werden regelmäßig zur Verfügung gestellt. Unternehmensentscheidungen werden auf Basis dieser Kennzahlen getroffen. Der ERP-Einsatz ist meist Teil der Unternehmensstrategie.

Stufe 4 – Optimierend
In der letzten Reifegradstufe ist das eingesetzte ERP-System hochgradig in das Unternehmen integriert und zeichnet sich durch einen hohen Grad an Wandlungsfähigkeit aus. Alle ERP-Aufgaben werden durch das ERP-System abgebildet. Eine Integration von weiteren Systemen oder Add-ons ist dabei möglich. ERP-Prozesse werden kontinuierlich geprüft und verbessert. Mit Hilfe des Systems können alle ERP-Prozesse ohne Verwendung von Officeanwendungen von den Mitarbeitern durchgeführt werden. Das eingesetzte System wird durch regelmäßige Updates auf dem neuesten Stand gehalten. Für systemseitige Weiterentwicklungen stehen Entwickler (entlang eines vordefinierten und bekannten Prozesses) intern oder extern zur Verfügung, so dass Anpassungen zeitnah möglich sind. Kennzahlen dienen u. a. zur strategischen Ausrichtung des Unternehmens. Eine Anzeige ist in Echtzeit auf Basis aktueller Daten des ERP-Systems uneingeschränkt möglich. Zudem werden die Kennzahlen regelmäßig überprüft und angepasst, ggf. werden neue

2.4 Reporting

Nach der Datenerhebung, welche aus den Abfragen zu allgemeinen Unternehmensangaben und den Fragebögen der einzelnen Reifegraddimensionen besteht, erfolgt das Reporting. Dieses gliedert sich in einen Ergebnisbericht, welcher die Auswertung über alle Dimensionen hinweg darstellt und in entsprechende Handlungsempfehlungen zur Steigerung der ERP-Reife. Der Ergebnisbericht wird zudem visuell mit der Angabe von mittel- und langfristigen Zielen dargestellt. Der Reifegrad für das gesamte Unternehmen errechnet sich entlang des Durchschnittswertes über alle Reifegraddimensionen hinweg. Die Einordnung in Reifegrade erfolgt jedoch unter der Bedingung, dass alle Reifegraddimensionen mindestens dem durchschnittlichen Reifegrad entsprechen. Sofern der durchschnittliche Reifegrad bspw. bei 1,3 liegt, ist insgesamt ein Reifegrad von 1 festzuhalten, auch wenn in einer Dimension ein Reifegrad von bspw. 2,1 erhoben wurde. Anhand dieses Beispiels müssen also alle Dimensionen den Reifegrad von mind. 1 erreicht haben.

Die Handlungsempfehlungen werden anschließend teilautomatisiert aus allen Unterdimensionen, welche unterhalb der gesamthaften Reifegradstufe liegen, in Anforderungen überführt. Im erwähnten Beispiel wären dies alle Fragestellungen, die unter 2 bewertet wurden.

Um die Praxistauglichkeit dieser Bewertungsmethode einschätzen zu können, folgt entlang des genutzten Vorgehens zur Modellentwicklung nach Becker u. a. [BeKP09] eine entsprechende Testphase.

3   Vorgehen und Ergebnisse der Testphase

Nach der Entwicklung der Modellarchitektur folgte im Frühjahr 2020 die Testphase mit dem Ziel der Überprüfung der Praxistauglichkeit des erarbeiteten Modells. Dazu gehören einerseits die entwickelten Fragestellungen der definierten Bereiche sowie die Nutzbarkeit der Ergebnisse und Handlungsempfehlungen. Zunächst wurden anhand des erstellten Fragebogens mehrere Fragebogentemplates mittels einer Tabellenkalkulationssoftware entwickelt, die die Eingaben der Unternehmensdaten ermöglichen. Weiterhin wurden mehrere Unternehmen aus dem Bereich KMU kontaktiert und deren Bereitschaft erfragt. Insgesamt konnten drei Unternehmen für die Testdurchführung gewonnen werden.

3.1   Testdesign

Es wurde ein mehrstufiges Testdesign festgelegt, welches in der Abbildung 1 auf der rechten Seite abgebildet wurde. Zunächst erfolgte die Testdurchführung mit zwei Unternehmen. Beide Unternehmen unterscheiden sich in Größe und Branche erheblich. Die Templates zur Befragung enthalten allgemeine Fragen zum Unternehmen sowie Fragen zu den Reifegraddimensionen: System (38 Fragen), Dokumentation (20 Fragen), Mitarbeiter (25 Fragen), Prozesse (26 Fragen) und Strategie (6 Fragen). Alle Reifegraddimensionen verfügen über eine weitere Gliederungsebene, welche die Fragensätze beinhaltet. Neben der reinen Abfrage, der in den Abfragebereichen hinterlegten Fragen wurden zahlreiche unternehmensspezifische Angaben aufgenommen. Hierbei handelt es sich um Hinweise, Erklärungen oder die direkte Beantwortung der Fragestellung. Nach der Durchführung beider Testdurchläufe wurden erste Verbesserungen an den Fragen und am Fragebogendesign vorgenommen. Unter anderem wurde eine Anmerkungsspalte eingefügt, um weitere Informationen und Hintergründe gezielter aufnehmen zu können. Zudem wurden einzelne Fragen ergänzt.

Anschließend erfolgte die Auswertung der Ergebnisse der Testunternehmen 1 und 2. Hierbei wurde besonderes Augenmerk auf die Aussagekraft der Reifegradeinordnung, verbunden mit der Ableitung der mittel- und langfristigen Ziele zur Reifegraderhöhung, gelegt. Zudem wurden die Handlungsempfehlungen und deren Nutzbarkeit mit den Testunternehmen besprochen und kritisch bewertet.

Auf Basis dieser Testdurchläufe erfolgte eine Überarbeitung der Fragebogentemplates verbunden mit einer Anpassung des Testdesigns. Anschließend folgte die Durchführung des dritten Tests mit dem Testunternehmen 3. Auch im Anschluss an diesen Testdurchlauf wurden einige Fragen weiter verfeinert und das halbautomatisierte Vorgehen zur Erstellung der Handlungsempfehlungen verändert.

	Testunternehmen 1	**Testunternehmen 2**	**Testunternehmen 3**
Branche:	Verlagswesen	Landwirtschaft	Softwarehersteller
Anzahl der Mitarbeiter/innen:	4	60	140
besteht seit:	1994	2005	1988
Umsatz (2019) in EUR:	410 T EUR	9,1 Mio	10 Mio
Dauer der Erhebung:	1,05 h	1,30 h	1,25 h
Position des/r Mitarbeiters/in:	Geschäftsführer	Büroleitung	Leiter Marketing

Tab. 1: Angaben zu Testunternehmen.

3.2 Ergebnisse

Die stufenweise durchgeführten Testdurchläufe zeigen insgesamt eine hohe Praxistauglichkeit des entwickelten Ansatzes zur Erhebung der ERP-Reife auf. Durch das Vorgehen in zwei Testschritten konnten Verbesserungen gezielt abgeleitet und umgesetzt werden. Im Einzelnen entstanden dadurch verbesserte Templates, Anpassungen in Formulierungen einzelner Fragen sowie das Hinzunehmen von neuen Fragen und Entfernen von bestehenden Fragen, die sich als unnötig herausgestellt haben. Im Ergebnis liegen insgesamt 119 Fragen, aufgeteilt in Reifegraddimensionen vor:

- System: 39 Fragen
- Dokumentation: 20 Fragen
- Mitarbeiter: 26 Fragen
- Prozesse: 26 Fragen
- Strategie: 8 Fragen.

Weiterhin hat sich die Reifegradeinordnung in einen festen Reifegrad als sinnvoll erwiesen. Die Festlegung des Reifegrads in eine konkrete Reifegradstufe führte bei den Testunternehmen zu mehr Klarheit u. a. auch in der Weitergabe der Ergebnisse an Entscheidungsträger. Dennoch war auch der errechnete Durchschnittswert in den 3 Testdurchläufen hilfreich. Die Durchschnittswerte der einzelnen Dimensionen im Ergebnisbericht zeigen einfach und verständlich auf, in welchen Bereichen die Unternehmen gut aufgestellt sind und wo Nachholbedarf besteht.

Hinsichtlich der Handlungsempfehlungen zeichnete sich die teilautomatisierte Ableitung der Anforderungen, entlang der unterhalb des Reifegrades beantworteten Fragen, nur als bedingt hilfreich aus. Hier war in allen Testfällen eine unternehmensspezifische Konkretisierung notwendig. Insgesamt zeigen die Tests, dass die pauschal generierten Anforderungen einen guten Überblick über entsprechende Maßnahmen geben, jedoch hinsichtlich der Maßnahmen zur Verbesserung teilweise zu unspezifisch bzw. zu allgemein formuliert sind. Dementsprechend wurde der Ansatz dahingehend verändert, dass auf Basis der Anmerkungen während der Befragung, konkrete Anforderungen mit einer höheren Detailtiefe abgeleitet werden können.

4 Ausblick

Die Weiterentwicklung des Reifegradansatzes entlang der Ergebnisse der beiden Testphasen mit insgesamt drei Unternehmen aus dem Bereich KMU ist abgeschlossen. Die Ergebnisse wurden nahezu vollständig in die Weiterentwicklung des Modells überführt, so dass der Einsatz dieses Ansatzes in der Praxis generell möglich ist. Ein zukünftiger Schwerpunkt wird die Eingliederung des Reifegradansatzes in bestehende Vorgehensmodelle zur Einführung von ERP-Systemen sein. In einer weiteren Ausbaustufe wird das Modell dafür um eine zusätzliche Dimension, die spezifische Fragen zur bevorstehenden ERP-Umstellung beinhaltet, erweitert. Die spezifischen Handlungsempfehlungen werden konkrete Maßnahmen zur ERP-Einführung enthalten, um den Projekterfolg der ERP-Implementierung absichern zu können.

Ein weiterer wichtiger Aspekt ist die Förderung der Modellakzeptanz. Dafür müssen einerseits die Vermarktungsstrategien erfolgreicher Reifegradmodelle näher untersucht werden, um eine Übertragbarkeit einzelner Maßnahmen bewerten zu können und zum anderen muss der Nutzen dieses Reifegradansatzes stärker ERP-Anbietern und -Anwendern verdeutlicht werden. Dazu ist es notwendig, weitere Unternehmen zu akquirieren, bei denen dieses Modell zum Einsatz kommen kann. Diese folgenden Anwendungsphasen dienen zudem der Weiterentwicklung des Ansatzes.

Schließlich soll zukünftig auch die Nutzbarkeit des Reifegradansatzes vereinfacht werden. Dafür ist die Überführung der Modellarchitektur in eine App für die mobile Anwendung angedacht. Dies soll das Erfassen der Daten vereinfachen und eine verbesserte visuelle Übersicht der Ergebnisse erzielen.

Literaturverzeichnis

[AlKn09] Allweyer, T., Knuppertz, T.: EDEN - Reifegradmodell für Prozessmanagement, http://prozesswiki.inteamwork.org/lib/exe/fetch.php?media=bpm_maturity_model_eden_white_paper.pdf 2009, (Abruf am 15.03.2018).

[Asen10] Asendorf, S.: Planung und Organisation der ERP-Einführung, , in: ERP Management (2010), 3/2010. S. 26–29.

[Bark03] Barker, T.; Frolick M. N.: ERP Implementation Failure: A Case Study. Information Systems Fall, Sarasota 2003.

[BeKP09] Becker, J., Knackstedt, R., Pöppelbuß, J.: Entwicklung von Reifegradmodellen für das IT-Management, in: Wirtschaftsinformatik (2009), H. 3, S. 249–260.

[Beim09] Beims, M.: IT Service Management in der Praxis mit ITIL 3. Zielfindung, Methoden, Realisierung, München 2009.

[Egge17a] Eggert, S.: Nutzen der Reifegradbestimmung. Berücksichtigung der ERP-Reife bei der Softwareeinführung, in: ERP Management (2017), 3/2017, S. 39–40.

[Egge17b] Eggert, S.: Welche Rolle spielt die ERP-Reife in Einführungsprojekten? Ergebnisse einer Anbieterbefragung, in: ERP Management (2017), 4/2017. S. 27–29.

[EgAk18] Eggert, S.; Aksünger, F.: Vergleich existierender Reifegradmodelle, Untersuchung der Eignung zur Bestimmung der ERP-Reife, ERP Management (2018), 1/2018, S. 51–54

[Egge19a]	Eggert, S.: Die Rolle der ERP-Reife in Einführungsprojekten, in: ERP Management, Marktführer ERP-Systeme Frühjahr 2019, (2019), I/2019, S. 105–108
[Egge19b]	Eggert, S.: Ansatz zur Messung der ERP-Reife für KMU, in: ERP Management (2019), 1/2019, S. 52–54
[Egge19c]	Eggert, S.: Ansatz zur Bestimmung der ERP-Reife mittelständischer Unternehmen, In: Wolf, M. R.; Barton, T.; Hermann, F.; Mester, V. G.; Müller, C.; Seel, C. (Hrsg.): Angewandte Forschung in der Wirtschaftsinformatik 2019, mana-Buch, Heide 2019
[Gram11]	Grammer, P. A. (Hrsg.): Der ERP-Kompass -ERP-Projekte zum Erfolg führen. Mitp, Heidelberg, München, Landsberg, Frechen, Hamburg 2011.
[Gron15]	Gronau, N.: Best Practices bei der Einführung von ERP-Systemen, in: ERP Management (2015), 1/2015, S. 39–44.
[Hilg14]	Hilgenberg, B.: Woran ERP-Projekte wirklich scheitern. http://www.computerwoche.de/a/woran-erp-projekte-wirklich-scheitern,2530844, 2014. (Abruf am 01.03.2020).
[Klar19]	Klarenbach, I.: Erfolgskriterien für ERP-Projekte, in: ERP Management (2019), 2/2019, S. 28–30
[Niel14]	Nielsen; L.: ERP-Software in kleinen und mittelständischen Unternehmen: Ein optimiertes Vorgehensmodell. Igel Verlag RWS, Hamburg 2014.
[Paul12]	Pauls, A.: ERP-Einführungsmethode, ERP Management (2012), 1/2012, S. 60-62.
[Schü10]	Schüller, R.: ERP-Auswahl und -Einführung mit Solages®, in: ERP Management (2010), 1/2010, S. 54–55.
[StGr15]	The Standish Group International, Chaos Report 2015, https://standishgroup.com/sample_research_files/ CHAOSReport2015-Final.pdf (Abruf am 30.04.2020)

Kontakt

Prof. Dr. Sandy Eggert
Hochschule für Wirtschaft und Recht Berlin
Badensche Straße 52, 10825 Berlin
Sandy.Eggert@hwr-berlin.de

Postmoderne Organisationsformen fordern das IT-Management heraus – Kollektive Kooperation auf Distanz ist gefragt

Elvira Kuhn

Zusammenfassung

Postmoderne Organisationen stellen sich auf den ständigen Wandel des Marktes, des Verhaltens der Menschen, der Technik, der Umwelteinflüsse und den politischen Gegebenheiten ein. Als die größten Neuerungen in Organisationen sind in Bezug auf den IT-unterstützten Arbeitsplatz die kollektive Kooperation auf Distanz und die damit verbundenen Entscheidungsfreiheiten aller Akteure zu verzeichnen. Das gilt auch für das IT-Management selbst. In diesem Artikel werden Problematiken, die sich aus dem distanzierten Arbeiten verbunden mit den Freiheiten für jeden ergeben und denen sich ein geeignetes IT-Management für postmoderne Organisationen selbstverantwortlich stellen muss, diskutiert. Wie können Menschen dazu gebracht werden, ohne Konflikte zu kooperieren? Und dies auf Distanz sowohl räumlich als auch persönlich? Welche Steuerungselemente sind bei Veränderungen ausschlaggebend? Als Ergebnis werden die aus den Problematiken des kollektiven kooperierenden distanzierten Arbeitens erwachsenen Aufgabenkomplexe an ein geeignetes IT-Management präsentiert

1   Einleitung und Vorgehensweise zur Bearbeitung des Themas

Umgang mit Veränderungen stellt eine hohe komplexe Herausforderung an die Motivation, Kreativität, Schnelligkeit und Handlungsfähigkeit eines Unternehmens. Der Umgang mit Komplexitäten bedeutet immer Reduzierung der Gesamtheit auf relevante Sachverhalte. Die Relevanz bezieht sich in unserem Fall auf die Sicht des IT-Managements (IT-M) und speziell auf die Herausforderungen, die sich aus dem distanzierten Kooperieren ergeben. Zur Reduzierung der Komplexität hat sich das Klassifizierungs-/Zerlegungsprinzip nach HIPO-VTOC aus dem Bereich des SW-Engineerings bewährt. Dieses Prinzip wird zur Klärung relevanter Information der betroffenen Klassen „Postmoderne Organisation", „IT-M" sowie „Kollektive Kooperation auf Distanz" angewandt. Es werden dabei folgende Fragestellungen als relevant erachtet: Wie können Mitarbeiter in der Distanz so eingebunden werden, dass sie im Sinne des Unternehmens selbstverantwortlich handeln können? Wie kann die Kooperationsbereitschaft und -fähigkeit aller Beteiligten (wieder-)hergestellt oder erhöht werden? Welche Hilfen müssen gegeben werden, um sicherzustellen, dass die Tools genutzt werden? Sind weitere Herausforderungen zu berücksichtigen? Die Bandbreite des Verständnisses von IT-M reicht von der Gleichsetzung der Informatik, über die Verwendung als Synonym zu Informationsmanagement bis hin zur alleinigen Verwaltung von Informationstechnik. So liegt es auf der Hand, dass zunächst auf Basis von Recherchen und Studien zu klären ist (Kap. 2), welche Aufgaben IT-M hat, und was postmoderne Organisationsformen (PO) (Kap. 3) kennzeichnet, um die Aufgaben (Kap. 4) unter dem Aspekt des distanzierten Arbeitens in einer kollektiven Kooperation aufzuzeigen. Zum Schluss (Kap. 5) werden die neuesten Erkenntnisse zusammengefasst.

2 Begriffsklärung

Dieser Abschnitt dient der Klärung des Begriffs und Aufgabenstellung des IT-M im Vergleich zu Informatik und Informationsmanagement.

2.1 Informatik

Die Informatik dient „der systematischen, automatisierten Verarbeitung von Information und ist nicht nur eine Ingenieurswissenschaft sondern auch eine Grundlagen- und Systemwissenschaft mit experimentellen Elementen Mittels mobiler oder stationärer Geräte, lokal oder über das Internet vernetzt, kann beliebige Information gesammelt, abgerufen und ausgetauscht werden [GeIn05]." Die Kerninformatik wird nicht nur nach dem Institut der Informatik an der Georg-August-Universität Göttingen [UnGooJ] in Praktische, Theoretische, Technische und Angewandte Informatik eingeteilt und reicht damit von der Lösung immer wiederkehrender Probleme auf höheren Abstraktionsebenen, wie z. B. Datenbanken, IT-Sicherheit, Softwareentwicklung über die mathematischen Grundlagen der Informatik und der Auseinandersetzung mit Hardware bis hin zu anwendungsorientierten Systementwicklungen. Der Informatiker ist der Techniker, der Visionen und Ideen umsetzt, meist in der Forschungs- und Entwicklungsabteilung arbeitet, und Innovation mit IT ermöglicht.

2.2 Informationsmanagement

Unter Informationsmanagement (IM) wird nach [Krcm15] die ganzheitliche Sicht der benötigten Informations- und Kommunikationsstrukturen auf das Agieren eines Unternehmens verstanden. Informationsmanagement nach [GaBe03]. für die Planung, Entscheidung, Steuerung und Kontrolle von allen Vorhaben und Einsätzen sowie Strategien und Strukturen die IT betreffend verantwortlich. Nach [RVIMoJ] werden bei der Beschaffung und Verarbeitung von Informationen innerhalb und außerhalb eines Unternehmens immer auch wirtschaftliche Aspekte eine entscheidende Rolle spielen. Um in der Steuerungsphase auch das Verhalten von Anwendern so zu beeinflussen, dass die User sich den Entscheidungen der Gremien unterwerfen und die Tools nutzen wie geplant, ist der Informationsmanager auch in der Rolle des Kümmerers [KuKü19] unterwegs und gibt an das IT-M weiter, welche Problematiken Nutzer haben. In der Kontrollphase wird das Feedback der Mitarbeiter eingeholt, um Auskunft über die Arbeitslast oder Atmosphäre am Arbeitsplatz zu erhalten. Auch Kunden werden befragt und Kundenbindungen durch personalisierte mobile Dienste unterstützt. Kurzum ist der Informationsmanager der Stratege für die IT und schaut, dass die gesamte IT wirtschaftlich für ein Unternehmen bleibt und auch tatsächlich genutzt wird. Der IM ist für die Informationslogistik verantwortlich. Er analysiert also Abläufe, schaut welche Fähigkeiten und Fertigkeiten zur Erledigung der Aufgaben benötigt werden und berechnet die Wirtschaftlichkeit, wobei auch die richtige Teambildung eine Rolle spielt.

2.3 IT-Management

Der IT-Manager ist für die Funktionsfähigkeit der gesamten IT im Unternehmen verantwortlich. So werden unter seiner Verantwortung neue Ideen in Projekte umgesetzt. Er hat neben der tiefen fachlichen Kenntnis von Funktionsweise und Funktionalitäten von Hardware und Software, Kenntnisse von Normen und Standards, Kenntnisse von Vorgehensmodellen bei der Entwicklung. Er verfügt über Kenntnisse der Qualität, des Systemdesigns, und hat nach [GaWL18] *noch weitere Mittel, wie z. B. Personal und Organisationen zu beachten, die mit der Erstellung, dem Betrieb und der Nutzung von Informationstechnik in Zusammenhang stehen ... und muss ... Ziele identifizieren und priorisieren.* Der IT-Manager ist stark der Technik verschrieben, kennt die neuesten Entwicklungen auf dem Markt, bei der Konkurrenz, und kann neue Produkte im IT-Bereich einschätzen. Um die für die Informationslogistik notwendige Architektur zu designen, bedient er sich der Softwaretechnik. Diese dadurch erschaffene qualitativ hochwertige IT-Architektur ist robust, wartbar, adaptiv und brauchbar. Er trägt auch Verantwortung für das Image des Unternehmens, denn wäre die IT nicht lauffähig oder aktuell, wäre dies im Auftritt nach außen deutlich negativ sichtbar. Das IT-M muss fähig sein, Schnittstellen zu bedienen. In der globalisierten Welt kommen mit dem asiatischen und indischen Markt auch deren Protokolle in der Netzwerktechnik hinzu. Der Wechsel von Protokollen in einem Informationsfluss muss also auch möglich sein. Verantwortlichkeiten in diesen Strömen muss genau geklärt werden. Ist der Sender verantwortlich zum Empfänger oder nur bis zur Übergabe an das andere Protokoll? Zur Unterstützung der internen und externen Kommunikation dienen Plattformen, Videokonferenzen, YouTube, eine Auswahl an Social Media – mit geschulten Influenzern. Wie in [ScKr20] ausgeführt, muss das IT-M sich auch um das Netzmanagement kümmern, *„also um die benötigten Infrastrukturkomponenten sowie Softwareinstallationen"* und Zugänglichkeiten. Die Aus-und Weiterbildung sowie Schulungen sind ein weiteres Aufgabengebiet. Der IT-Manager ist sozusagen der Wächter der IT und der Verantwortliche, dass alles reibungslos auch bei technischen, organisatorischen, kulturellen, finanziellen, personellen Veränderungen läuft. Ihm unterliegt das IT-(Multi-)Projektmanagement, die IT-Architektur, das Netzmanagement sowie die Organisation und Durchführung von Schulungen.

2.4 Fazit

Ohne Informatiker gäbe es keine Weiterentwicklung von IT-Systemen. Das IT-M sorgt dafür, dass die IT-Systeme wirkungsvoll in einem Unternehmen eingesetzt werden und der Betrieb läuft, während das Informationsmanagement (IM) sich um alle Informationsflüsse und die Beschaffung notwendiger (Meta-)Daten in einem Unternehmen kümmert. Der IT-Manager steuert und überwacht die Qualität der IT. Tabelle 1 zeigt diesen Sachverhalt.

Wer	Aufgabenbereich	Prüfungsaufgabe/Entscheidungen
Informatiker	Techniker und Tüftler	Technisch machbar?
Informationsmanager	IT-Wirtschaftler und IT-Stratege	Wirtschaftlich machbar?
IT-Manager	Wächter der IT und der Nutzbarkeit	Architektonisch machbar?

Tab.1: Übersicht über die Hauptaufgaben und entscheidungsrelevanten Prüfungen von Informatikern, IM und IT-M

3 Kooperation in postmodernen Organisationen

Entsprechend dem Aufgabenbereich des IT-M werden die für postmoderne Organisationen (PO) spezifischen Arbeitsweisen und Entscheidungsfreiheiten auf der Basis von Thesen, Recherche, Konferenzen, Projekte thematisiert und Problemkreise in Bezug auf Kooperation in diesem Abschnitt herausgearbeitet.

3.1 Kooperation

Unter Kooperation wird nach [GaWK18] d*as zweckgerichtete Zusammenwirken zweier oder mehrerer Lebewesen, Personen oder Systeme mit gemeinschaftlichen Zielen (intentional) verstanden.* In diesem Artikel wird der Begriff als auf die Art und Weise der Kooperationsbeziehungen von Gemeinschaftsarbeiten mit oder ohne Ausgliederung einer oder mehrerer Unternehmensfunktionen im Sinne des kooperativen Verhaltens verwendet. Für unser Verständnis besteht Kooperation aus Kommunikation und der Auseinandersetzung um gemeinsame Diskussionsobjekte [KüKu18]. In [GaWK18] wird weiterhin ausgeführt, dass die Intensitätsstufen der Zusammenarbeit vom reinen Informationsaustausch über Erfahrungsaustausch bis hin zu Absprachen treffen reichen können. Weitere Attribute sind Dauer (kurz-, mittel- oder langfristige Kooperation), Unternehmensfunktionen betreffend oder nur Auftragsbezogen, Reichweite (Inlandsmärkte vrs. Auslandsmärkte), betroffene Funktionsbereiche (Gesamtfunktionell vrs. Sektoral) sowie verschiedene Ebenen (Horizontal, vertikal, diagonal). Eine echte Kooperation entsteht, wenn alle Partner von den Synergien profitieren, das heißt es muss eine Win-Win-Situation vorliegen [Bo++18]. Dies zu beobachten und zu prüfen ist eine weitere Herausforderung an das IT-M. Effekte werden in erwünschte und unerwünschte Wirkungen (nicht beabsichtigte) aufgeteilt, die vor allem bei Veränderung wie Strategiewechsel, an Organisationstrukturen, an eingeführter Technik, in Rahmenbedingungen, an der Unternehmenskultur als Beobachtungsgegenstand wichtig sind [Kuhn16].

3.1.1 Grundsätze zu kooperativem Verhalten
Einige Grundsätze zu kooperativem Verhalten werden in [MontoJ] aufgeführt: die Partner dürfen nicht nur für sich denken (Egoisten sein), jeder muss von der Kooperation profitieren, das Kooperationsziel muss sehr genau formuliert werden, Erwartungen und Zielvorstellungen aller Partner müssen die gleichen sein. Die Kosten- und Ergebnisverteilung muss vorher festgelegt werden. Dabei ist zu berücksichtigen, dass jeder Partner angemessen vom Erfolg der Kooperation profitiert. Um zu vermeiden, dass ein Partner vom anderen abhängig ist oder die Partner innerhalb der Kooperation zu Konkurrenten werden, muss jeder die gleichen Rechte und Pflichten haben sowie gleiche Personalkapazität und Zeit einbringen. Jeder Partner muss kompromissbereit und fair sein. Allen Mitarbeitern jedes Partnerunternehmens müssen die Kooperationsziele und -maßnahmen kommuniziert werden. Alle müssen sie auch akzeptieren und mittragen. Weiterhin müssen alle Maßnahmen für alle Beteiligten geplant, Kosten und Termine fixiert und nachvollziehbar sein und ihr Erfolg messbar. Änderungen sollen ermöglicht werden. Dies stimmt mit den Ausführungen in diesem Papier überein. Es wird aber in [MontoJ] auch gefordert, dass die Aufgaben und Kompetenzen klar verteilt werden müssen. Diese arbeitsteilige Kooperation vermeide Konflikte um Zuständigkeiten, Missverständnisse, Doppelarbeiten oder Verzögerungen / Vergessen von Arbeiten. Damit ist nach diesem Grundsatz aber genau das Begegnen des beständigen Wandels als Bestandteil der Arbeit nicht vorgesehen.

3.1.2 Kollektive Kooperation
Kollektiv bedeutet gemeinschaftlich. Um das gemeinschaftliche Gefühl bei zweckgerichtetem Zusammenwirken zu empfinden, benötigen die Partner nach den Erkenntnissen der Soziologie eine Wir-Identität, was bedeutet, *gemeinsam einer bestimmten kollektiven Einheit anzugehören* [GaWK18]. Damit ergibt sich die Herausforderung an das IT-M, mit welchen Mitteln sie dies unterstützt kann

3.1.3 Kollektive Kooperation auf Distanz
Distanz bezeichnet sowohl räumlichen als auch inneren Abstand. Der räumliche Abstand lässt sich mit IT sehr gut über sichere Netzwerktechnik und darauf aufbauenden Services im Remote Betrieb überwinden. Aber wichtiger als Technik sind Menschen. Wie kann der in-

nere Abstand, der in der Folge des räumlichen Abstands im Umgang mit alten oder neuen Kollegen entsteht oder nicht überwunden werden kann, verringert werden? Dies spielt auch bei der Bildung der Wir-Identität eine Rolle.

3.1.4   Fazit

Die große Herausforderung an das IT-M ist die Wahl der Technik zur Erhöhung der Nutzbarkeit der IT, also wie die Verinnerlichung von Grundsätzen gesteuert werden kann, wie dies auch auf Distanz für die Erhöhung des Wir-Gefühls gelingen kann und wie innere Nähe gewonnen werden kann.

3.2   *Kennzeichen postmoderner Organisationen*

Grundsätzliche Kennzeichen einer postmodernen Organisation (PO) sind Innovationsorientierung, das Verantworten von gesamten Problemlösungen eines jeden, Berücksichtigung der Smarten Verteilten Welt sowie insbesondere das Steuern von Veränderungsprozessen. Kooperation ist daher gefordert. Die bekannteste PO ist die des virtuellen Unternehmens, gefolgt von Hochleistungsunternehmen, systemisches Management, agile Unternehmen, hoch zuverlässige Organisationen und antifragilem Unternehmen. Die Ziele bei Virtuellen Unternehmen sind, gemeinsam ein Produkt schneller und günstiger auf den Markt zu bringen und von außen als eine Einheit wahrgenommen zu werden. Die dazu benötigte Kooperation muss über Unternehmensgrenzen hinweg funktionieren. Diese Grenzen sind u. a. gekennzeichnet durch Unterschiede in der jeweiligen Unternehmenskultur, Organisationsform, Ausstattung in der IT, unterschiedliche Terminologie, Amtssprache, durch Distanz zwischen den Arbeitsplätzen, innere Distanz, sowie durch unterschiedliche Zeitzonen, Gesetze, Arbeitszeiten, Umgangsformen [Kuhn15]. Im virtuellen Ansatz geht es zunächst darum, dass die fachliche Kompetenz bei der gemeinsamen Bearbeitung eines Problems vorhanden ist und jeder genau seine zugeteilte Arbeit kennt. Änderungen sind möglich. Hochleistungsunternehmen setzen sich zusammen aus Hochleistungsteams, bei denen die Teammitglieder sich gegenseitig vollständig vertrauen und bei Bedarf auch selbstlos sich gegenseitig Aufgaben übernehmen. Die Aufgaben werden entsprechend, den Interessen, Fähigkeiten und Fertigkeiten verteilt. Jedes Teammitglied weiß, was es zu tun hat, aber auch, was die anderen tun sollen. Bei der Zusammensetzung von Gruppen wird auf funktionale Qualifikation, auf die Persönlichkeit der Teammitglieder sowie deren Kooperationsfähigkeit geachtet, so dass wenig Konfliktpotential und ein gutes Arbeitsklima entstehen. Beim Systemischen Management [SuWe17] stehen die Wertschätzung des Einzelnen und die Achtung jeder Fähigkeit und Kompetenz als gemeinsamer Verantwortungsparameter im Vordergrund. Je höher die Kompetenz desto mehr Verantwortung wird zugeordnet. Agile Organisationen geben den mobilen Weg vor, wie Ressourcen beschafft und organisiert werden und wie mit Menschen umgegangen wird. Dem ständigen Wandel just in time begegnen zu können – egal ob Kundenwünsche sich ändern oder Produktionsstraßen effizienter gestaltet werden sollen, – alle sollen zufrieden sein. Neue Möglichkeiten eröffnen sich durch das bedarfsorientierte Hinzuziehen neuer Ressourcen, Expertisen, menschlicher und maschineller Fähigkeiten weltweit. Um aufkommenden Schwierigkeiten sofort begegnen zu können, wird eine von allen anerkannte Unternehmenskultur gepflegt. Agile Kooperation bedeutet daran zu arbeiten, dass der erreichte Zustand sich nicht verschlechtert, dass Veränderungen nichts anhaben können und gesetzte Ziele gemeinsam erreicht werden. Organisationen mit hoher Zuverlässigkeit haben den Fokus auf Zusammenarbeit und auf einen hohen Anteil an Freiheitsgraden im Denken und Handeln [Lekk11]. Um im Falle einer Krise oder einer Störung als Unternehmen schnell reagieren zu können, ist ein kollektives Zusammenwirken unerlässlich. Die realisierbaren Aufgaben werden herausgearbeitet und dann so vorbereitet, dass eine fehlerhafte Interpretation vermieden wird. Leitlinien im Umgang miteinander werden durch eine geeignete IT-Compliance [ISAC11] unterstützt, der sich alle Player freiwillig unterwerfen. Durch „kollektive Achtsamkeit" wird eine frühzeitige Erkennung von Krisen gesichert. Wie in den Teams von Flugzeugen steht der Crewgedanke im Vordergrund jeder Handlung und mit Notfallsituationen wird jederzeit gerechnet In antifragilen Organisationen [Tale14] sollen in möglichst kurzer Zeit sinnvolle Lösungen für Teile eines gesamten Projekts auf den Markt gebracht werden können. Das setzt die Fähigkeit zu kommunizieren, Kooperationsfähigkeit und der Wille zur Übernahme von Selbstverantwortung eines jeden voraus und fordert von dem Management, ihren Mitarbeitern zu vertrauen. Umgekehrt muss jeder Mitarbeiter Vertrauen zu den Vorgesetzten haben, so dass hier die Herausforderung besteht, alles zu unterlassen was das Vertrauen erschüttern könnte. Der Mitarbeiter darf sich den Teil des Gesamtproblems aussuchen, und es eigenverantwortlich bearbeiten, er darf andere (auch extern) hinzuziehen. Jeder Projektmitarbeiter schätzt selbst wieviel Zeit er benötigt und ob er Hilfe benötigt oder es alleine schafft. Seine Arbeitskraft wird nicht zu 100 % sondern nur zu 80 % verplant [Tech16]. Der Grundgedanke des Antifragilen ist, aus Fehlern zu lernen, sich Zeit zum Feedback zu nehmen, Risiken zu erlauben. Der Wille zur kollektiven Kooperation ist gefordert

3.3 Zusammenfassung
Um dem beständigen Wandel gerecht zu werden, werden nicht nur dann Hilfen zur Verfügung gestellt, wenn der ursprüngliche Plan nicht eingehalten werden kann sondern immer dann, wenn es der Hilfesuchende benötigt. Die IT muss dies „mitmachen. Statusbarrieren behindern in PO das Handeln nicht, im Gegenteil: Handlungsfreiheiten erlauben ein situationsangepasstes Agieren. Bei jedem Handeln ist nach wie vor das Ganze zu sehen, auch die Wirkungskette. Die IT muss dies abbilden.

4 Herausforderungen für das IT-Management: Nutzbarkeit für kollektive Kooperation auf Distanz

Im Folgenden werden die zusätzlichen, geänderten und speziellen Aufgabenbereiche des IT-M für die kollektive Kollaboration auf Distanz klassisch nach den Prinzipien der Reduzierung von Komplexität des Requirement Engineerings herausgearbeitet. Als Basis dieser Aufstellung dienen der in Kap. 2 skizzierte Aufgabenbereich des IT-M und die dargestellten Details der PO und kollektive Kooperation in Abschnitt 3.

4.1 Geforderte Elemente der Kollaboration in postmodernen Organisationen
Die Gemeinsamkeit aller dargestellten PO´s ist mit den ständigen Veränderungen fertig zu werden. Die IT darf die Akteure dabei nicht behindern. Veränderungen können zusätzliche Aufgaben (-teile), Feedbackschleifen, ad hoc Maßnahmen, nicht mehr benötigte (Teil-) Aufgaben oder Nutzung anderer Protokolle oder Schnittstellen sein. Gearbeitet wird in Interdisziplinären Teams, die seitens IT unterstützt werden sollen. Barrierefreiheit betrifft auch Muttersprache und Fachsprache, nicht nur die körperlichen Einschränkungen. Als Vorgaben an die Teams werden Probleme als Gesamtaufgabe kommuniziert und deren Lösung von ihnen gefordert [Kuhn18]. Das beauftragte Team löst selbstverantwortlich die Problematik. Die

Mitarbeiter bearbeiten entsprechend ihren Fähigkeiten eine Teilaufgabe. Das Management formuliert die Unternehmenskultur und Gesamtstrategie des Unternehmens, um ein gesundes Arbeitsklima zu schaffen. Freies Denken und Handeln soll ermöglicht werden, was eine dezentrale Entscheidungsfindung allein oder im Team voraussetzt. Die Freiheiten beziehen sich beispielsweise auf die Methodenwahl, auf das Schätzen von Zeit, auf die Wahl von Materialien oder Arbeitsabläufen. Dazu ist mehr als nur ein WFMS als geplanter Ablaufkoordinator notwendig. Zentraler Wert aller Ansätze sind die menschliche Produktivität und Intelligenz. Von jedem wird eigenständiges Lernen gefordert. Zugänglichkeiten zu Bibliotheken (E-Books), Workshops, Videokonferenzen, E-Learning-Plattformen sind einzurichten. Von Seiten des IT-Managements muss Kreativität unterstützt werden und dass Ideen Verwendung finden; daher werden die Kontaktdaten von Erfindern an Normen – und Patentabteilungen weitergeleitet. Das reibungslose Miteinander wird u.a. durch die Einrichtung eines Kummerkastens für Beschwerden, Konflikte und Schwierigkeiten bewerkstelligt. Meist wird dazu ein Troubleshooting-System eingesetzt. Relevante Objekte der Veränderungsprozesse wie die Effekte von Veränderungen, Branding Management, Synergien müssen unterstützt werden. Herausforderungen ergeben sich auch durch Strategiewechsel oder durch neue technische Entwicklungen. Zur Generalisierung der Klasse PO können daher folgende Ausprägungen festgehalten werden: Aufgrund der Virtualität und deren Variabilität geprägt mit der Volatilität der Rahmenbedingungen und der geforderten Eigenverantwortlichkeit eines jeden Teammitglieds wird an die eingesetzte IT ein hohes Maß an Qualität gefordert. Jedes Element muss antifragil funktionieren: Menschen und Technik. So werden die zuvor im Fazit festgestellten Herausforderungen der kollektiven Kooperation auf Distanz an das IT-M, die Verinnerlichung der Grundsätzen, Erhöhung des Wir-Gefühls und der Verringerung der inneren Distanz, mit den Steuerungselementen wie Unternehmenskultur und Gesamtstrategische Ausrichtung des Unternehmens verbunden. Weiterhin ist die unterstützende IT gekennzeichnet von Internationalisierung (= sie muss multikulturellen Diversitäten genügen und unterschiedliche Rechtsgrundlagen berücksichtigen) und Vernetzung über die ganze Welt mit entsprechender Versorgung von Schnittstellen, meist auch Unterstützung mehrerer Sprachen, dem Einhaltung von Standards sowie dem Einsatz von Compliance-Management [ISAC11]. Allen gemeinsam ist die Forderung nach Mobilität – auch hier gibt es unterschiedliche Betriebssysteme und Funktionalitäten zu berücksichtigen. Die Durchführung der Kundenbindung über verschiedene Social Media sowie die Ausbildung und den Einsatz von Influenzern für die eingesetzten Tools sind hilfreich. Erhöhung des Wir-Gefühls könnte durch gemeinsame Events (z.B. Spiele), durch Lob in einem Newsletter, durch Erfolge feiern erreicht werden.

4.2 *Verschiedene Facetten der Kooperation*

Folgende Nuancen finden sich bei den PO*s in der Zusammenarbeit im Team (Tabelle 2) und in der Entscheidungsfindung (Tabelle 3), die das IT-M zu berücksichtigen hat.

Damit sind weitere Herausforderungen an das IT-M die Ablösung von einem WFMS hin zu anderen Werkzeugen, die auch über Unternehmensgrenzen hinweg und international funktionieren. Verzögerungen durch nicht lauffähiges Equipment dürfen nicht passieren. Die Grundsätze aus Abschnitt 3.1.1 müssen enthalten, dass anstatt Ziele Probleme kommuniziert werden und die Teams auf die strategische Ausrichtung des Unternehmens eingestimmt werden müssen. Pläne wie GANTT-Diagramme werden überflüssig. Dafür müssen Erfolgsgrößen den Problemlösungen zuordenbar sein.

Unterschiedliche Aufgaben an IT-M je nach PO oder je nach Kooperation mit anderen PO's	Postmoderne Organisationsformen					
	Virtuell	Höchstleistung	Agil	Hochzuverlässig	Systemisch	Antifragil
Unterschiedliche Entscheidungsunterstützung						
Teammitglieder treffen gemeinsam Entscheidungen	X	X	X	X		
Teammitglieder treffen eigenverantwortlich Entscheidungen					X	X
Projekt-Planungs- und Unterstützungstools vrs. WF: Realisierung von Teilen bis zur Marktüberführung						
Unterschiedliche Aufteilung des Gesamtproblems. – in Phasen von der Problemstellung bis zur Fertigstellung	X	X	X	X	X	
oder in vermarktungsfähige Teile						X
Unterschiedlich unterbrechbare Workflows (WF) wegen Unterschiedlicher Beteiligung der Teammitglieder bei Problemen						
Der Teamleiter formuliert Ziele aus der Problemstellung gemeinsam mit dem Team, und jede Phase wird gemeinsam zu Ende gebracht.	X	X	X	X	X	
das Problem wird in marktreife Teile zerlegt, die von Anfang bis Ende zu lösen sind						X
Unterstützung unterschiedlicher Kooperationsflüsse						
Unterschiedliches Verständnis von Zusammenwirken: Team als kooperative Gruppe	X		X			
Höchstleistungsteam (Kollegen mit Wir-Gefühl)		X		X		
Crewgedanke					X	X
Schulung Methode vrs. Übersicht Methoden						
Zur Bearbeitung der Aufgaben: Vorgegebene Methoden nutzen	X	X	X	X		
Freie Methodenwahl					X	X

Tab. 2: Unterschiedliche Herausforderungen bei der Zusammenarbeit im Team je nach PO und Kooperation mit PO's

Unterschiedliche Aufgaben an IT-M je nach PO oder je nach Kooperation mit anderen PO's	Postmoderne Organisationsformen					
	Virtuell	Höchstleistung	Agil	Hochzuverlässig	Systemisch	Antifragil
unterschiedliches Changemanagement						
Veränderungswünsche werden nach einer vereinbarten Zeitspanne mit dem Team	X	X	X			
und dem „Owner" besprochen			X			
jeder einzelne ist direkt im Kontakt mit denjenigen, die neue Wünsche einbringen dürfen und wollen				X	X	X
und dann im Team abgestimmt				X		
oder sofort umgesetzt					X	X

Unterschiedliches Profil bei Zuordnung zu Führungsaufgabe berücksichtigen					
Teamleiter ist derjenige, der die größte gefragte Fachkenntnis hat	X	X	X			
Coach kümmert sich um den Einzelnen bei Schwierigkeiten				X	X	X

Tab. 3: Unterschiedliche Entscheidungsfindung bei Änderungen in PO`s und Kooperation mit PO´s

5 Zusammenfassung und weitere Ausblick

Dynamische Änderungen in der Arbeit selbst, in den Strukturen (technisch, organisatorisch, planerisch vrs. Chaotisch, Strategiewechsel), in der Technik (SMART) und im Verhalten der Menschen (kulturell, personell) müssen nun technisch überwacht (Effekte) und unterstützt werden (Synergien), aber auch begleitet werden. Vertrauensbildende Maßnahmen kommen hinzu. In der Distanz arbeiten Menschen zusammen, die sich nie persönlich gesehen haben oder nur oberflächlich kennen. Was nützt einem die beste Technik, wenn sie nicht benutzt wird oder nicht entlastet? Daher ist der Mensch als wichtigstes Systemelement (Nutzer) nun in den Vordergrund des IT-M gerückt. Die Organisationsform und IT-Compliance bestimmt die zukünftigen Aufgaben des IT-M. Es wird sich vermehrt mit der kollektiven Kooperation auseinandersetzen dürfen, wobei ein Kollege morgen auch ein Bot, ein Mensch mit Upgrade auf sich selbst oder ein Roboter sein kann, der sich mit eigenständigen Ideen einmischt. Philosophische und psychologische Kenntnisse werden notwendig. Der IT-Manager ist wichtig für das Changemanagement und in der Stärkung des Wir-Gefühls.

Literaturverzeichnis

[Bo++18]   Bohn A., Ense L., Giessbrecht P., Jochem A., Kirchner S., Rügner D., Tutzauer L., Zambou M: Wie kann eine ländliche Gegend die Vernetzung der vorhandenen Unternehmen mit IT-Unterstützung vorantreiben? Semesterprojekt, Vorlesung IT Management, Master HS Trier, 2018.

[GaBe03]   Gabriel, R.; Beier, D.: Informationsmanagement in Organisationen. Verlag Kohlhammer, Stuttgart, 2003.

[GaWL18]   Gabler Wirtschaftslexikon: Definition IT-Management 2018, https://wirtschaftslexikon.gabler.de/definition/it-management-52753.Abruf am 20200204

[GaWK18]   Gabler Wirtschaftslexikon: Definition Kooperation. 2018, https://wirtschaftslexikon.gabler.de/definition/kooperation-39490.Abruf am 2020-02-04

[GeIn05]   Gesellschaft für Informatik e.V., 2005,Positionspapier Was ist Informatik?, https://gi.de/fileadmin/GI/Hauptseite/Themen/was-ist-informatik-kurz.pdf, Abruf am 10.07.2020

[ISAC11]   ISACA Leitfaden und Nachschlagewerk: IDW PS 330. 2011, https://www.isaca.de/sites/default/files/attachements/isaca_leitfaden_sicherheit_0.pdf .Abruf am 2020-03-15

[KüKu18]   Kücükoz E., Kuhn E.: Kommunikationsmanagement Anfoderungen an den Umgang mit Information, Studierendenprojekt, Verlag Die Blechschachtel, Karlsruhe, 2018.

[Kuhn15]	Kuhn E.; ON THE IMPORTANCE OF THE RIGHT CHOICE OF COMMUNICATION FLOW, Conference Strategica, Bukarest, Rümänien S,562ff., https://www.researchgate.net/publication/289905071_Strategica_2015_Local_versus_Global 2015
[Kuhn16]	Kuhn E., Verfahren zur Entwicklungen von IT-Strategien aus den Unternehmensleitlinien, AKWI-Tagung, Konferenzband, S. 118 ff, file:///C:/Users/Kuhn/AppData/Local/Temp/AKWI-Tagungsband_2016_online.pdf 2016.
[Kuhn18]	Kuhn, E. (2018): Changes in cooperation in project management, Strategica Conference, Bukarest, Rumänien, Konfereznband S. 1119 ff. https://www.researchgate.net/publication/328379413_Strategica_2018_Challenging_the_Status_Quo_in_Management_and_Economics2018
[KuKü19]	Kuhn E., Küstner H. in Campino Heft 1, 2019, S. 72 Mein Land-Meine Heimat-meinDorf, https://www.hochschule-trier.de/fileadmin/Umwelt-Campus/Oeffentlichkeitsarbeit/Campinos/2019_01_Campino.pdf
[Krcm15]	Krcmar, H.: Informationsmanagement. 2015, SpringerGabler Verlag, Wiesbaden, 2015.
[Lekk11]	Lekka, C.: High reliability organisations A review of the literature. 2011, https://www.hse.gov.uk/research/rrpdf/rr899.pdf Abruf am 2020-02-17
[MontoJ]	Montag, T: Wie lauten die Grundsätze einer Kooperation?. https://www.gruenderlexikon.de/checkliste/informieren/kooperationen/kooperations-grundsaetze/ .Abruf am 2020-02-18
[ScKr20]	Schaaf, T.; Kranzlmüller, D.: IT-Management Vorlesung Modulbeschreibung. 2020, http://www.nm.ifi.lmu.de/teaching/Vorlesungen/2020ss/itmgmt/ Abruf am 2020-04-05
[SuWe17]	Sutcliffe Kathleen; Weick, Karl: Systemisches Management Das Unerwartete managen - Wie Unternehmen aus Extremsituationen lernen. 3. Auflage, Schäffer-Poeschel Verlag, Stuttgart, 2017.
[Tale14]	Taleb,N.N.: Antifragilität – Anleitung für eine Welt, die wir nicht verstehen. btb Verlag, München, 2014.
[Tech16]	Techt, U.: Auf Entwicklungen reagieren: Unternehmen sollten antifragil statt nur robust sein. 2016, https://ap-verlag.de/auf-alles-vorbereitet-weshalb-unternehmen-antifragil-statt-nur-robust-sein-sollten/28101/ Abruf am 2020-02-14
[UnGooJ]	Universität Göttingen, Institut der Informatik, Flyer zu Informatik, https://www.uni-goettingen.de/de/document/download/0a40cf42420538dfff9db993a0564375.pdf/FB_AngewInformatik.pdf Abruf am 10.072020

Kontakt

Dr. Elvira Kuhn
Hochschule Trier
Schneidershof, 54294 Trier
T +49 651 8103 299, e.kuhn@hochschule-trier.de

Sicherheit und Datenschutz

Organisatorische Maßnahmen zu Erhöhung der IT-Sicherheit – Empfehlungen aus der Perspektive der Konflikttheorie

Klemens Köhler, Martin R. Wolf

Zusammenfassung

IT-Angriffe finden zwar immer vermittelt über technische Infrastruktur statt, erfordern aber in vielen Fällen das Tätigwerden von Menschen oder haben ein verändertes Verhalten zum Ziel. Sie stellen dann eine Interaktion zwischen Angreifer und Verteidiger dar, die als feindselig und nichtkooperativ beschrieben werden kann. Als Folge dieser Betrachtung können Theorien der Konfliktforschung auf IT-Angriffe angewandt werden. In diesem Artikel wird durch methodische Analogie aufgezeigt, wie die Betrachtung von IT-Angriffen als Konflikt zwischen Menschen, neue Ansätze zur Erhöhung der IT-Sicherheit in Organisationen liefern kann. Eine konkrete Umsetzung wird an Teilaspekten und an einem Fallbeispiel gezeigt. Eine Verallgemeinerung bleibt künftiger Forschung vorbehalten.

1 Einführung

Das Ziel dieses Beitrages ist es, eine neue Perspektive auf IT-Angriffe und Verteidigungsmöglichkeiten aufzuzeigen, um daraus konkrete Schutzmaßnahmen abzuleiten, bei denen der Fokus auf der organisatorischen Ebene liegt. Um dieses Ziel zu erreichen wird mittels Analogieschluss von anderen menschlichen Konflikten auf den Konflikt im Rahmen eines IT-Angriffs geschlossen. Da Analogien grundsätzlich anfällig gegenüber Fehlschlüssen sind, werden sie mit einem Fallbeispiel auf etwaige Widersprüche überprüft. Die in diesem Beitrag identifizierten Schutzmaßnahmen ersetzen natürlich keinen effektiven Grundschutz nach der Grundschutz Methodik des Bundesamtes für Sicherheit in der Informationstechnik (BSI) [Bund17], dienen aber als gute Anhaltspunkte, um das Handlungsrepertoire bei IT-Angriffen zu erweitern.
Der Ausgangspunkt der Überlegungen ist, dass es sich bei IT-Angriffen grundsätzlich um gewalttätiges Verhalten handelt [Frie20], die deshalb mit Modellen der Konflikttheorie beschrieben werden können. Die Anwendung von Konflikttheorie geht davon aus, dass es einen fundamentalen Unterschied zwischen kooperativen und gewalttätigen Interaktionen gibt [Clau91, NoWW09], die jeweils grundsätzlich unterschiedlichen Regeln folgen (siehe [Aren11, Haye06, Haye60, Haye73, Smit08]). Dabei erfolgt Gewaltanwendung empathielos und dient dem Ziel, unser Gegenüber zur Erfüllung unseres Willens zu zwingen [Boyd18, Clau91].
Eine weitere Charakteristik von IT-Angriffen ist, dass sie im Rahmen der Nutzung des Cyberspace stattfinden, welcher von der North Atlantic Treaty Organization (NATO) als „Umgebung, die durch physische und nicht-physische Bestandteile zum Speichern, Ändern, und Austauschen von Daten mit Hilfe von Computer-Netzwerken dient", definiert wurde [Schm17, S.539]. Wird nun das ISO/OSI-Referenzmodell (Open Systems Interconnection (OSI) Modell [Iso94]), welches die Netzwerkkommunikation in sieben übereinander liegen-

den Schichten gliedert, zur Einordnung herangezogen, entspricht diese Definition den gesamten sieben Schichten des Modells.

Grundsätzlich kann es als das Ziel der IT-Sicherheitsforschung angesehen werden, den Cyberspace abzusichern. Dabei ist allerdings zu beachten, dass das Ziel einiger Angreifer jenseits dieser technischen Systeme liegt (zum Angreiferbegriff vgl. [BrJE16], Ziele von IT-Angriffen bspw. In [Jons19]). Dies wird auch schon in den Veröffentlichungen des BSI mit dem Schritt von IT-Sicherheit zu Informationssicherheit berücksichtigt Bund17]. Zum besseren Verständnis des Raumes jenseits des Cyberspace können die OSI-Schichten 8 und 9 dienen (vgl. [Farq12]), wobei die OSI-Schicht 8 dem individuellen Endnutzer und die OSI-Schicht 9 Organisationen abbildet.

Die OSI Schichten 8 und 9 können von Angreifern entweder taktisch ausgenutzt werden, um Zugang zu Computersystemen zu erlangen, oder sie können eigentliche Ziele eines Angriffs sein, wenn z. B. der Angreifer das Verhalten von Einzelpersonen oder von ganzen Organisationen verändern will. Diese Schichten gegen Angriffe abzusichern, erfordert neben individuellem Lernen auch Veränderungen der Organisation, die in der aktuellen Literatur wenig Beachtung finden. So sind z. B. in den Konferenzbänden und Einzelveröffentlichungen des AKWI seit 2015 insgesamt sieben Veröffentlichungen mit Bezug zu IT-Sicherheit erschienen [ArHF17, DoRö15, KoRK19, MoKW19, Rigg16, RöTD17, WeSS19]. Davon bezog sich nur eine in hier relevanter Weise auf organisatorische Problemstellungen [WeSS19].

Der folgende Abschnitt 2 befasst sich zunächst mit der Einführung in einzelne Aspekte der Konflikttheorie Die Abschnitte 3 und 4 behandeln darauf aufbauend die Analogieführung, in Bezug auf Bedingungen des Konfliktes sowie Eigenschaften von Organisationen im Konflikt. Im Abschnitt 4 werden dabei Leitlinien und Bereiche operationalisierbarer Ziele abgesteckt. Abschnitt 5 testet diese Ziele an einem Fallbeispiel, in welchem die vorher abgeleiteten Ziele und Maßnahmen mit Maßnahmen nach BSI-Grundschutz verglichen werden. Abschnitt 6 enthält weiterhin eine Diskussion der Ergebnisse und das Fazit.

2   Konflikttheoretische Bausteine nach Boyd und Clausewitz

Von einer theoretischen Perspektive aus betrachtet werden Konflikte als „strategisches Spiel […] von Isolation und Interaktion" [BoRi00, S.30] ausgetragen, bei denen es das Ziel eines jeden Akteurs ist, das eigene Vermögen zum selbstständigen Handeln zu erhöhen (Interaktion) [BoRi00, S.14]. Gelingt es das gegnerische System in Verwirrung und Unordnung zu stürzen, wird dessen Vermögen zum selbstständigen Handeln herabgesetzt (Isolation) [Osin07, S.204].

Es werden drei Arten der Isolation betrachtet:
- Physische Isolation heißt dabei – in einem abstrakten Sinne gemeint – von Unterstützung in Form von Material, Energie oder Information abgeschnitten zu sein.
- Mentale Isolation bedeutet, eine Situation nicht richtig zu erkennen, wahrzunehmen oder zu verstehen.
- Moralische Isolation beschreibt, ein allgemein nicht akzeptables Verhalten an den Tag zu legen [Osin07, S.210].

Jede dieser Isolationsarten kann dazu führen, dass ein isolierter Akteur auf seine Situation über- oder unterreagieren und im Idealfall jeden Widerstand aufgeben wird [Osin07, S.141].

Die Entscheidungsfindung aller Akteure in diesen komplexen, konkurrenzgeprägten und sich schnell entwickelnden Situationen [Osin07, S.130] beschreibt der so genannte OODA-Kreislauf [Boyd96]. OODA ist eine Abkürzung und steht für Observe, Orient, Decide, Act – also Bemerken, Orientieren, Entscheiden, Handeln. Ein Akteur, der diesen Kreislauf schneller durchläuft als sein Gegenüber und dadurch schneller wieder von vorn beginnt, bringt den Gegenüber in Situationen, die letzterer neu erfassen und deshalb den eigenen Kreislauf immer wieder neu beginnen muss (siehe Abb. 1). Die Fähigkeit zu reagieren wird so immer weiter reduziert, was zur oben beschriebenen Isolation und letztendlich zur Einschränkung der Handlungsfähigkeit führt.

Der Dreh- und Angelpunkt des OODA-Kreislaufs ist das zweite O: Orientieren [Boyd05, S.16]. Während das Orientieren auf der individuellen Ebene allein durch Erfahrung und Bildung beschleunigt werden kann und dadurch die Erfolgsaussichten steigert [Boyd05, S.15], müssen Organisationen zusätzliche Folgen einkalkulieren. So führen schnelle OODA-Zyklen in arbeitsteiligen, unterteilten, hierarchisch geordneten Charakter von Organisationen zu zusätzlicher Komplexität. Durchlaufen verschiedene Elemente einer Organisation jeweils eigene OODA-Zyklen, kann dies bei divergierenden Entscheidungen zu abnehmender Kohärenz und Kooperationsfähigkeit zwischen den Elementen führen. Erfolgreiche Organisationen können diesem Trend durch gezielte Steuerung von vier Eigenschaften entgegenwirken: Einsicht, Initiative, Harmonie und Anpassungsfähigkeit [Boyd86, S.185].

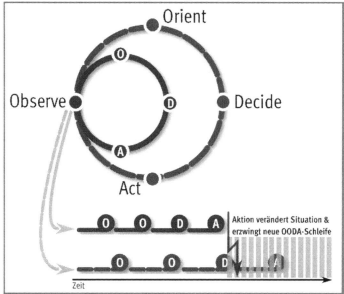

Abbildung 1. Zwei Akteure in einer Konfliktsituation durchlaufen eine jeweils eigene OODA-Schleife. Der schnellere Akteur erzeugt durch die Handlung am Ende seiner Schleife eine neue Situation. Da eine Fortsetzung der begonnenen OODA-Schleife durch den langsameren, hier äußeren Akteur zu einer Reaktion auf eine nicht mehr existente Situation führen würde, muss er seine OODA-Schleife neu beginnen. Beides führt bei Wiederholung dazu, dass der langsamere Akteur immer unzureichender oder gar nicht mehr reagieren kann.

3 Eigenschaften von IT-Angriffen

IT-Angriffe sind durch die bösartige Manipulation von (vernetzten) Computersystemen, entweder zum eigenen Zweck oder als Mittel, um ein anderes Ziel zu erreichen, gekennzeichnet. Sie sind untrennbar mit der Nutzung des so genannten Cyberspace verbunden [Schm17]. Allerdings weist der Cyberspace Eigenschaften auf, die eine Kernaussage der Konflikttheorie, nämlich dass „die Verteidigung [...] stärker [...] sei als der Angriff" [Clau91, S.626], in Frage stellen. Dieser Widerspruch würde, wenn er nicht aufgelöst werden kann, die Analogie ungültig machen.

Für den Angreifer ergeben sich zusätzliche Vorteile aus der Vernetzung technischer, oft frei programmierbarer, komplexer Systeme. Diese „Geographie" des Cyberspace schränkt seine Bewegungsgeschwindigkeit kaum ein, weil der Datentransfer in Sekundenbruchteilen erfolgt, weshalb die Angriffe nicht mit menschlicher Bewegungsgeschwindigkeit verlaufen, sondern deutlich schneller. Aus der Verteidigerperspektive ist es deshalb schwer ersichtlich, wie schnell und wie weit ein Angriff erfolgen wird. Aus menschlicher Sicht wirken IT-Angriffe deshalb eher „unmittelbar" oder „plötzlich", und sie scheinen nicht „abzulaufen", da sie sich automatisiert schnell ausbreiten und ihre Wirkung entfalten können. Aus diesem Grund wären sie in der Regel schneller als der OODA-Kreislauf des Verteidigers, und würden somit den frühzeitigen Abbruch von dessen Schleife erzwingen. Außerdem wissen Angreifer durch Erkundung der Zielsysteme oftmals vorher, wie sie die äußeren Verteidigungsmaßnahmen überwinden können, was zu einem weiteren Geschwindigkeitsvorteil führt. Da die Netzwerke von Organisationen ungehinderte Kommunikation ermöglich sollen, fällt dem Angreifer die Bewegung über das ursprünglich betroffene System hinaus leichter, was die Verteidigungssituation noch weiter erschwert. Die Konsequenz ist ein „Zusammenbruch des [Verteidigers] in Verwirrung und Unordnung durch [...] Aktivitäten, die bedrohlich, aber auch uneindeutig, chaotisch und irreführend sind" [Boyd86, S.7].

Verteidiger haben demgegenüber klassischerweise einige Vorteile auf ihrer Seite: Sie kennen „das Schlachtfeld" und können den Angriff „abwarten", was bedeutet, dass sie sich aktiv vorbereiten können (und müssen) [Clau91, S.647]. Hinzu kommt, dass Angriffe weder über den technischen Bereich hinaus wirken, noch zeitlich unbegrenzt aufrechterhalten werden können. Mit dem Fortschreiten der Zeit wird der Angriff offensichtlicher und die Unterstützung für den Verteidiger steigt, während im Idealfall z. B. Strafverfolgungsbehörden aktiv werden und so die Handlungsfähigkeit des Angreifers eingeschränkt wird. Das heißt, dass es ein ausreichendes Ziel des Verteidigers sein kann, nur solange eine Niederlage zu vermeiden, bis dieser Punkt eintritt. Eine Niederlage zu vermeiden bedeutet deshalb automatisch einen Sieg zu erringen [Corm18]. Im Sinne der Konflikttheorie kann das auch bedeuten, dass gesamte eigene Computersystem einzubüßen, solange die eigene operative Tätigkeit nicht dem Willen des Angreifers untergeordnet wird.

Zusammenfassend kann die Aussage abgeleitet werden, dass das Verhältnis von Verteidigung und Angriff sich im Cyberspace analog zu den Aussagen der Konflikttheorie verhält. Die Verteidigung darf in beiden Fällen nicht untätig abwarten bis der Angriff kommt, sondern muss sich beständig auf (die wahrscheinlichsten) Angriffe vorbereiten und darauf, nicht vom anfänglichen Angriff überwältigt zu werden.

4 Erhöhung der organisatorischen Widerstandsfähigkeit

Bei der Betrachtung von organisatorischen Maßnahmen zu Verhinderung von IT-Angriffen muss zunächst festgestellt werden, dass Organisationen grundsätzlich aus einzelnen Endnutzern bestehen, die sich alle in individuellen OODA-Kreisläufen befinden. Hieraus lässt sich ableiten, dass diese individuellen Kreisläufe z. B. durch individuelle Weiterbildungsangebote beschleunigt werden können, was dann einen wesentlichen Teil der kollektiven Sicherheit ausmacht [Köhl20, eingereicht] und somit die organisatorische Verteidigungsfähigkeit stärkt.

John Boyd (referenziert in [BoRi00, Boyd05, Boyd18, Boyd86, Osin07]) nimmt an, dass jede Organisationseinheit (also auch einzelne Individuen) innerhalb einer Organisation ihren eigenen OODA-Kreislauf durchläuft. Dabei kann es zwischen ihnen zu Widersprüchen, zu Koordinationsbedarf, und letztendlich zu Reibungseffekten kommen, welche die Reaktion auf einen IT-Angriff in Summe verzögern. Es müssen deshalb die Ziele einer Organisation während eines laufenden Angriffs sein, die Isolation einzelner Einheiten zu vermeiden und die Interaktion in einem größtmöglichen Umfang zu erhalten [BoRi00, S.30]. Diese Ziele geraten allerdings in Gefahr, wenn Teile der Organisation unabhängig voneinander OODA-Kreisläufe durchführen und auf diese Weise sich selbst und höhere Hierarchieebenen isolieren. Alle Teile der Organisation sollten deshalb für die wahrscheinlichsten Angriffe und ihre Auswirkungen mit gemeinsamen mentalen Modellen und vorbereiteten Abläufen ein Bewusstsein aufgebaut haben, um Überforderung zu vermeiden [Boyd05, S.18]. Boyd leitet daraus ab, dass erfolgreiche Organisationen vier Eigenschaften haben müssen: *Einsicht*, *Initiative*, *Harmonie* und *Anpassungsfähigkeit* [Boyd86, S.185].

- *Einsicht* heißt hier, die tatsächliche Natur einer Situation zu erfassen.
- *Initiative* heißt, dass auf dieser Grundlage Organisationseinheiten proaktiv – also ohne dazu angehalten zu werden – handeln.
- *Anpassungsfähigkeit* heißt, dass auf unerwartete und sich ändernde Situationen durch Anpassung von Verhalten, Kompetenzen, Aufgaben oder Abläufen reagiert werden kann.
- *Harmonie* ist die Fähigkeit, Interaktionen zwischen offenbar unabhängigen Situationen oder Organisationsteilen wahrzunehmen oder herzustellen [Boyd86, S.12].

Durch diese Eigenschaften werden unterschiedliche Ziele angestrebt: Initiative und Anpassungsfähigkeit ermöglichen schnelles Reagieren auf neue Situationen, erhöhen aber gleichzeitig interne Reibung und Isolation. Der positive Effekt ist dabei, dass bei guter Ausführung der Angreifer durch die Initiative und Anpassung der verteidigenden Organisation, oder auch nur von einzelnen Teilen, beständig mit neuen Situationen konfrontiert wird und so die Isolation und Reibung des Angreifers schneller steigt als die eigene. Harmonie und Einsicht dagegen reduzieren Unsicherheit und Unklarheit, und ermöglichen ein kohärentes Vorgehen. Sie puffern also die Effekte sich schnell verändernder Situationen ab, egal ob sie durch eigenes oder externes Handeln verursacht worden sind.

Diese vier Eigenschaften erfolgreicher Organisationen sind für sich nicht operationalisierbar, sondern entstehen aus spezifischen Maßnahmen. Man kann jedoch Ziele ableiten, an denen sich Maßnahmen messen lassen können. Für diese Operationalisierung werden Zielkorridore vorgeschlagen, und als 4C bezeichnet: *Culture, Communication, Command and Control*. Diese 4C finden sich unter anderem auch bei Boyd, jedoch wurden Sie bezogen auf zivile Organisationen erneut zusammengefasst:

- *Culture* heißt, dass innerhalb der Organisation gemeinsame mentale Bilder und Vorstellungen bestehen über wertvolle und schützenswerte Dinge und deren Schutz. Allerdings umfasst der Begriff auch ein gemeinsames und mit Leben gefülltes, mentales Modell über die eigene Exzellenzkultur und das gegenseitige Vertrauen in Bezug auf IT-Sicherheit. Die interne Kultur darf das Eingestehen von Fehlern und möglichen Sicherheitslücken nicht bestrafen. Konkret umsetzbare Maßnahmen sind entsprechend zugeschnittene Trainings und Veranstaltungen, bei denen Organisationseinheiten – auch die IT-Sicherheitsabteilung – soziale Beziehungen zueinander aufbauen können. So wird der interne Kommunikationsbedarf reduziert und schnelles Handeln ermöglicht.
- *Command and Control* muss so ausgestaltet sein, dass sie auch unter den Bedingungen eines IT-Angriffs eine gemeinsame realistische Einschätzung der Situation ermöglichen und kommunizieren, aber auch diese Situation durch Anpassung interner Anweisungen, Strukturen und Prozesse formen. Idealerweise erfolgt Steuerung so schnell wie möglich in klarer und eindeutiger Weise. Kontrolle hingegen sollte genauso klar Prioritäten kommunizieren, aber auch unrealistische Lagebilder in einzelnen Organisationseinheiten korrigieren. Abgesehen davon sollte Kontrolle möglichst unsichtbar bleiben. Konkrete Umsetzungsmaßnahmen können sein, dass bei Auffälligkeiten sofort IT-Sicherheitsmitarbeiter in Organisationseinheiten gehen, die betroffen sind, um die Kommunikation sicherzustellen. Gleichzeitig sollte auch dort, wo die wichtigen Entscheidungen getroffen und verantwortet werden, eine direkte Schnittstelle vorhanden sein. Die besondere Schwierigkeit liegt dabei darin, dass für die meisten Organisationen IT-Sicherheit gegenüber dem Tagesgeschäft erst einmal fremd ist. Die Aufgabe der IT-Sicherheit ist es, das für die Situation notwendige Wissen klar und deutlich zu verteilen, und die Reaktion auf neue Situationen fachlich zu gestalten.
- *Communication* muss aufrechterhalten werden, was bedeutet, dass Interaktion innerhalb der Organisation physisch und technisch möglich sein muss. Informationen müssen verarbeitet und verstanden werden, und es muss gleichzeitig ein präzises Lagebild an die Umgebung (Behörden, Kunden, Partner, etc.) vermittelt werden können. Dies zu erreichen kann bedeuten, redundante Kommunikationskanäle vorzuhalten und bestimmte Akteure dafür vorzusehen, im Angriffsfall eine Vogelperspektive zu behalten.

Keiner dieser Bereiche kann verbessert werden, ohne entsprechendes Personal vorzuhalten. Organisationen brauchen dezidierte IT-Sicherheitsteams, die groß genug sind, um die Lage zu überblicken, Kommunikation über Hierarchieebenen aufrechtzuerhalten, eigene proaktive Handlungsstrategien umzusetzen, und nicht zuletzt auch einzelne Teammitglieder in betroffenen Organisationseinheiten zu platzieren.

Diese Maßnahmen haben das gemeinsame Ziel, den Angreifer zu bremsen und selbst handlungsfähig zu bleiben, sowie eigene Organisationseinheiten und die Organisation als Ganzes vor Isolation zu schützen. Aus dieser Sicht sollten Maßnahmen dahingehend geprüft werden, ob sie die eigene Unsicherheit, Unklarheit und Reibung reduzieren, während sie die des Angreifers erhöhen. Der Angreifer verliert, wenn dies im Krisenfall umgesetzt werden kann, ohne die Handlungsfähigkeit einer Organisation in Bezug auf ihre Haupttätigkeit einzuschränken [Osin07, S.192].

Die vier oben erwähnten Eigenschaften *Einsicht, Initiative, Anpassungsfähigkeit* und *Harmonie* dienen als Vision für eine funktionale IT-Verteidigungsstrategie. Für eine Annäherung an diese Vision kann man 4C-Maßnahmen aus den Bereichen *Culture, Command and Control* und *Communication* ergreifen, bzw. Maßnahmen dahingehend prüfen, ob sie Verbesserungen in diesen Bereichen erzielen. Im nun folgenden Fallbeispiel, sollen Maßnahmen die nach BSI-Standard 200-2 ergriffen wurden, danach geprüft werden, ob sie die 4C verbessern.

5 Spezifische Maßnahmen auf Organisationsebene im Vergleich

Der BSI-Standard 200-2 „IT-Grundschutz-Methodik" [Bund17] schlägt als Aufbauorganisation eine Stabsstelle des Informationssicherheitsbeauftragten (ISB) vor. Diese hält einen direkten Kommunikationskanal in die oberste Managementebene aufrecht, wo die Verantwortung gebündelt ist. Der ISB soll sicherheitsrelevante Einschätzungen eindeutig und verständlich an diese Ebene kommunizieren. Darüber hinaus steht ihm in größeren Organisationen ein eigenes Informationssicherheitsmanagementteam (ISMT) zur Verfügung, das keine parallelen Aufgaben hat. Insbesondere darf es nicht als IT-Abteilung fungieren. Hierdurch wird sichergestellt, dass ein laufender Bewertungsprozess der Gefahren- und Sicherheitslage stattfinden kann. Gleichzeitig kann das Team lokal unterstützen oder im Krisenfall auch als Direktverbindung in betroffene Organisationselemente dienen. Das ISMT ist in der Lage, Informationen unter Sicherheitsaspekten zu verarbeiten und ein präzises und korrektes Lagebild zu erstellen. Auch das BSI betont eine grundlegende Selbstverantwortlichkeit von Organisationseinheiten für ihren Verantwortungsbereich. Außerdem dürften Mitarbeiter keine negativen Konsequenzen bei Meldung sicherheitsrelevanter Vorkommnisse befürchten.

Weber, Saueres und Schütz haben beschrieben, wie die Informationssicherheit an einer Hochschule (der HAW Würzburg Schweinfurt) nach dem BSI-Standard gestaltet werden kann [WeSS19]. Die Umsetzung erfolgte als Aktionsforschungsprojekt und der zitierte Artikel beschreibt die ersten Erkenntnisse. Dabei liegt der Fokus auf der entstehenden Aufbauorganisation.

Im Unterschied zu den Empfehlungen des BSI und den hier abgeleiteten Empfehlungen berichtet der ISB hier nicht direkt in die verantwortungstragende Ebene, sondern in einen Ausschuss. Zwar wurde vermieden, das ISMT in der IT-Abteilung anzusiedeln, jedoch geht aus dem Artikel nicht hervor, welche Aufgaben, Kompetenzen, und Ressourcen das ISMT hat. Es setzt sich im Normalfall aus dem ISB, dem Datenschutzbeauftragten und dem IT-Sicherheitsbeauftragten zusammen. Zudem können neu geschaffene Datenschutz- und Informationssicherheitskoordinatoren der Fakultäten und Institute hinzugezogen werden.

Einer beispielhaften Bewertung der Maßnahmen steht ein Mangel konkreter Informationen entgegen. Auf Basis der 4C können jedoch Punkte identifiziert werden, die nach Konflikttheorie kritisch sind.

- *Culture* – der Beitrag bezieht sich explizit auf die Aufbauorganisation, enthält aber auch Passagen zum Change-Prozess bei der Implementierung. Hier zeigt sich, dass sich die dezentrale, nicht streng hierarchische Organisation von Hochschulen abbildet. Eine hochschulweite Informationssicherheitskultur sowie Zusammenarbeit mit dem ISB ist nicht vorgesehen, sondern erfolgt jeweils über die Beauftragten der dezentralen Einheiten, sowie durch Kommunikationsmaßnahmen des ISB. Es ist fraglich, wie hier eine Verantwortungsübernahme und eine offene und ehrliche Kommunikation über Sicherheitsvorfälle funktioniert. Dies gilt umso mehr, als dass die dezentralen Koordinatoren verschiedene, nicht vertrauensbildende Rollen einnehmen und so eine offene Kommu-

nikation behindern können. Die unterstützende Natur muss voll im Vordergrund stehen, sowohl als Datenschutz- als auch als Informationssicherheitskoordinator (DISK).
- *Command and Control* – Anders als hier und vom BSI vorgeschlagen, ist der ISB nicht direkt an die oberste Managementebene angebunden. Es kann durch das zwischengeschaltete Gremium zu „Torwächter"- oder „Stille Post"-Problemen kommen, sodass kein organisationsweites Lagebild entsteht und Maßnahmen nicht koordiniert werden können. Auch die unklare Rolle des Informationssicherheitsteams sollte dahingehend hinterfragt werden, ob es die vorbeugende Planung, sowie die Unterstützung in den dezentralen Einrichtungen im Falle eines Angriffs leisten kann.
- *Communication* – Informationssicherheitsprobleme werden von den dezentralen Einheiten (Institute und Fakultäten) dem lokalen DISK gemeldet. Es sollte noch klar geregelt sein, wie Berichte über Vorfälle gesammelt und bewertet werden. Da die HAW zwei räumlich getrennte Standorte hat, sollte auch hier sichergestellt sein, dass eine Kommunikation aufrechterhalten werden kann.

Es zeigt sich, dass die aus der Konflikttheorie abgeleiteten Maßnahmen deutliche Überschneidungen mit den BSI-Empfehlungen aufweisen und keine Widersprüche entstehen.

6 Zusammenfassung & Diskussion

Es konnte gezeigt werden, dass die Übertragung von Theorien der Konfliktforschung auf IT-Angriffe möglich ist und dass die resultierende Analogie nicht im Widerspruch zu Erkenntnissen der IT-Sicherheitsforschung steht. Durch den Fokus der Perspektive auf Menschen und Organisationen kann das mentale Modell zur IT-Sicherheit sinnvoll erweitert werden. Der besondere Wert liegt dabei darin, dass die Konfliktforschung weitere Handlungsfelder zur Steigerung der IT-Sicherheit eröffnet, die durch individuelle Schulungen und organisatorische Maßnahmen erschlossen werden können.

Dabei konnte dieser Beitrag zeigen, dass es beim Analogieschluss nicht zu offensichtlichen Fehlschlüssen kommt. An einem Fallbeispiel konnte gezeigt werden, dass auch konkrete Maßnahmen durch diese Perspektive erfasst werden und es keinen Widerspruch zu Empfehlungen und Bewertungen des BSI gibt.

Dieser Beitrag bietet jedoch keinen logisch eindeutigen Nachweis, dass alle Schlüsse aus der Konflikttheorie übertragbar sind. Dies bleibt künftiger Forschung vorbehalten. Ein Nachweis zur Effektivität und Effizienz einzelner Maßnahmen wurde ebenfalls nicht geführt. Dies steht einer Umsetzung in der Praxis entgegen, da genaue Effekte, Opportunitätskosten und komparative Vorteile nicht abgeleitet wurden. Allerdings lassen sich auf der Grundlage dieses Beitrags verifizierbare Hypothesen und Experimente ableiten.

Literaturverzeichnis

[Aren11] ARENDT, HANNAH: *Über die Revolution*. 1. Aufl. München, Deutschland: Piper Taschenbuch, 2011

[ArHF17] ARUNRAJ, NARI S.; HABLE, ROBERT ; FERNANDES, MICHAEL: Comparison of Supervised, Semi-supervised and Unsupervised Learning Methods in Network Intrusion Detection

System (NIDS) Application. In: *Anwendungen und Konzepte der Wirtschaftsinformatik* (2017), Nr. 6

[BoRi00] BOYD, JOHN R ; RICHARDS, GINGER: The Strategic Game of ? and ?

[Boyd05] BOYD, JOHN R: Organic Design for Command and Control.

[Boyd18] BOYD, JOHN: A Discourse on Winning and Losing.

[Boyd86] BOYD, JOHN: Patterns of Conflict.

[Boyd96] BOYD, JOHN R: The Essence of Winning and Losing. In: RICHARDS, C. ; SPINNEY, C. (Hrsg.) (1996), S. 6

[BrJE16] BROMANDER, SIRI ; JØSANG, AUDUN ; EIAN, MARTIN: Semantic Cyberthreat Modelling. In: . Fairfax, Virginia, 2016, S. 5

[Bund17] BUNDESAMT FÜR SICHERHEIT IN DER INFORMATIONSTECHNIK: BSI-Standard 200-2 - IT-Grundschutz-Methodik (2017)

[Clau91] CLAUSEWITZ, CARL VON: *Vom Kriege*. 19. Aufl. Bonn : Dümmler, 1991

[Corm18] CORMIER, YOURI: *Cybersecurity as Attack-Defense: What the French Election Taught Us About Fighting Back*. URL https://thestrategybridge.org/the-bridge/2018/9/12/cybersecurity-as-attack-defense-what-the-french-election-taught-us-about-fighting-back. — The Strategy Bridge

[DoRö15] DORRHAUER, CARSTEN ; RÖCKLE, HAIO: Information Security Modelling mit Methoden objektorientierter Analyse und objektorientierten Designs. In: *Prozesse, Technologie, Anwendung, Systeme und Management*. Luzern : mana-Buch, Heide, 2015, S. 273–279

[Farq12] FARQUHAR, IAN: *Engineering Security Solutions at Layer 8 and Above « Speaking of Security – The RSA Blog and Podcast*. URL https://web.archive.org/web/20120708004413/http://blogs.rsa.com/curry/engineering-security-solutions-at-layer-8-and-above. - abgerufen am 2020-02-18

[Frie20] FRIEDMAN, B. A.: *Reviewing The Russian Understanding of War*. URL https://thestrategybridge.org/the-bridge/2020/3/24/reviewing-the-russian-understanding-of-war. - abgerufen am 2020-03-26. — The Strategy Bridge

[Haye06] HAYEK, FRIEDRICH A.: *Die sensorische Ordnung. Eine untersuchung auf der Grundlage theoretischer Psychologie* : Mohr Siebeck, 2006

[Haye60] HAYEK, FRIEDRICH A.: *The constitution of liberty*. Chicago : University of Chicago Press, 1960

[Haye73] HAYEK, FRIEDRICH A.: *Law, Legislation and Liberty, vol. 1: Rules and Order*. Bd. 1 v. 3. Chicago : University of Chicago Press, 1973

[Iso94] ISO: ISO/IEC 7498-1:1994-11 - Information technology — Open Systems Interconnection — Basic Reference Model: The Basic Model, Beuth (1994)

[Jons19] JONSSON, OSCAR: *The Russian Understanding of War - Blurring the Lines Between War and Peace*. 1. Aufl. Washington, D.C. : Geogetown University Press, 2019

[Köhl20] KÖHLER, KLEMENS: A conflict theory perspective of IT attacks - consequences for IT security education.

[KoRK19] KORZENDÖRFER, PHILIPP ; RITZ, HARALD ; KAMMER, FRANK: *Implementierung eines Scoringverfahrens zur Bewertung der gegenwärtigen IT-Sicherheitslage im Unternehmen*. Gießen, Technische Hochschule Mittelhessen, Bachelorarbeit, 2019

[MoKW19] MOLL, FLORIAN ; KÖHLER, KLEMENS ; WOLF, MARTIN R.: Konzeption von IT-Sicherheitslösungen unter ethischen Gesichtspunkten am Beispiel einer Monitoring-App für mobile Endgeräte. In: *Angewandte Forschung in der Wirtschaftsinformatik 2019*. Aachen : mana Buch, 2019, S. 61–73

[NoWW09] NORTH, DOUGLASS C. ; WALLIS, JOHN J. ; WEINGAST, BARRY R.: *Violence and Social Orders - A conceptual framework for interpreting recorded human history*. 7. Aufl. Cambridge, UK : Cambridge University Press, 2009

[Osin07] OSINGA, FRANS P.B.: *Science, Strategy and War - The strategic theory of John Boyd, Strategy and History*. London : Routledge, 2007 — ISBN 978-0-415-37013-2

[Rigg16] RIGGERT, WOLFGANG: Layer2-Security. In: *Prozesse, Technologie, Anwendung, Systeme und Management*. Brandenburg : mana-Buch, Heide, 2016, S. 235–243

[RöTD17] RÖCKLE, HAIO ; THOMÉ, FRANK ; DORRHAUER, CARSTEN: Sicherheitsüberlegungen für spezielle Einsatzbereiche des Internet of Things. In: *Prozesse, Technologie, Anwendung, Systeme und Management*. Aschaffenburg : mana-Buch, Heide, 2017, S. 174–183

[Schm17] SCHMITT, M. (Hrsg.): *Tallinn Manual 2.0 - on the international Law applicable to Cyber Operations*. 2. Cambridge, UK : Cambridge University Press, 2017. S.539 Cyberspace: „The environment formed by physical and non-physical components to store, modify, and exchange data using computer networks."

[Smit08] SMITH, VERNON L.: *Rationality in Economics. Constructivist and Ecological Forms*. Cambridgc : Cambridge University Press, 2008

[WeSS19] WEBER, KRISTIN ; SAUERESSIG, GABRIELE ; SCHÜTZ, ANDREAS E.: Informationssicherheit und Datenschutz an Hochschulen organisieren. In: *Angewandte Forschung in der Wirtschaftsinformatik 2019*. Aachen : mana-Buch, Heide, 2019, S. 51–60

Kontakt

Klemens Köhler
Fachhochschule Aachen
Eupener Straße 70, 52066 Aachen
T +49 241 6009 52239, k.koehler@fh-aachen.de

Prof. Dr. Martin R. Wolf
Fachhochschule Aachen
Eupener Straße 70, 52066 Aachen
T: +49 241 6009 52171, m.wolf@fh-aachen.de

Anforderungen an die IT-Dokumentation aus Sicht von Informationssicherheit und Datenschutz

Kristin Weber, David Veit, Andreas Johannsen

Zusammenfassung

Informationssicherheit und Datenschutz fußen auf einer ausreichenden IT-Dokumentation, und fordern diese daher auch. IT-Dokumentation erfährt jedoch in der Praxis, oft aufgrund fehlender Priorisierung oder Ressourcen, zu wenig Aufmerksamkeit. Der vorliegende Beitrag leitet technische, organisatorische und gesetzliche Anforderungen an die IT-Dokumentation aus Sicht von Informationssicherheit und Datenschutz ab, indem relevante Gesetze, Informationssicherheitsansätze und sechs Interviews relevanter Stakeholder zweier Hochschulen für angewandte Wissenschaften ausgewertet wurden. Es wurden über 50 funktionale Anforderungen gefunden, die den drei Kategorien Dokumentationsinhalt, Aufgabenunterstützung und Tools / Schnittstellen zugeordnet wurden. Im Ergebnis entstand ein umfangreicher Anforderungskatalog, der bei der Planung und Initiierung von Projekten zum Datenschutz und zur Informationssicherheit, aber auch generell bei der Steuerung moderner IT-Infrastrukturen deutscher Hochschulen hilfreich sein kann.

1 Einleitung und Motivation

Datenschutz und Informationssicherheit sind Themen, die aufgrund gesetzlicher Anforderungen und einer steigenden Bedrohungslage derzeit stark diskutiert werden. Sie überschneiden sich inhaltlich stark, wenn technische und organisatorische Maßnahmen der Informationssicherheit zum Schutz personenbezogener Daten eingesetzt werden. Aus Gründen der Effizienz ist es daher sinnvoll, die Themen gemeinsam zu betrachten und zu steuern.
Um die Anforderungen des Datenschutzes, insbesondere durch die Datenschutzgrundverordnung (DSGVO), zu erfüllen und sensible Informationen und Informationsinfrastrukturen zu schützen, führen Organisationen Informationssicherheitsmanagementsysteme (ISMS) ein. Eine Anforderung von ISMS und auch aus dem Datenschutz ist, für ausreichende IT-Dokumentation zu sorgen. Zu dokumentieren sind u. a. das Verzeichnis der Verarbeitungstätigkeiten (VVT), Datenschutzpannen, technische und organisatorische Maßnahmen, Datenschutzfolgenabschätzungen (DSFA), Sicherheitsvorfälle oder IT-Serviceprozesse. Eine IT-Dokumentation ist unter Risikomanagementaspekten als Startpunkt für die Durchführung von Maßnahmen zum Datenschutz und zur Informationssicherheit zu betrachten [Nist12]. Das Dokumentationsmanagement gilt sogar als Erfolgsfaktor für ein effektives Informationssicherheitsmanagement [Reis15]. So bildet eine vollständige Systemdokumentation beispielsweise die Grundlage der IT-Notfalldokumentation [Bsi08, S.11, ReRe16, S.245]. Es kann schließlich nur das wiederhergestellt werden, was auch bekannt ist. IT-Dokumentation ist nicht nur notwendig, sondern unterstützt auch Planungen und Weiterentwicklungen, indem bspw. Kennzahlen erhoben und abgeleitet werden können.

Ziel des Beitrags ist es, technische, organisatorische und gesetzliche Anforderungen an die IT-Dokumentation aus den Bereichen Informationssicherheit und Datenschutz darzustellen. Die Anforderungen wurden zunächst durch die Auswertung relevanter Gesetze (DSGVO, Bundesdatenschutzgesetz) und aus den Forderungen von ISMS abgeleitet (exemplarisch anhand ISIS12). Ergänzt wurden die Anforderungen durch Interviews mit Stakeholdern (IT, Beauftragte für Informationssicherheit und Datenschutz) zweier deutscher Hochschulen für angewandte Wissenschaften (HAW). Die Anforderungen sind aber auch auf andere Hochschulen und Organisationen übertragbar. Sie dienen als erste Sammlung für Unternehmen (speziell kleine und mittlere Unternehmen) und Behörden, die aktuell auf der Suche nach Toolunterstützung für die IT-Dokumentation sind. Die Anforderungen können zur Identifikation von Handlungsbedarfen, zur Bewertung und zur Auswahl von Tools und Einführungsansätzen herangezogen werden.

Der Beitrag führt zunächst in die IT-Dokumentation aus Sicht von Informationssicherheit und Datenschutz ein. Im Anschluss wird das Vorgehen zur Erhebung der Anforderungen beschrieben. Kapitel 4 beschreibt als Ergebnis der Untersuchung den Anforderungskatalog bestehend aus drei Kategorien. Das abschließende Kapitel diskutiert und bewertet das Ergebnis und gibt Hinweise für die Verwendung des entstandenen Katalogs.

2 Grundlagen

2.1 IT-Dokumentation

Mit der steigenden Abhängigkeit von der IT steigen auch die Anforderungen an rechtliche Nachweispflichten, an die Dokumentation von Veränderungen von Prozessen oder Systemlandschaften. ITIL als der weltweit am stärksten verbreitete IT-Servicemanagementansatz erfordert und beschreibt umfangreiche Sets an Dokumenten in nahezu allen Bereichen und Phasen des IT-Betriebs [Axel19, PfJe16]. Eine große Herausforderung beim Einsatz innovativer Technologien oder dem Betrieb von IT-Anlagen ist es, auch bei komplexen Prozessen und Infrastrukturen den Überblick über die genutzten Systeme, Dokumente, Anforderungen, Geschäftsprozesse, Abläufe, Fehler, sonstige Ressourcen und Risiken zu bewahren. Ein planvolles und kontrolliertes Handeln ist nur auf Basis dieser Informationen möglich [Reis18, S.2].

Der Standard ISO 27000 zur Informationssicherheit definiert „dokumentierte Informationen" als „Information, die von einer Organisation (…) gelenkt und aufrechterhalten werden muss, und das Medium, auf dem sie enthalten ist. (…) Dokumentierte Information kann in jeglichem Format oder Medium vorliegen, sowie aus jeglicher Quelle stammen." [Din17, S.11]. IT-Dokumentation muss alle Aufgabenbereiche einer IT-Organisation unterstützen und Information zielgruppenorientiert bereitstellen [Reis18, S.55]. Zielgruppe der IT-Dokumentation zu Informationssicherheit und Datenschutz sind bspw. Informationssicherheitsbeauftragte (ISB) und Datenschutzbeauftragte (DSB).

Welcher Teil der IT-Dokumentation für eine Organisation in welcher Ausführlichkeit notwendig ist, ist individuell und hängt von organisationsinternen und -externen Rahmenbedingungen und den Sicherheitsanforderungen ab. Die IT-Dokumentation besteht nach Reiss und Reiss [ReRe16] aus vier Teilen (vgl. Abbildung 1).

Abbildung 1: Teilbereiche der IT-Dokumentation (eigene Darstellung, in Anlehnung an [ReRe16, S.73ff])

Zur *Betriebsdokumentation* gehören alle Dokumente über Aufgaben des operativen IT-Betriebs, also z. B. Dokumente, die zur Instandhaltung und zur Fehlerbehebung benötigt werden. Hierunter fallen Dokumente zur Gewährleistung von Datenschutz und Informationssicherheit. Die Dokumentation zu *Business Continuity Management* (BCM) beschreibt, was im Falle eines definierten Notfalls zu tun ist, um Schaden von der Organisation abzuwenden und Maßnahmen, um schnell aus dem Notfallbetrieb wieder in den Normalbetrieb zu wechseln [FaBe18, S.211, ReRe16, S.245]. Die *Projektdokumentation* umfasst alle Dokumente, die im Rahmen von Projekten erstellt werden, z. B. Planungsdokumente und die Ergebnisdokumentation. *Rahmendokumente* bezeichnen Dokumente, die unternehmensweit gültige Vorgaben machen. Hierunter fallen z. B. die Leitlinie für Informationssicherheit und eine Dokumentationsrichtlinie.

Dieser Beitrag bezieht sich im Wesentlichen auf Inhalte der Betriebsdokumentation, insbesondere der Datenschutz- und Informationssicherheitsdokumentation, sowie der BCM-Dokumentation, da diese Inhalte im Kontext der Einführung von ISMS sowie der DSGVO am relevantesten und nutzbringendsten sind. Zudem sind diese ständig vom eigenen Fachbereichs- und Verwaltungspersonal von HAW zu leisten, während Projektdokumentationen nicht selten von externen Dienstleistern zu erstellen sind. Rahmendokumente sind über längere Zeit stabil und geben zwar Anforderungen an die Dokumentation von Datenschutz und Informationssicherheit, sind aber selbst aus Sicht des IT-Betriebs und der operativen Gewährleistung von Datenschutz und Informationssicherheit weniger relevant.

2.2 Dokumentation der Informationssicherheit

Informationssicherheitsmanagementsysteme (ISMS) verwalten, steuern und lenken Ressourcen, die im Zusammenhang mit Informationssicherheit und der Wahrung ihrer Schutzziele stehen [Din17, S.22]. Die drei wesentlichen Schutzziele der Informationssicherheit sind Vertraulichkeit, Integrität und Verfügbarkeit [Ecke18, S.7ff, FGGK14].

IT-Dokumentation leistet einen Beitrag zur Wahrung der Schutzziele [Reis15]. Sind IT-Systeme und ihre Abhängigkeiten untereinander dokumentiert, ist bspw. bei Ausfällen eine effizientere Fehlerbehebung möglich (Verfügbarkeit). Die Dokumentation von Vertraulichkeitsstufen von Informationen hilft Zugriffsrechte und passende Sicherheitsmaßnahmen zu definieren. Durch Dokumentation von Zugriffsrechten, Berechtigungen und Zugriffen wiederum, können Maßnahmen zur Sicherung der Integrität definiert werden.

Ein ISMS gibt ein methodisches Vorgehen vor, welches häufig dem PDCA-Zyklus (Plan, Do, Check, Act) folgt [vgl. Klip15, S.27f]. Die Phasen Planen, Tun, Überprüfen und Handeln werden wiederholt durchlaufen, um das ISMS kontinuierlich zu verbessern, auf aktuelle Bedrohungen zu reagieren und neue Anforderungen umzusetzen. Standards und Frameworks, wie die ISO/IEC 27000er Standards [Din17] und der IT-Grundschutz des Bundesamtes für Sicherheit in der Informationstechnik [Bsi17], helfen Organisationen beim Aufbau und der Umsetzung eines ISMS.

ISIS12 (Informationssicherheitsmanagementsystem in 12 Schritten) ist ein speziell für kleine und mittlere Unternehmen (KMU) sowie für die öffentliche Verwaltung angepasstes, leichtgewichtiges ISMS-Framework [Baye18]. Es definiert die Konzeption und Umsetzung eines ISMS in 12 Schritten. ISIS12 orientiert sich an den Vorgaben der ISO/IEC 27000er Serie und den BSI-IT-Grundschutzmaßnahmen.

Schritt 4 bei ISIS12 „IT-Dokumentation erstellen" ist besonders relevant für die Ableitung von Anforderungen an die IT-Dokumentation. Der Ablauf lässt sich grob wie folgt zusammenfassen [Baye18, S.22ff]:
1. Einheitliche Struktur von IT-Dokumenten und Verantwortliche festlegen
2. Rahmendokumente erstellen, z. B. Leitlinie für Informationssicherheit, Organigramme, Namenskonventionen, IT-Kompetenzmatrix, Dokumentationsrichtlinie, Dokumentationsverfahren
3. IT-Betriebshandbuch erstellen, inkl. Systemdokumentation
4. IT-Notfallhandbuch erstellen
5. Revisionstermine festlegen

Reiss [Reis18, S.67] nennt als Dokumente zum Thema IT-Sicherheit in Anlehnung an ITIL u. a. IT-Sicherheitsrichtlinie, Datenschutzrichtlinie, Sicherheitsorganisation, Verfahren zum Umgang mit Sicherheitsvorfällen, weitere Sicherheitsrichtlinien, Sensibilisierungskonzept, durchgeführte Sicherheitsmaßnahmen, Liste bekannter Sicherheitslücken, Testpläne, Testprotokolle und Sicherheitsbericht. Der Bereich Datenschutz wird hier als Teil der IT-Sicherheit verstanden.

2.3 Anforderungen aus dem Datenschutz

Datenschutz hat das Ziel, natürliche Personen bei der Verarbeitung ihrer personenbezogenen Daten zu schützen. Der Datenschutz ist stärker reguliert als die Informationssicherheit. In Deutschland relevante Gesetze sind neben der europäischen DSGVO, das Bundesdatenschutzgesetz (BDSG) und die jeweiligen Landesdatenschutzgesetze.[6]

Dokumentations- und Nachweispflichten gehen im Datenschutz zum Teil aus den Gesetzen hervor. Art. 26 DSGVO fordert zum Beispiel die Weisungen eines Auftraggebers an einen Auftragsnehmer in einem Auftragsverarbeitungsvertrag (AV-Vertrag) zu dokumentieren. Auch die vorhandenen technischen und organisatorischen Maßnahmen zum Schutz personenbezogener Daten müssen dokumentiert werden (BDSG Art. 64, DSGVO Art. 32). Die Einwilligung von Betroffenen zur Verarbeitung ihrer Daten zu definierten Zwecken muss ebenfalls nachweisbar sein (DSGVO Art. 7). Der Datenschutz verlangt das Führen von Verzeichnissen von Verarbeitungstätigkeiten (DSGVO Art. 30). Zur Erstellung dieser Verzeichnisse sind viele Informationen nötig, die bei strukturierter IT-Dokumentation einfacher zu akquirieren sind. Für Verarbeitungen, die für die Betroffenen voraussichtlich ein besonders hohes Risiko haben, sind Datenschutzfolgeabschätzungen durchzuführen und zu dokumentieren (DSGVO Art. 35).

---

[6] Auf eine separate Betrachtung der Landesdatenschutzgesetze wird im Folgenden verzichtet, da deren Regelungen auf dem benötigten Abstraktionsniveau deckungsgleich zu BDSG bzw. DSGVO sind.

3 Methodik und Vorgehen

Die Anforderungen an die IT-Dokumentation in den Bereichen Informationssicherheit und Datenschutz sollen Organisationen letztendlich helfen, den Handlungsbedarf abzuschätzen und ein passendes Tool auszuwählen. Die Anforderungen dienen als Kriterien für die Bewertung einer Software für das Dokumentationsmanagement.

Anforderungen sind funktional oder nichtfunktional [Balz09, S.456ff]. Funktionale Anforderungen beschreiben die bereitzustellende Funktionalität einer Software. Nicht-funktionale Anforderungen sind Aspekte einer Software, welche die funktionalen Anforderungen beeinflussen können, wie Genauigkeit, Verfügbarkeit, Internationalisierung, Zuverlässigkeit und Herstellersupport. Die folgende Untersuchung konzentriert sich auf die funktionalen Anforderungen, d. h. auf die Anforderungen, die speziell für die Unterstützung der IT-Dokumentation im Bereich Informationssicherheit und Datenschutz relevant sind.

Um objektive Anforderungen an ein IT-Dokumentationstool zu erheben, wurde der vierte Schritt von ISIS12 [Baye18] eingehend analysiert. Die Datenschutzanforderungen wurden durch Analyse der DSGVO aufgenommen. Zudem wurden exemplarisch die für bayerische Hochschulen bzw. Verwaltungen relevanten Gesetze gesichtet: Bayerische E-Government Gesetz (BayEGovG), Bayerische Hochschulgesetz (BayHSG), Bayerische Haushaltsordnung (BayHO) und Verwaltungsvorschriften zur BayHO (VV-BayHO). Diese Anforderungen wurden mit den potentiellen Nutzern eines IT-Dokumentationstools an zwei HAWs in mehreren Interviews diskutiert und darüber hinaus deren subjektive Anforderungen ergänzt. Tab. 1 gibt einen Überblick über die Rollen der befragten Personen. Die Interviews an der bayerischen HAW (Kürzel BY) fanden Mitte 2018 statt, die an der brandenburgischen HAW (Kürzel BB) Anfang 2020.

Nr.	Interviewte Rollen	Dauer
G1	BY: Informationssicherheitsbeauftragter (Professor), Leiter und Mitarbeiter IT	2 h
G2	BY: Datenschutzbeauftragter (Professor)	1 h
G3	BY: Chief Information Officer (Professor, Mitglied der Hochschulleitung)	1 h
G4	BB: Datenschutzbeauftragter (Professor)	2 h
G5	BB: Leiter Rechenzentrum	2 h
G6	BB: Digitalisierungsbeauftragter, Vorsitzender d. IT-Kommission	2 h

Tab. 1: Interviewteilnehmer der Studie

In den Gruppen- oder Einzelinterviews wurden die ersten Anforderungen präsentiert. Um die Interviews nachzuvollziehen, wurden Interviewleitfäden erstellt und den Gesprächspartnern vor den Interviews übersandt. Die Gespräche wurden aufgezeichnet und protokolliert. Die Aufnahmen wurden im Anschluss transkribiert und den Teilnehmern zur Prüfung der Angaben übersandt.

Die erhobenen Anforderungen wurden in einem Anforderungskatalog zusammengefasst, welchen Kapitel 4 vorstellt. Der Katalog ist in drei Blöcke aufgeteilt. Der erste Block zeigt Anforderungen an den Dokumentationsinhalt, der zweite Block zeigt Anforderungen hinsichtlich Aufgabenunterstützung und der dritte Block Anforderungen an die Integration zu anderen Werkzeugen. Der Katalog zeigt die Anforderungen sowie deren Ursprung aus den jeweiligen Gesetzen, Interviews (gekennzeichnet durch Kürzel, vgl. Tab. 1) und/oder ISIS12. Die bayerische Hochschule führte im Zuge der Umsetzung des Bayerischen E-Government Gesetzes (BayEGovG) ein Projekt zur Konzeption und Einführung eines ISMS durch. Im

Rahmen dieses Projektes sollte auch eine Evaluation von Tools zur IT-Dokumentation durchgeführt werden. Im Zuge dessen fand die initiale Erhebung der Anforderungen statt.

Die brandenburgische Hochschule steht noch vor einem Projekt zur Einführung eines ISMS, hat jedoch bereits eine IT-Kommission als Beratungsgremium zur hochschulweiten Entscheidungsvorbereitung für Digitalisierungsfragen eingerichtet. Daneben wurde ein Professor als Digitalisierungsbeauftragter mit hochschulweiter Steuerungskompetenz von IT- und Digitalisierungsmaßnahmen bestellt. Ein Projekt zur Einführung eines ISMS- oder eines IT-Dokumentationswerkzeugs ist aber noch nicht in Planung.

4 Anforderungskatalog

4.1 Ist-Situation der IT-Dokumentation

Anforderungen an die IT-Dokumentation sollten an der Realität in den Unternehmen und Verwaltungen ansetzen. Der Ist-Stand der IT-Dokumentation ist nicht nur in den beiden befragten HAW lückenhaft. Nach einer Studie des IT-Service Management Forum wurden die IT-Infrastrukturen bei 50 % der befragten Unternehmen ohne Dokumentationsmethodik verwaltet [Kirs17]. Reiss [Reis18, S.3] konstatiert massive IT-Dokumentationslücken, da das Management diese Aufgabe oft den verantwortlichen IT-Mitarbeitern selbst überlässt.

In der befragten bayerischen Hochschule fehlen organisatorische Richtlinien und Ressourcen für die Erstellung und Aufrechterhaltung der IT-Dokumentation. Die Dokumentation wird vielmehr individuell, dezentral und pragmatisch durchgeführt. Eine ganzheitliche Betrachtung der IT-Dokumentation fehlt, ebenso Vorlagen und Freigabeprozesse. Es gibt zwar IT-Dokumentationstools, aber keine Tools zur Nutzung im Sinne eines ISMS-Ansatzes. Auch in der befragten brandenburgischen Hochschule liegt keine ausreichende IT-Dokumentation oder allgemein beachtete Dokumentationsstandards vor, weder in Projekten noch im IT-Betrieb. Die Dokumentation wird hier ebenfalls individuell durchgeführt. Die Mehrzahl der IT-Dokumentationsdokumente ist nicht aktuell.

Die Lücke zwischen steigenden Dokumentationsanforderungen aufgrund fortschreitender Digitalisierung und damit zusammenhängend kontinuierlichem Ausbau des IT-Servicemanagements einerseits als auch Compliance- und Datenschutzvorgaben andererseits wurde von den Verantwortlichen beider Hochschulen beklagt. Diese Befunde sind in der privaten Wirtschaft ähnlich. Gemäß einer Bitkom-Studie zur Umsetzung der DSGVO klagen 97 % der befragten Unternehmen über den zu hohen Aufwand bei der Erfüllung der Dokumentationspflichten [DeKe19].

4.2 Inhaltliche Anforderungen

Die inhaltlichen Anforderungen zeigen, welche Informationen, Daten bzw. Dokumente zu den in der Organisation vorhandenen Informationssystemen aus Sicht von Informationssicherheit und Datenschutz dokumentiert werden sollen. Ein IT-Dokumentationstool muss in der Lage sein, die gewünschten Informationen zu erfassen, darzustellen, zu durchsuchen und nach verschiedenen Kriterien auszuwerten. Zum einen sind es Stammdaten (z.B. Beschreibung, Anschaffungskosten, Konfigurationsdaten) und zum anderen sind es Bewegungsdaten (z.B. geplante Sicherheitsprüfungen und vorgefallene Störfälle) [vgl. KlWe20]. Zum Aufzeigen von Abhängigkeiten ist es hilfreich, wenn das Tool zudem übergreifende Daten verwaltet, wie bspw. Organigramme, Netzpläne und Prozesslandkarten.

Nr.	Anforderung	Ursprung
Dokumentation pro Informationssystem (Stammdaten)		
I1	Allgemeine Systembeschreibung, z. B. Art der verarbeiteten Daten	ISIS12
I2	Betriebswirtschaftliche Kennzahlen, z. B. Anschaffungskosten, geplante Betriebskosten (z. B. laufende Kosten aus Serviceverträgen)	VV-BayHO Art.73, G1, G3, G5, G6
I3	Ansprechpartner, Zuständigkeiten und Verantwortlichkeiten	ISIS12, G4
I4	Standort, z. B. Raumnummer	VV-BayHO Art.73
I5	Sonstige Configuration Management Database (CMDB) Daten, z. B. Hardware, Betriebssystem, Konfiguration, Auslastung Speicherplatz, installierte Software	ISIS12, G1, G3, G5
I6	Grafiken, CAD-Dateien, z. B zur Visualisierung des Systemaufbaus	G1, G5
I7	Service Level Agreements und Hersteller-Supportinformationen	ISIS12
I8	Klassifizierung zur Ableitung von Schutzbedarf und Risiko, ggf. Bedrohungen, DSFA	G1, G2, G4, G5
I9	Technische und organisatorische Sicherheitsmaßnahmen, z. B. Datensicherung, Verschlüsselung	ISIS12, DSGVO Art. 32, G4, G5
I10	Weitere Mindestanforderungen für VVT, z. B. Zweck der Verarbeitung, betroffene Personengruppen	DSGVO Art. 30
I11	Automatische Löschfristen, z. B. für personenbezogene Daten nach Wegfall des Verarbeitungszwecks	DSGVO Art. 5, Art. 17, G4
I12	Berechtigungskonzept	ISIS12, G2, G4
I13	Abhängigkeiten zu anderen Informationssystemen, zu IT-Services und Geschäftsprozessen, Schnittstellen	ISIS12, G1, G3, G5, G6
Dokumentation pro Informationssystem (Bewegungsdaten)		
I14	Geplante und durchgeführte Wartungsarbeiten (z. B. Einspielen von Patches, Updates)	ISIS12
I15	Geplante und durchgeführte Informationssicherheitsschulungen	G5
I16	Geplante und durchgeführte Sicherheitsprüfungen, Revision, z. B. Penetrationstests	G5, ISIS12
I17	Ergebnis von Sicherheitsprüfungen	G5
I18	Vorgefallene Not- und Störfälle, inkl. deren Behandlung	ISIS12, G1, G2, G5
Allgemeine Dokumentation		
I19	IT-Servicekatalog und IT-Prozesslandkarte zur Darstellung von Abhängigkeiten, z. B. bei Störfällen	G3, G6
I20	Organigramm, z. B. zur Darstellung von Verantwortlichkeiten, Eskalationswegen	ISIS12

I21	Grafiken zur Visualisierung der Abhängigkeiten, z. B. Netzpläne	G1
I22	Raumpläne, inkl. physische Zugangsberechtigung und Schlüsselverwaltung	G5

Tab. 2: Erhobene inhaltliche Anforderungen

4.3 Anforderungen an Aufgabenunterstützung

Welche Unterstützung sich die Verantwortlichen für Informationssicherheit und Datenschutz bei ihren Aufgaben und durchzuführenden Prozessen von einem IT-Dokumentationstool wünschen, zeigen die Anforderungen dieser Kategorie.

Nr.	Anforderung	Ursprung
A1	Automatische Inventarisierung von Informationssystemen durchführen	ISIS12, VV-BayHO Art. 73, G1, G5
A2	Gemeinsame Datenbasis für Informationssicherheit und Datenschutz bereitstellen, damit Inhalte für ähnliche Aufgaben genutzt werden können, z. B. Dokumentation von Sicherheitsmaßnahmen, Risikobewertung	G2, G3, G4
A3	IT-Controlling / Berichtswesen unterstützen, z. B. Auswertung von Sicherheitsvorfällen, Wirtschaftlichkeitsberechnungen	G6
A4	Erstellen eines IT-Betriebshandbuchs unterstützen	ISIS12, G1, G5
A5	Erstellen eines IT-Notfallhandbuchs unterstützen	ISIS12, G1, G5
A6	Vorgehen Einführung ISMS (z. B. nach ISIS12, IT-Grundschutz, ISO27001) unterstützen und dokumentieren	G1, G5
A7	Mapping von empfohlenen Sicherheitsmaßnahmen (z. B. aus BSI IT-Grundschutz Kompendium, ISIS12 Katalog) zu Informationssystemen unterstützen	G1, G5
A8	Risikomanagement unterstützen und abbilden, z. B. Ableitung des Schutzbedarfs aus der Risikobewertung, Zuordnung von Maßnahmen zu Risiken	G1, G2, G5
A9	VVT durchsuchen, z. B. bei Anfragen von Betroffenen	G2
A10	Checklisten, (Muster-)Formulare, Dokumentenvorlagen, Mustertexte bereitstellen, z. B. Arbeitshilfen aus dem Datenschutz, Checkliste für DSFA	G1, G2, ISIS12
A11	Formular zur strukturierten Erfassung der Inhalte für das VVT bereitstellen	G2
A12	Formulare zur automatischen Erstellung von Einwilligungen und Datenschutzerklärungen aus dem VVT generieren	G4
A13	Kategorisierung von Dokumenten unterstützen (z. B. Vertraulichkeit)	ISIS12, G4
A14	Dokumente versionieren und Änderungen dokumentieren (z. B. VT, AV-Vertrag)	ISIS12, DSGVO Art. 5, G2, G5

Tab. 3: Erhobene Anforderungen an Aufgabenunterstützung

4.4 Anforderungen an Werkzeuge und Schnittstellen

Nicht alle der in Abschnitt 4.2 genannten Inhalte müssen zwingend direkt im IT-Dokumentationstool vorgehalten werden. Wichtig ist vielmehr, dass die Nutzer des Tools von einer

Stelle aus zeitnah auf aktuelle Inhalte zugreifen können. Die Inhalte selbst können auch in anderen administrativen Informationssystemen der Organisation vorgehalten und gepflegt werden. Das IT-Dokumentationstool muss vielmehr Schnittstellen für den Datenaustausch mit diesen Systemen bereitstellen. Aber auch die Informationen aus dem Tool selbst sollen einfach exportiert werden können. Zudem gibt es Werkzeuge, die das Tool mitbringen sollte oder die zumindest leicht integrierbar sein sollten.

Nr.	Anforderung	Ursprung
S1	Ticketsystem vor allem für Incident und Problem Management enthalten oder einfach zu integrieren	ISIS12, G1, G5
S2	Workflowmanagement enthalten oder einfach zu integrieren, z. B. zur automatischen Durchführung von Betroffenenanfragen	G1, G2, G4, G5
S3	Grafikeditor enthalten, z. B. zur Erstellung von Netzplänen, Systemabhängigkeiten	G1, G5
S4	CMDB-System vorhanden oder integrierbar	ISIS12, G1, G3, G5
S5	Mobile Device Management verknüpfen	G5
S6	Vertrags- und Lizenzmanagement verknüpfen, z. B. AV-Verträge	G2, G3, G4, G5, G6
S7	Logdaten und Monitoringauswertungen referenzieren	ISIS12, G5
S8	Auf extern verfügbare Checklisten, (Muster-)Formulare, Dokumentenvorlagen, Mustertexte referenzieren	ISIS12, G1, G2
S9	Auf externe Dokumente referenzieren, z. B. Herstellerdokumentation, AGBs	G1, G3
S10	Auf interne Dokumente referenzieren, z. B. Arbeitsanweisungen, Richtlinien	G1, G3
S11	IT-Betriebshandbuch und IT-Notfallhandbuch exportieren	ISIS12, BayEGovG Art.13, G1
S12	Berichte exportieren, z. B. aufgrund von Datenpannen	G2, G3, G5, G6

Tab. 4: Erhobene Anforderungen an Werkzeugunterstützung und Schnittstellen

5 Diskussion und Ausblick

In diesem Beitrag wurden systematisch Anforderungen an die IT-Dokumentation aus den Gebieten Informationssicherheit und Datenschutz erhoben, die in diesem Detaillierungsgrad im deutschsprachigen Raum noch nicht publiziert wurden. Die Anforderungen wurden aus Interviews sowie den wichtigsten auf Hochschulen zutreffenden Gesetzen und Verordnungen abgeleitet. Die Anforderungen sind durch erhöhte Sicherheitsrisiken, aber auch durch die DSGVO, kontinuierlich gewachsen, und werden in naher Zukunft in der Praxis auch in ihrem Umfang voraussichtlich eher zunehmen.

Entstanden ist ein Katalog von Anforderungen an ein Tool, welches für die IT-Dokumentation, speziell zu Zwecken des Datenschutzes und der Informationssicherheit, eingesetzt werden sollte. Die Anforderungen sind vielgestaltig, und wurden daher in drei Blöcke eingeteilt: Dokumentationsinhalt, Aufgabenunterstützung und Tools / Schnittstellen. Aus den Interviews wurde deutlich, dass die Anforderungen beider Hochschulen ähnlich sind. Sie spiegeln allerdings das subjektive Empfinden der befragten Personen und auch deren zum Zeitpunkt der Interviews vorherrschenden Leidensdruck wider. Alle Personen haben bisher nicht oder wenig mit IT-Dokumentationstools gearbeitet. Daher sollte der hier vorgestellte Anforderungskatalog einer Evaluation an anderen Hochschulen unterzogen werden. Idealerweise sollten dabei auch Personen befragt werden, die bereits Erfahrung im Umgang mit derartigen Tools haben.

Aus den Interviews wurde deutlich, dass eine gemeinsame Dokumentation von Informationssicherheit und Datenschutz aufgrund der großen Überschneidungen der geforderten Inhalte sinnvoll ist. Insbesondere der Datenschutz profitiert von einer vollständigen und aktuellen Informationssicherheitsdokumentation. Um bspw. eine Datenschutzfolgenabschätzung (DSGVO Art. 35) durchzuführen, werden Informationen aus dem VVT, aus der Risikobewertung und der getroffenen Sicherheitsmaßnahmen benötigt.

Die einzelnen Anforderungen sollten vor einer Anwendung des Katalogs gewichtet werden (z. B. in Muss- und Kann-Kriterien), um individuellen Rahmenbedingungen gerecht zu werden. Ergänzt werden sollten ebenfalls noch die meist organisationsspezifischen nichtfunktionalen Kriterien, wie Betriebskosten, Skalierbarkeit, Verfügbarkeit oder Betriebsmodell (Cloud / on Premise). In den Interviews wurden z. B. als nichtfunktionale Kriterien genannt: Mandantenfähigkeit, Vorhandensein eines Rollen- und Berechtigungskonzepts sowie die Möglichkeit, unterschiedliche Anforderungen dezentraler Organisationseinheiten (z. B. Fakultäten) zu berücksichtigen.

Der Anforderungskatalog gibt nicht nur Hinweise für die Toolauswahl und -Konfiguration; vielmehr können und sollen die einzelnen Anforderungen Überlegungen für die organisatorische Gestaltung der IT-Dokumentation in den Hochschulen anstoßen und leiten. Der Katalog kann als Ausgangspunkt für die Frage dienen, wie, in welchem Umfang und was genau in Hochschulen dokumentiert werden soll, um daraus zunächst Richtlinien und Verfahrensanweisungen abzuleiten. Zudem sollten fehlende Prozesse zur Überprüfung und Aktualisierung der IT-Dokumentation im laufenden Betrieb identifiziert und eingeführt werden. Der Handlungsbedarf für Projekte zur IT-Dokumentation kann abgeleitet werden.

Anbieter relevanter Softwareprodukte erfahren, welche Anforderungen den potentiellen Kunden wichtig sind. Hierbei kommen unterschiedliche Softwarewerkzeuge in Betracht, denn ein Tool, welches alle obigen Anforderungen voll unterstützen sollte, müsste eine komplette GRC-Software-Suite sein, bestehend mindestens aus den fünf Teilbereichen oder Modulen eines Konfigurationsmanagementsystems (CMDB), eines ISMS, eines BCM-Systems, eines Dokumentenmanagementsystems und eines Datenschutzmanagementsystems. Ein ganzheitliches Architekturmanagement sollte die obigen Anforderungen zum Teil auch bestehenden Systemen in der Organisation zuordnen, um die Anzahl der Systeme und Schnittstellen zu begrenzen.

Als nächster Schritt könnte der Katalog verwendet werden, um konkret einige in Frage kommende Tools zu evaluieren. Die bayerische HAW will dies in diesem Jahr noch umsetzen. Die Evaluation gibt dann auch wieder Hinweise auf die Nutzbarkeit des entstandenen Artefakts.

Hochschulen, aber auch Behörden und KMU, können anhand des Katalogs identifizieren, welche Anforderungen bei Auswahl und Einführung eines IT-Dokumentationssystems zu beachten sind. Dennoch bleibt zum Schluss eine Warnung: Auch das umfassendste Tool ersetzt nicht die umfangreiche, periodische, und weitgehend manuelle Dokumentationsarbeit der diversen Stakeholder in den Hochschulen und Unternehmen.

Literatur

[Axel19] AXELOS LIMITED: *ITIL Foundation: ITIL 4 Edition*, 2019 — ISBN 978-0-11-331607-6

[Balz09] BALZERT, HELMUT: *Lehrbuch der Softwaretechnik: Basiskonzepte und Requirements Engineering.* Heidelberg : Spektrum Akademischer Verlag, 2009 — ISBN 978-3-8274-1705-3

[Baye18] BAYERISCHES IT-SICHERHEITSCLUSTER: *Handbuch zur effizienten Gestaltung von Informationssicherheit für Kleine und Mittlere Organisationen (KMO).* Version 1.9. Regensburg : Bayerischer IT-Sicherheitscluster e. V., 2018

[Bsi08] BSI: *BSI-Standard 100-4. Notfallmanagement* : Bundesamt für Sicherheit in der Informationstechnik, 2008

[Bsi17] BSI: *BSI-Standard 200-2 - IT-Grundschutz-Methodik* : Bundesamt für Sicherheit in der Informationstechnik, 2017

[DeKe19] DEHMEL, SUSANNE ; KELBER, ULRICH: DS-GVO, ePrivacy, Brexit – Datenschutz und die Wirtschaft.

[Din17] DIN: Informationstechnik – Sicherheitsverfahren – Informationssicherheitsmanagementsysteme – Überblick und Terminologie (ISO/IEC 27000:2016); Deutsche Fassung EN ISO/IEC 27000:2017, Beuth Verlag (2017)

[Ecke18] ECKERT, CLAUDIA: *IT-Sicherheit: Konzepte - Verfahren - Protokolle, De Gruyter Studium.* 10. Auflage. Berlin Boston : De Gruyter Oldenbourg, 2018 — ISBN 978-3-11-056390-0

[FaBe18] FABER, EBERHARD VON ; BEHNSEN, WOLFGANG: *Joint Security Management: organisationsübergreifend handeln, Edition <Kes>.* Wiesbaden : Springer Vieweg, 2018 – ISBN 978-3-658-20834-9

[FGGK14] FREILING, FELIX ; GRIMM, RÜDIGER ; GROSSPIETSCH, KARL-ERWIN ; KELLER, HUBERT B ; MOTTOK, JÜRGEN ; MÜNCH, ISABEL ; RANNENBERG, KAI ; SAGLIETTI, FRANCESCA: Technische Sicherheit und Informationssicherheit. In: *Informatik-Spektrum* Bd. 37 (2014), Nr. 1, S. 14–24

[Kirs17] KIRSTEN, DANIEL: *In drei Schritten zur perfekten IT-Dokumentation.* URL https://www.computerwoche.de/a/in-drei-schritten-zur-perfekten-it-dokumentation,3330585. - abgerufen am 2020-04-06. — Computerwoche

[Klip15] KLIPPER, SEBASTIAN: *Information Security Risk Management.* Wiesbaden : Springer Fachmedien Wiesbaden, 2015 – ISBN 978-3-658-08773-9

[KlWe20] KLINGENBERG, CHRISTIANA ; WEBER, KRISTIN: Informations- und Datenmanagement. In: *Handbuch IT-Management – Konzepte, Methoden, Lösungen und Arbeitshilfen für die Praxis.* 7. Auflage. München : Hanser, 2020, S. 225–280

[Nist12] NIST: *Guide for Conducting Risk Assessments, NIST Special Publications* (Nr. SP 800-30 Revision 1). Gaithersburg, MD : National Institute of Standards & Technology, 2012

[PfJe16] PFITZINGER, BERND ; JESTÄDT, THOMAS: *IT-Betrieb: Management und Betrieb der IT in Unternehmen, Xpert.press.* Berlin Heidelberg : Springer Vieweg, 2016 — ISBN 978-3-642-45193-5

[Reis15] REISS, MANUELA: Dokumentationsmanagement als Erfolgsfaktor eines effektiven Informationssicherheitsmanagements. In: *FHWS Science Journal* Bd. 3 (2015), Nr. 2, S. 34–43

[Reis18] REISS, MANUELA: *Dokumentationsmanagement – Basis für IT-Governance: 11 Schritte zur IT-Dokumentation*, 2018 – ISBN 978-3-658-19847-3

[ReRe16] REISS, MANUELA ; REISS, GEORG: *Praxisbuch IT-Dokumentation: vom Betriebshandbuch bis zum Dokumentationsmanagement – die Dokumentation im Griff*. 2. Auflage. München : Hanser, 2016 – ISBN 978-3-446-44837-7

Kontakt

Prof. Dr. Kristin Weber
Hochschule für angewandte Wissenschaften Würzburg-Schweinfurt
Sanderheinrichsleitenweg 20, 97074 Würzburg
T +49 931 3511-8947, kristin.weber@fhws.de

David Veit
Hochschule für angewandte Wissenschaften Würzburg-Schweinfurt
Sanderheinrichsleitenweg 20, 97074 Würzburg
T +49 931 3511-8325, david.veit@fhws.de

Prof. Dr. Andreas Johannsen
Technische Hochschule Brandenburg
Magdeburger Str. 50, 14770 Brandenburg an der Havel
T +49 3381 355-256, andreas.johannsen@th-brandenburg.de

Prototypen und Modelle

Entwicklung und Evaluierung des Lernspiels „InnoV8" zur Verständnisförderung im Bereich Wirtschaftsinformatik

Mario Schüller, Klemens Köhler, Tamara Brettner, Martin R. Wolf

Zusammenfassung

In diesem Paper wird die Entwicklung und Evaluation des Lernspiels „InnoV8" vorgestellt. Dazu werden zunächst die Ziele dargestellt, die der Spielentwicklung zugrunde liegen, und auf denen das Spielkonzept beruht. Im zweiten Schritt wird ein Entwurf des Spiels vorgestellt, der bereits soweit ausgearbeitet wurde, dass damit erste Testspiele mit realen Teilnehmern im Rahmen der Arbeitsgruppe durchgeführt werden konnten. Diese Testspiele dienten auch dazu, um das Spielkonzept dahingehend zu evaluieren, ob die gesetzten Ziele mit dem umgesetzten Planspiel „InnoV8" grundsätzlich erreicht werden können.

1   Einleitung

Die Wirtschaft ist ein komplexes, intransparentes, vernetztes System aus Elementen verschiedener Größen, in dem die unterschiedlichsten Teilnehmer agieren (Anbieter, Kunden, Lieferanten, Stakeholder, etc.), und in mannigfaltigen Beziehungen zueinander stehen (kaufen, vermarkten, unterstützen, etc.) (s.[PhHe13]). In den letzten Jahren hat sich in allen Bereichen in diesem Wirtschaftssystem ein allgemeiner Trend abgezeichnet, der mit den Begriffen wie „Digitalisierung" oder „Industrie 4.0" bezeichnet werden kann, und der ganz allgemein die verstärkte Nutzung von Informations- und Kommunikationssystemen (I&K-Systeme) beschreibt (s.[BmBf20]). Der Einsatz moderner I&K-Systeme steigert die Geschwindigkeit und Effizienz von Wirtschaftsprozessen enorm, wie bereit vielfach erforscht und bestätigt wurde (z. B. [ScP15]). Dementsprechend sind die Möglichkeiten des Einsatzes solcher extrem breit und reichen von komplexen ERP-Systemen (statt Laufzettel), über QR-Code-Scanner (statt Zahlencodes), bis hin zu einer schier unüberschaubaren Anzahl von Apps, die z. B. Reiseführer, Portemonnaies, Adressbücher und ganze Lexika ersetzen. Die Aufgabe einer IT-Abteilung eines Unternehmens ist es nun, die vielfältigen IT-Systeme, die es auf dem Markt gibt, so zusammenzustellen und zu orchestrieren, dass sie zum einen die Prozesse im eigenen Unternehmen optimal unterstützen (s. [SuKo15]). Zum anderen sollen sie auch die Möglichkeit zur stetigen Innovation bieten, was z. B. neue IT-basierte Produkte und Dienstleistungen umfasst, aber auch in komplett neuen Geschäftsmodellen münden kann (s. [InHa14]).
Optimierungs- oder Innovationsmöglichkeiten für Unternehmen auf der Basis neuer IT-Systeme zu finden und umzusetzen, ist eine Aufgabe bei der Informatik- und Wirtschaftsinformatikstudierenden eine Schlüsselrolle zukommt (s. [SwTB19]). Sie haben nicht nur das notwendige technische Wissen, sondern auch die Fähigkeit erworben, dieses Wissen im wirtschaftlichen Kontext einzusetzen. Dementsprechend ist es wichtig, eben diesen wirtschaftlichen Kontext in der Ausbildung der (Wirtschafts-)Informatiker möglichst intensiv und aus möglichst vielen verschiedenen Perspektiven zu beleuchten.

Das Ziel des Planspiels „InnoV8" ist deshalb, die Bedeutung, die IT-Systeme für die Wirtschaft im Allgemeinen und für einzelne Unternehmen im Speziellen hat, erkennbar und erlebbar machen. Darüber hinaus sollen die Möglichkeiten von IT-basierten Innovationen für Unternehmen unterstrichen und verdeutlicht werden. Studierenden von Informatikfächern und besonders von Wirtschaftsinformatik sollen deshalb das symbiotische Zusammenspiel zwischen Unternehmenszielen und optimaler IT- Architekturen erfahren. Die Wahl eines Planspiels als Medium (s. [BuMj16]) – anstelle eines klassischeren Formats wie einer Vorlesung – basiert auf der Erkenntnis, dass spielbasiertes Lernen Inhalte effektiver vermitteln kann (s. [SwTB19]).

2   Hintergründe zur InnoV8-Entwicklung

InnoV8 wurde in einer ersten Version als Demonstrator für neuartige Spielregeln entwickelt, bei dem sich die Spieler und Gruppen fast vollständig selbst regulieren. Das Ziel dieses Demonstrators war es zu zeigen, wie ein Spieler selbst das Produktportfolio seines Unternehmens – im Spiel ein Autokonzern – immer weiter weg vom klassischen „Metall auf der Straße" hin zu digitalisierten Mobilitätslösungen entwickeln kann. Das Lernziel für die Teilnehmer war dabei nicht den perfekten Lösungsweg zu finden, was ein wesentlicher Unterschied zu klassischen Unternehmensplanspielen ist. Die Spieler sollten ihre Ziele selbst stecken und auch gegenseitig ihren Erfolg beurteilen und kontrollieren. Um die genannten Ziele möglichst gut in dem ersten InnoV8-Demonstrator umsetzen zu können, wurden folgende wesentlichen Designelemente für das Spiel gewählt: a) Asymmetrie von Rollen, Zielen und Optionen, b) Worldbuilding-Elemente, in denen die Teilnehmer selbst Inhalte generieren und diese in der Spielumgebung wie Fakten behandelt werden, und c) Spielerregulierung, d. h. die Spieler legen selbst fest, was möglich ist und wie erfolgreich sie sind.

Mit der Entwicklung der Vollversion des Lernspiels InnoV8 sollte zusätzlich der Fokus auf folgende zwei Aspekte gelegt werden, mit denen die Lehre im Bereich Wirtschaftsinformatik unterstützt wird: Zum einen soll die Bedeutung der Wirtschaftsinformatik sowie der IT im Unternehmensumfeld erlebbar gemacht werden. Das Lernspiel richtet sich vor allem an Studierende in den frühen Semestern des Studiums und soll einen Ausblick in die Möglichkeiten der digitalisierten Industrie aufzeigen. Der zweite Aspekt ist das unternehmerische Denken. Eine Vielzahl der Studierenden beginnt ein Wirtschaftsinformatik- oder Informatikstudium direkt nach der schulischen Ausbildung ohne einen Einblick in die Unternehmenswelt genommen zu haben (s. [BrMa14]). Dabei sind diese Studiengänge sehr praxisbezogen und die Hochschulen müssen einen beständigen Austausch mit der Industrie gewährleisten, um mit den Entwicklungen Schritt zu halten. Im Lernspiel nehmen die Studierenden daher die Rolle von Konzernen und Start-Ups ein.

Die erste Version von InnoV8 wurde als Demonstrator beim SAGSAGA Netzwerktreffen in Zittau 2019 getestet. Im Rahmen eines Projektes zur Methodenvielfalt in der Lehre wurde der Demonstrator zu einem vollständig spielbaren Prototyp erweitert und für den Einsatz im Bachelorstudiengang Wirtschaftsinformatik an der FH Aachen weiterentwickelt.

3 Konzept InnoV8

3.1 Spielaufbau

Das Lernspiel wurde in erster Linie für Studierende im Studiengang Wirtschaftsinformatik der FH Aachen entwickelt. Es soll in dem Modul „Informationsmanagement" für Studierende des zweiten Semesters eingebunden werden.

Die Bedeutung der Begriffe „IT", „Innovation" und „Digitalisierung" soll den Studierenden anhand eigener Handlungen und Entscheidungen im Lernspiel InnoV8 nahegelegt werden. Neben der Einführung technischer Innovationen in Konzernen, dient ein Szenario der Automobilindustrie um 2012 als Hintergrund. Die Notwendigkeit von Innovation ergibt sich aus dem Szenario und den Entwicklungen seither ohne weiteres Zutun. Darüber hinaus sollen die Teilnehmer unter Restriktionen selbst Inhalte generieren. Im Spielverlauf müssen Studierende gemeinsam Aufgaben bewältigen und gleichzeitig Strategien entwickeln, um ihre wirtschaftliche Existenz zu sichern. Bei der Entwicklung des Spiels ging es in erster Linie darum, Studierende darin zu fördern, ihr Wissen selbstständig kreativ einzusetzen und zu erweitern. Daher wurde auf einen stark vordefinierten Leitfaden verzichtet, den jeder Spieler verfolgen muss. Notwendige Kompetenzen wie das selbstständige Finden von Lösungen und Überwinden von Hindernissen werden so spielerisch eingeübt.

InnoV8 ist für eine Gruppe von 20 Personen ausgelegt, jedoch besteht die Möglichkeit, die Anzahl nach oben oder unten anzupassen. Die Spieler nehmen Rollen in Großkonzernen in der Automobilindustrie oder die Rolle eines Start-up-Unternehmers zu Beginn seiner Karriere an. Simuliert werden Entscheidungssituationen in einem Wirtschaftsunternehmen, denen sich Studierende stellen und die sie durch eigenes Handeln bewältigen müssen. Die Aufteilung der Studierenden in Konzerne und Start-ups verfolgt ein Lernziel. Start-up-Spieler agieren als einzelne Personen, welche sich unter vielen Akteuren und Konkurrenten auf dem Wirtschaftsmarkt behaupten müssen. Der heutige Wirtschaftsmarkt ist umkämpft und kann aggressive Vorgehensweisen belohnen, insbesondere in Verhandlungen mit Großkonzernen. Die isolierte Rolle der Start-up-Spieler vermittelt dies. Mit neuen Innovationen, vielversprechenden Lösungsansätzen und ambitionierten Zielen sollen Start-ups sich in den von Konzernen gestalteten Markt einfügen. Die „Einzelkämpferrolle" ist durchaus erwünscht und im Design angelegt.

Bei den Konzernspielern hingegen ist die Kooperation und Kommunikation untereinander unabdingbar. Es ist normal, dass es in Unternehmen zu Auseinandersetzungen oder Uneinigkeiten über die künftige Entwicklung kommt, jedoch darf dies die Arbeitsweise und Produktivität nicht negativ beeinflussen. Genau das sollen die Studierenden in der Rolle eines Konzernmitspielers durchleben und erlernen. Fehler werden passieren. Diese zu beheben und als Team zu überwinden sind wertvolle Lernerfahrungen. Diese Spielerrollen sind sehr effektiv, um die Kooperation zwischen den Wirtschaftsinformatikstudierenden zu stärken und zudem den Spaß an neuem Wissen und Erkenntnissen zu fördern.

Für die Leitung des Spiels ist mindestens eine, besser zwei Personen vorgesehen. Es ist wichtig ein gutes Verständnis für das Spiel zu entwickeln, um es ohne Probleme und Missverständnisse durchführen zu können. Aufgabe der Spielleitung ist es, Fragen während des Spiels sowie bei der Vorbereitung zu beantworten und vor allem auf die Einhaltung des Zeitplans zu achten. Bevor das Planspiel in voller Länge durchgeführt wird, erfolgt eine Einführungsrunde für die Studierenden unter der Lenkung der Spielleiter. Das benötigte Material für den Spielablauf wird den Studierenden frühzeitig zur Verfügung gestellt. So wird Ihnen die Möglichkeit des Selbststudiums geboten, um sich vorab auf das Spiel vorzubereiten. Dies erleichtert den Einstieg in das Spiel deutlich und unterstützt das Lernverhalten der Studierenden.

Konzerne und Start-up-Spieler haben unterschiedliche Aufgaben und Ziele, die sie im Laufe des Spiels im Idealfall erreichen können. Im Spiel „InnoV8" werden Studierende als Konzernmitglieder ihr Unternehmen möglichst effizient durch Produktzyklen führen und neue Trends und Ereignisse auf dem Wirtschaftsmarkt durchleben. Sie werden vor die Aufgabe gestellt, die Herausforderungen der sich anbahnenden „Industrie 4.0" zu meistern. Dazu erhalten die Konzerne ein Spielbrett inklusive Spielfiguren und eine festgelegte Anzahl an Ressourcensteinen. Diese dienen als Währung für Produkte und Dienstleistungen sowie zur Verdeutlichung des Fortschritts in den verschiedenen Bereichen der Konzerne. Studierende, die als Konzernmitglieder agieren, sollen die Ressourcensteine sinnvoll und so auf den jeweiligen Spielfeldern verteilen, dass ihre Ziele möglichst effizient erreicht werden. Aus den vordefinierten Konzernbeschreibungen ergibt sich welche Ziele und Mittel für die einzelnen Konzerne sinnvoll sind.

Das Spielbrett der Konzerne ist in fünf Bereiche unterteilt (siehe Abbildung 1). Produktionsanlagen, Anzahl Sparten, Hardwareanteil/ Eigenfertigung, Größe und IT als letzter und wichtigster der fünf Bereiche.

3.1.1 Größe

Das Feld „Größe" gibt die Anzahl der Konzernmitglieder an. Besteht der Konzern beispielsweise aus fünf Spielern, so werden zu Beginn des Spiels fünf Ressourcensteine auf das Feld „Größe" gelegt. Unternehmen dürfen ihren Mitarbeitern kündigen, oder neue Mitarbeiter in das Team mitaufnehmen. Konzernspieler, denen gekündigt wurde, erhalten eine Abfindung und können ihren weiteren Berufsweg selbst bestimmen. Sie haben die Möglichkeit sich bei anderen Konzernen vorzustellen und – aufgrund ihrer Erfahrungen, Fähigkeiten und bisheriger Performance – eingestellt zu werden. Kommt es nicht zu einer Einstellung, können sie als ehrgeiziger Wirtschaftsinformatiker den Weg zur Gründung eines Start-ups einschlagen.

3.1.2 Sparte

Jedes Unternehmen ist auf bestimmte Produkte und Dienstleistungen spezialisiert. Ob Luxuswagen, Elektroautos oder autonomes Fahren: jeder Konzern entfaltet seine Fähigkeiten in der Produktion seiner Erzeugnisse. Wie viel ein Konzern produziert, hängt von der Ressourcenverteilung im Feld „Sparte" ab. Sie gibt die Anzahl der herzustellenden Produkte an. Für jeden Ressourcenstein erhalten die Konzernspieler ein Produktformblatt (siehe Abbildung 2), auf welches innovative und vielversprechende Ideen gezeichnet werden und die im Laufe des Spiels vermarktet werden müssen.

3.1.3 Hardware/ Eigenfertigung

Die Wartezeit auf den verdienten Erfolg bei erfolgreichem Verkauf von Produkten hängt von der Ressourcenverteilung in Feld „Hardwareanteil/ Eigenfertigung" ab. Die Steigerung auf „Level" 4 ist das Maximum, an dem Konzernspieler den Erfolg am schnellsten erhalten. Hier haben wir uns gegen ein Würfelprinzip entschieden, um den Spielerfolg für Studierende zu vereinfachen. Um die tatsächlichen Ungewissheiten bei Produkteinführungen abzubilden, kann dieser Zufallsfaktor jedoch ins Spiel integriert werden.

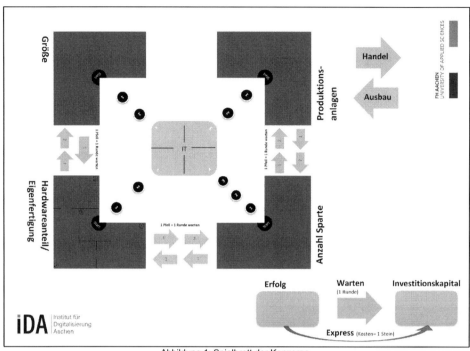

Abbildung 1: Spielbrett der Konzerne

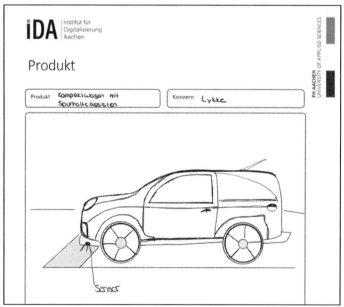

Abbildung 2: Produktformblatt für Konzerne

3.1.4 Produktionsanlagen

Um möglichst effizient und schnell zu entwickeln, benötigen Konzerne eine stabile Anzahl von Produktionsanlagen. Die Anzahl verteilter Ressourcensteine im Feld „Produktionsanlagen" bedeutet, wie viele reale Stifte die Konzernmitspieler zum Zeichnen und Entwickeln von Produkten verwenden dürfen. Zudem besteht hier ein Zusammenhang zu den beiden Feldern „Handel" und „Ausbau". Es existiert ein Handel mit Produktionsanlagen auf dem Wirtschaftsmarkt, wodurch Konzernen die Chance geboten wird, ihre Fertigung weiter auszubauen. Hier müssen die Studierenden sehr früh wichtige Entscheidungen mit massiven Auswirkungen auf den späteren Verlauf treffen, was die Immersion und den Lernerfolg fördert. Dabei wird auch vermittelt, dass einige Entscheidungen bei der Gründung eines eigenen Unternehmens viel wichtiger für späteren Erfolg sind als andere.

3.1.5 Investitionskapital
Nicht verteilte Ressourcensteine werden in das vorgegebene Feld „Investitionskapital" übertragen. Das Kapital ergibt sich aus dem Erfolg durch verkaufte Produkte und kann von den Konzernen ohne weiter Kosten ausgegeben werden. Wie viel Erfolg erreicht werden kann, hängt von den hergestellten Produkten und der Bewertung der anderen Konzernspieler und Start-ups ab. Hier zapft das Spieldesign das Vorwissen und die Eigenschaft der Studierenden als „Stichprobe der Gesellschaft" ab, indem Produkte die unrealistisch oder an der Nachfrage vorbei entwickelt wurden, bestraft und andere belohnt werden.

3.1.6 IT
Das IT-Feld ist die Umsetzung eines zentralen Lerninhaltes. Wirtschaftsinformatikstudierende beschäftigen sich in ihrem Studium ausgiebig mit diesem Themengebiet. Daraus ergibt sich die Wichtigkeit Informationstechnik auch im Lernspiel „InnoV8". IT unterliegt einem ständigen Wandel. Neue Betriebssysteme, Endgeräte und Applikation verändern den Wirtschaftsmarkt. Nachdem sie sich in Privathaushalten stark verbreitet hat, findet der Begriff „IT" auch zunehmend Anwendung in den verschiedensten Branchen und Industrien (s. [Sch17]). Dort taucht der Ausdruck „Industrie 4.0" immer häufiger auf. Unternehmen setzen mehr und mehr auf die Digitalisierung industrieller Abläufe und Prozesse.
Die Konzern-IT kann im Spiel weiterentwickelt werden, wenn in jedem Feld eine Figur steht. Durch Entwicklung der Felder „IT", erhalten Konzerne Belohnungen in Form von Ressourcensteinen oder in der Weiterentwicklung ihres Unternehmens.

3.1.7 Start-Up-Spieler
Das Ziel der Start-up-Spieler hingegen ist es innovative und effiziente Produkte und Dienstleistungen zu entwickeln, welche im besten Fall sogar disruptiv wirken. Zudem sollen sie Konzerne als Kunden gewinnen. Dabei agieren sie ohne ein Spielfeld, sondern erhalten ausschließlich ein Innovationformblatt (siehe Abbildung 3) sowie Ressourcensteine. Uns war es wichtig, die Kreativität und das wirtschaftliche Denken und Agieren der Studierenden in der Rolle des „Einzelkämpfers" zu fördern und nicht durch einen festen Spielplan einzugrenzen. Aus dem gleichen Grund ist bei den strukturierten, arbeitsteiligen Konzernen ein Spielplan nötig.

3.2 Spielablauf
Das Lernspiel „InnoV8" läuft in 10 Spielrunden mit jeweils drei Phasen ab. Eine Runde hat eine Dauer von 30 Minuten, so beträgt die Gesamtspielzeit 5 Stunden. Die jeweiligen Phasen der einzelnen Runden unterscheiden sich bei Start-up und Konzern. Zu Beginn werden die Studierenden in Konzernspieler und Start-up-Spieler von den Spielleitern aufgeteilt. Sie erhalten jeweils einen eigenen Arbeitsplatz. Jedem Konzern und jedem Start-up-Spieler

seine eigene Arbeitsumgebung zur freien Entfaltung zu verschaffen, ist ein zentraler Aspekt des Spiels. Ein eigener Arbeitsplatz fördert die messbare Produktivität der Studierenden und verhindert Ablenkungen durch Mitspieler, muss jedoch auch so gestaltet werden, dass er diese Ziele erreicht. Das benötigte Spielmaterial wird an die Studierenden ausgehändigt und von diesen erschlossen. Zum Arbeitsmaterial zur Unterstützung des Spielflusses und dem Verständnis der Studierenden dienen Moderationskoffer und Moderationstafeln. Dort werden Zwischenergebnisse jedes Konzerns und Start-ups festgehalten, um einen geordneten Überblick über das Spielgeschehen zu verschaffen. Dies soll nicht nur ein Einblick in das Handeln der anderen Mitstudierenden geben, sondern ein Konkurrenzgefühl und damit eine Leistungsmotivation schaffen.

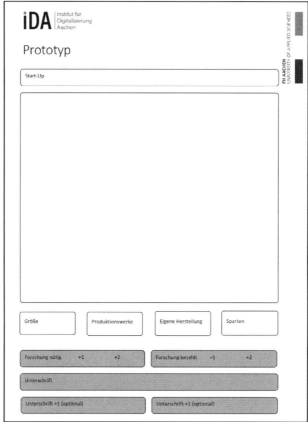

Abbildung 3: Innovationsformblatt für Start-ups

Es folgt eine kurze Einführungsrunde. In dieser werden grundlegende Spielweisen und Regeln verdeutlicht und ein Überblick über „InnoV8" verschafft. Die Einführungsrunde als vereinfachte Spielrunde soll ein grundlegendes Verständnis für bestimmte Abläufe und Spielzüge bei den Studierenden hervorrufen. Sowohl Konzerne als auch die Start-up-Spieler lernen ihre Spielregeln und Abläufe kennen. Die Konzerngruppen sollen eine Vision entwickeln, wo sich der Konzern in 10 Jahren befindet. Eine Spielrunde spiegelt dabei etwa 3 Unternehmensjahre wider. In diesen 3 Jahren, werden Konzerne ihre Ressourcenverteilung und Unternehmensstrategie überdenken sowie optimieren, innovative und originelle Produkte herstellen und sich anschließend auf dem Markt gegen die Konkurrenz durchsetzen müssen. Diese Entwicklungsabschnitte werden in die drei Phasen Strategiephase, Produktion und Bewertungsphase unterschieden. Es projiziert komprimiert Schritte des realen Wirtschaftslebens. Die gemeinsam erarbeiteten Ergebnisse werden in der letzten Phase von den Mitstudierenden bewertet. Dazu begeben sich sowohl Start-up-Spieler als auch alle Konzernspieler an einen großen Meeting Tisch, um die Bewertung durchzuführen. Studierende sollen hierdurch lernen mit konstruktiver Kritik umzugehen und erledigte Arbeit von Mitmenschen sachlich bewerten zu können. Sie müssen persönliche Differenzen zurückstellen, neutral bewerten, agieren und diskutieren.

Jede Konzerngruppe stellt ihre Strategie und ihre Produkte vor. Dazu erklären sie, wie sie zu dem Entschluss gekommen sind, den jeweiligen Erfolg den Produkten zuzuweisen. An diese vorläufige Bewertung schließt sich eine endgültige Bewertungsrunde durch die anderen Mitspieler an, die anhand von Bewertungssteinen visualisiert wird. Dies strukturiert und verkürzt Debatten. Danach beginnt eine nächste Spielrunde, bei der wieder alle drei Phasen durchlaufen werden. Mit jeder Runde sollen die Studierenden erkennen, was an ihrer Strategie und ihrem Handeln optimiert werden kann und somit immer neue Erkenntnisse aus den vorherigen Runden gewinnen.

Innovations-, Validierungs- und Verkaufsphase betiteln die Entwicklungsabschnitte für ein Start-up-Unternehmen. Sie beschäftigen sich mit der Entwicklung bestimmter Technologien und Prototypen für den Weltmarkt und skizzieren ihre Lösungen auf das vorgesehene Formblatt. Ihnen unterliegt die Freiheit sich frei auf dem Markt (also im Raum) zu bewegen und herauszufinden, welche Dienstleistungen und Technologien bei den Konzernen von Nöten sind. Die Prototypen benötigen Unterschriften von einem weiteren Konzernmitglied und einem Start-up-Unternehmen, damit sie als valide Prototypen in die Entwicklung eingehen können. Diese Bewertung durch Mitspieler stellt einen gewissen Realismus sicher. Es kann passieren, dass Prototypen weiteren Forschungsaufwand erfordern, um als fertig entwickelt und marktreif zu gelten. Dies versetzt die Start-up-Spieler in einen Rückstand, welcher sie dazu veranlasst erneut an ihrem Prototyp zu tüfteln. Dieser Zeitverlust kann dazu führen, dass ein zu ambitionierter oder perfektionistischer Spieler die Verkaufsphase verpasst. Alle erfolgreich entwickelten Technologien können anschließend in der Verkaufsphase an die Konzerne vermarktet werden.

Kommen die Technologien der Start-up-Unternehmen besonders gut bei den Konzernen an, können die Konzerne versuchen, den entsprechenden Spieler einzustellen. Nach Beendigung der Verkaufsphase, startet die nächste Runde für alle Spieler.

Nachdem alle Runden gespielt werden, erfolgt eine Auswertung und eine kurze Reflexionsrunde, um Feedback der Studierenden einzuholen. Dieser Ablauf kann an spezifische Lernziele angepasst werden, indem beispielsweise kurze inhaltliche Inputvorträge bei bestimmten Ereignissen eingesetzt werden.

4   Evaluation

Die Intention hinter der Planspielentwicklung lässt sich auf die anfangs genannten Ziele und Grundgedanken zurückführen. Dabei sind zusammengefasst die folgenden drei Teilziele verfolgt worden.
1.   Entwicklung eines Lernspiels anstelle einer Übung, da Lernspiele Inhalte effizienter vermitteln [Butl16, WoKö17]

2. Unternehmerisches Denken soll gefördert werden
3. Die Bedeutung von IT in Unternehmen soll als Schlüsselrolle vermittelt werden

Um zu prüfen ob die gesetzten Ziele erreicht werden konnten wurde eine qualitative Selbstevaluation durchgeführt, da eine Testreihe an weiteren Studierenden aufgrund der Corona-Pandemie nicht durchführbar war.

Für die interne Testreihe wurden die Mitarbeiter des ITOM FH Aachen auf das Planspiel vorbereitet, und es wurden insgesamt drei Runden gespielt. Dabei konnten die zwei Spielgegebenheiten, Spiellandschaft und Balancing, als verbesserungsfähig identifiziert werden.

Die Testspiele deckten dabei verschiedenste Herausforderungen innerhalb der Spiellandschaft, auf die nur mit Hilfe der Spielleiter während des Spielbetriebs gelöst werden konnten. Um einen Spielfluss ohne richtungsweisende Einflussnahme der Spielleiter zu gewährleisten wurden drei ausbaufähige Aspekte der Spiellandschaft identifiziert.

Zunächst wurde schnell deutlich, dass die Ressourcenverteilung ohne Empfehlung seitens der Spielanleitung für Unklarheiten innerhalb der Spielgruppen sorgte. Zwar simuliert diese Ungewissheit potenzielle Szenarien in reellen Unternehmen und fördert so unternehmerisches Denken, jedoch konnte der Spielfluss nicht aufrecht gehalten werden, sobald mehrere Unternehmen wirtschaftlich schlechte Entscheidungen getroffen hatten. Daraufhin wurde die Spielanleitung um eine detailliertere Beschreibung der Ressourcenverteilung erweitert.

Des Weiteren empfanden die Testspieler eine Strategieentwicklung innerhalb der geringen Zeitspanne als herausfordernd. Hierzu wurde die Intervalllänge jeder Phase ausgeweitet, um eine fundierte Strategie mit Fokus auf die Digitalisierung hervorbringen zu können. Jedoch identifizierten die Spieler schnell, dass eine Strategie ohne Investitionen in die Unternehmens-IT für langfristige Nachteile sorgen würde. Dabei konnte die Schlüsselrolle der IT den Testspielern vermittelt werden. Darüber hinaus wurde die Wertigkeit einer ausgearbeiteten Strategie erhöht, indem die Spielanleitung um eine detaillierte Erläuterung der Vorteile ergänzt wurde. Bereits im ersten Spieldurchlauf nutzen die Spieler das Regelwerk kreativ und selbstständig, wodurch neuartige Produkte entwickelt wurden. Innerhalb der ersten zwei Phasen der ersten Spielrunde konnte deutliche Lerneffekte für die Investitionsentscheidung und Unternehmensausrichtung festgestellt werden. Grundsätzlich lässt sich anmerken, dass die gesetzten Ziele zwar erreicht aber nicht zu vollster Zufriedenheit verstanden wurden.

Die erste Testphase mit Studierenden wird voraussichtlich im Wintersemester 2020 starten. Wir erhoffen uns von den Testspielen ein tieferes Verständnis für Ausbaumöglichkeiten sowie Fehlerquellen.

5 Ausblick

Das Grundgerüst von InnoV8 stellte aufgrund der enormen Offenheit und Vielseitigkeit des Spiels eine große Herausforderung dar, weil das Lernspiel grundsätzlich auf die verschiedensten Schwerpunkte angepasst und somit auf jede denkbare Kompetenz im Unternehmensumfeld angewandt werden kann. Die Ausbaumöglichkeiten auf dem Spielbrett sind demnach gleichermaßen zahlreich. So könnten zum Beispiel auch „Trade-off" Szenarien eingebaut werden, bei denen der Konzernspieler Vorteile erhält, indem er eine Ressource, egal welcher Art, zahlt. Dies könnte dann durch kürzere Wege zwischen den Geschäftsbereichen simuliert werden. Ebenfalls könnten Vorteilspakete für jede Spielfigur auf dem zentralen IT Feld geschnürt werden, wodurch weitere Anreize im Hinblick auf IT-Investitionen entstünden. Darüber hinaus wäre ein Minispiel-Szenario beim Wettstreit um Produktionsanlagen denkbar. Eine passende Abwechslung in Form von Geschicklichkeit, Glück oder Teamwork könnte den Anreiz der Spieler auf den Sieg erhöhen, wovon die gesamte Spielelandschaft profitieren könnte.

Die Erweiterungsmöglichkeiten sind zahllos und werden in Verbesserungspaketen langfristig hinzugefügt. Allerdings sollte der Fokus vorerst auf einer reibungslosen Spielerfahrung liegen. Um dies zu gewährleisten wird es in den kommenden Entwicklungsphasen vor allem um Usability-Verbesserungen am Regelwerk gehen, die den Spielfluss weiter verbessern.

Literaturverzeichnis

[BmBf20] Bundesministerium für Bildung und Forschung (BMBF): Industrie 4.0, Innovationen im Zeitalter der Digitalisierung. Bonn, April 2020.

[BuMj16] Butler, M.J., 2016. The Holy Trinity? Connecting Learning Objectives, Assessment, and Debriefing in IR Simulations. Presented at the International Studies Association Annual Conference, Atlanta.

[BrMa14] Brandt, Mathias: Studium versus Ausbildung. URL https://de.statista.com/infografik/1867/anzahl-der-neuen-ausbildungsvertraege-versus-erstsemesterzahl/. – Aktualisierungsdatum: 06.02.2014

[InHa14] Hanschke, Inge: Lean IT-Management – einfach und effektiv: Der Erfolgsfaktor für ein wirksames IT-Management. Carl Hanser Verlag GmbH Co KG, 01.10.2014.

[PhHe13] Hessinger, Philipp: Vernetzte Wirtschaft und ökonomische Entwicklung: Organisatorischer Wandel, institutionelle Einbettung, zivilgesellschaftliche Perspektiven. Springer-Verlag, 08.03.2013.

[ScP15] Schreiber, Peter: Die Hebel zur Steigerung der Vertriebseffizienz. URL https://www.onpulson.de/12358/die-hebel-zur-steigerung-der-vertriebseffizienz/. – Aktualisierungsdatum: 08.01.2015

[Sch17] Schonscheck, Oliver; Platten, Wilfried: IT ist die Basistechnologie der Digitalisierung, Was ist Informationstechnik?. URL https://www.it-business.de/was-ist-informationstechnik-a-572121/. – Aktualisierungsdatum: 02.01.2017

[SuKo15] Koch, Susanne: Einführung in das Management von Geschäftsprozessen: Six Sigma, Kaizen und TQM. Springer-Verlag, 13.03.2015.

[SwTB19] Thesmann, Stephan {; Burkard, Werner}: Wirtschaftsinformatik für Dummies. John Wiley & Sons, 27.03.2019.

Kontakt

Mario Schüller
Fachhochschule Aachen
Eupener Str. 70, 52066 Aachen
mario.schueller@alumni.fh-aachen.de

Klemens Köhler, M.Sc.
Fachhochschule Aachen
Eupener Str. 70, 52066 Aachen
k.koehler@fh-aachen.de

Tamara Brettner
Fachhochschule Aachen
Eupener Str. 70, 52066 Aachen
tamara.brettner@alumni.fh-aachen.de

Prof. Dr.- Ing. Martin R. Wolf
Fachhochschule Aachen
Eupener Str. 70, 52066 Aachen
m.wolf@fh-aachen.de

Ausprägung von Einflussgrößen bei der Konstruktion eines adaptiven Referenzmodells für hybrides Projektmanagement

Martina Königbauer

Zusammenfassung[7]

Wie bei der Konstruktion eines unternehmensindividuellen, hybriden Vorgehensmodells vorgegangen werden kann, ist immer noch eine offene Frage in der Fachwelt des Projektmanagements. Dabei gibt es schon viele Ansätze, aber sie alle erfordern umfassende Projektmanagementkompetenz. Dieser Beitrag stellt einen Ansatz für ein adaptives Referenzmodell vor, anhand dessen auch Einsteiger in die Projektwelt ein hybrides Vorgehensmodell konstruieren können. Das adaptive Referenzmodell befindet sich derzeit im Aufbau, weshalb ein Ausblick auf die aktuellen, weiteren Konstruktionsschritte gegeben wird.

1 Konstruktion eines hybriden Projektmanagementvorgehensmodells

Der Bedarf, ein individuelles Vorgehensmodell für das Projektmanagement zu konstruieren, kann bei allen Unternehmen entstehen, die Projekte bearbeiten. Dabei spielt es keine Rolle, ob ein Unternehmen bereits ein Vorgehensmodell für seine Projekte definiert hat oder nicht. Eine neue Aufgabenstellung oder sich verändernde Bedürfnisse an z. B. die Transparenz oder die Problemlösung in Projekten können dazu führen, dass ein bestehendes Vorgehensmodell hinterfragt wird oder ein komplett neues benötigt wird. In beiden Ausgangssituationen ist es von Vorteil, ein Referenzmodell zur Verfügung zu haben, an dem man sich bei der Konstruktion eines individuellen Vorgehensmodells orientieren kann. Dabei kann nicht sichergestellt werden, dass ein Referenzmodell alle relevanten Unternehmens- und Projektkontexte berücksichtigt. Aus diesem Grund wird in diesem Beitrag die weiterführende Frage bearbeitet, wie ein sogenanntes „adaptives" Referenzmodell für hybrides Projektmanagement aussieht, das bei der Konstruktion eines individuellen hybriden Projektmanagementvorgehensmodells unterstützt.

Zunächst werden im Abschnitt 2 die Forschungsmethode und generelle Richtlinien beschrieben, denen bei der Erstellung des adaptiven Referenzmodells für hybrides Projektmanagement gefolgt wird. In Abschnitt 3 wird auf bestehende Arbeiten hierzu eingegangen. In Abschnitt 4 wird beschrieben, wie bei der Konstruktion eines adaptiven Referenzmodells für hybrides Projektmanagement vorgegangen wird. Die Bezeichnung der einzelnen Kapitel in Abschnitt 4 entspricht den Schritten der zugrundeliegenden Forschungsmethode. In Abschnitt 5 wird der Referenzmodellansatz diskutiert und evaluiert.

---

[7] Der Beitrag entstand im Rahmen des vom BMBF geförderten Projektes „Prague" mit dem Förderkennzeichen 01IS17093C

2 Forschungsmethode

Die Schritte zur Konstruktion des Referenzmodells orientieren sich an der „Vorgehensweise zur Ausprägung der Einflussgrößen im Rahmen der Konstruktion eines adaptiven Referenzmodells" nach BLUST ET.AL. [BITS19] Diese erweitert die vier Phasen „Problemdefinition", „Konstruktion", „Bewertung" und „Pflege" nach FETTKE und LOOS [FeLo04] um Einflussgrößen in der Konstruktionsphase. Der Vorgehensweise wurde gefolgt, weil sie eine Reihenfolge zur Ausprägung der Einflussgrößen in der Konstruktionsphase definiert. Bei den Einflussgrößen handelt es sich zunächst um die *Auswahl geeigneter Parameter* zur Bestimmung des eigenen Projektkontextes. Darauf folgt eine *Entscheidung für einen Selektionsprozess* von Prozessbausteinen und die *Gestaltung des zugrundeliegenden Prozessmodells*. Anschließend werden die geeigneten *Techniken zur Konstruktion eines individuellen Vorgehensmodells ausgewählt* und die *Beschaffenheit der Prozessbausteine* beschrieben.

Diese Reihenfolge unterstützt die Vermeidung von Entwicklungsschleifen aufgrund von Rückkopplungseffekten zwischen Einflussgrößen. Des Weiteren wird der Vorgehensweise gefolgt, weil sie den prozessorientierten Ansatz unterstützt. Nach diesem Ansatz werden Methoden von Prozessbausteinen repräsentiert und das adaptive Referenzmodell wird aus Prozessbausteinen aufgebaut. Das passt zu den gewählten Definitionen im Rahmen des zugrundeliegenden Forschungsprojektes, nachdem ein Vorgehensmodell aus mehreren Methoden (z. B. Daily Scrum und Earned Value Analyse) besteht.

Bei der Konstruktion des adaptiven Referenzmodells wird den sieben Richtlinien des „Design Science Research"-Ansatzes nach HEVNER [He04] gefolgt. Diese erfordern die Erstellung eines (in diesem Fall konzeptionellen) Artefakts und die Leistung eines Forschungsbeitrags über die vorliegende Neuartigkeit des Artefakts. Die Relevanz des Themas wird in Abschnitt 1 beschrieben. Dass das Referenzmodell, wie ebenfalls gefordert, in einem stringenten Suchprozess erstellt wurde, ist in diesem Beitrag nicht vollständig nachvollziehbar, da nur die aktuelle Version des adaptiven Referenzmodells gezeigt wird.

Die Bewertung des Referenzmodells wird nach VOM BROCKE [SoBr12] als Ex Ante Evaluation im Hinblick auf das finale IT-Artefakt betrachtet. Die Evaluation des zugrundeliegenden Konzeptes erfolgte Ex Post anhand eines Anwendungsfalles hinsichtlich der Sinnhaftigkeit der aus dem Referenzmodell abgeleiteten Vorgehensmodelle. Eine umfassende Evaluation erfolgt zu einem späteren Zeitpunkt mit mehreren Usern in verschiedenen Kontexten.

3 Related work

Zu den in Kapitel 2 erwähnten Einflussfaktoren gibt es einzelne Arbeiten, die schon in [BITS19] zur Ermittlung derselben herangezogen wurden. Dazu gehören TIMINGER und SEEL [TiSe16] mit dem Ordnungsrahmen HyProMM, PAUKNER et al. [PaST18] mit einem agilen Nutzwert sowie FELDMÜLLER [Feld18] mit dem potentiellen Nutzwert von Agilität. Sie alle dienen zur manuellen Auswahl einer geeigneten Projektphilosophie oder von Methoden. Da das Referenzmodell aber semiautomatisch bedient werden soll, wurden in der Vorbereitung dieses Beitrags vorwiegend Quellen berücksichtigt, die Techniken zur Konstruktion eines adaptiven Referenzmodells beinhalten. Im Bereich Projektmanagement gibt es hierzu nur wenige Quellen. Dazu gehören SEEL und TIMINGER [SeTi17] mit einem Vorschlag für Adaptionsterme, die zur Konfiguration eines hybriden Vorgehensmodells genutzt werden. DELFMANN [Delf06] beschreibt Projektmanagement unabhängig neben dem konfigurativen Ansatz auch noch generische Ansätze zur Referenzmodelladaption. Beide Ansätze sind bei der Erstellung des in diesem Beitrag geschilderten Referenzmodells eingeflossen.

4 Ausprägung der Einflussfaktoren

4.1 Parameterauswahl

Bei der Parameterauswahl stehen vor allem die Fragen im Fokus, welche Parameter bei der Beschreibung des Kontextes entscheidend sind (Parametertyp 1) und welche Parameter zur Konstruktion eines individuellen Vorgehensmodells anhand des Referenzmodells geeignet sind (Parametertyp 2). Dass es sich dabei um unterschiedliche Parameter handeln kann, wird in Kapitel 4.4 gezeigt.

Zunächst wird Parametertyp 1 betrachtet. Parameter dieses Typs dienen dazu den Kontext des Projektes zu beschreiben, für das ein Vorgehensmodell konstruiert werden soll. Dabei kann die aktuelle Situation von Referenzmodellnutzern, unabhängig von der Ausgangssituation (bereits ein Vorgehensmodell vorhanden oder nicht, siehe Kapitel 1), optimistisch oder kritisch betrachtet werden. Daraus leitete sich zunächst die intuitive Annahme ab, dass

- Referenzmodellnutzer ihren aktuellen Kontext eher problemorientiert betrachten könnten, also Probleme formulieren, wenn aktuelle Projekte oder Aktivitäten schlecht laufen.
- Referenzmodellnutzer ihren aktuellen Kontext eher zielorientiert beschreiben könnten, also Ziele und Visionen formulieren, wenn aktuelle Projekte gut laufen.

Die von [BK19] ermittelten Daten stützen diese Einschätzung teilweise mit den Umfrageergebnissen zu Änderungsvorschlägen und Risiken erfasster hybrider Vorgehensmodelle. Jedoch insbesondere bei der Frage nach Begründungen für die Verwendung von Methoden gibt es viele kontraintuitive Ergebnisse, z.B. wurden zu nicht erfolgreichen Projekten viele positive und zielorientierte Begründungen für die Verwendung von Methoden erfasst. Hinzu kommen Datensätze, in denen die aktuelle Ist-Situation näher erläutert und neutral beschrieben wird. Aus diesem Grund wurde die Ermittlung von problemorientierten, zielorientierten und Ist-Stand-orientierten Parametern verfolgt, um allen drei „Beschreibungstypen" bzw. Stimmungen gerecht zu werden.

Am Ist-Stand orientieren sich vor allem die Parameter, die aus Modellen übernommen wurden, die zur Auswahl einer passenden Projektphilosophie (agil, traditionell, hybrid) dienen, wie zum Beispiel [Wy14], [BT03] oder [PaST18]. Die Liste der oben beschriebenen Begründungen für die Verwendung von Methoden [BK19] wurde nach erfolgreichen Projekten gefiltert und um Begründungen ergänzt, die aus 6 weiterführenden Interviews zu ebenfalls erfolgreichen Projekten stammen. Zusammen wurden diese dann kategorisiert/aggregiert und als Parameter übernommen.

In Summe ergibt dies eine Liste von 68 Parametern. 20 davon fragen den Ist-Zustand in Unternehmen ab. Sie beschreiben Zustände, die durch ein Projektteam oder eine Projektleitung nicht geändert werden können. Zudem sind sie wertneutral formuliert. Dadurch kann ihre Ausprägung sowohl auf einer positiven als auch einer negativen Skala jeweils in 3 Stufen qualitativ eingeschätzt werden. Die restlichen 48 Parameter beschreiben Bedürfnisse, die sich aus Ziel- oder Problemstellungen ergeben. Ihre Ausprägungen können auf einer ebenfalls dreistufigen Skala qualitativ bewertet werden. Die Ausprägung repräsentiert die Relevanz des Parameters für das jeweilige Projekt oder Unternehmen.

Die Ausprägung der Parameter hat den Charakter einer Umfrage. Wenn pro Parameter 10 Sekunden Bearbeitungszeit veranschlagt werden, ergibt dies in Summe 11,5 Minuten. Ein Ziel für die kontinuierliche Verbesserung des Referenzmodells ist deshalb die Erhöhung der Benutzerfreundlichkeit durch die Verkürzung der Bearbeitungszeit. Dies erfolgt durch die Zusammenführung von Parametern, wenn Korrelationen zwischen den Parameterausprägungen und den daraus abgeleiteten Bestanteilen des Vorgehensmodells ermittelt werden. Wenn Parameter anhaltend als nicht relevant bezeichnet werden, können diese auch ganz weggelassen werden.

4.2 Variante des Selektionsprozesses

Die in den Kapiteln 3 und 4.1 erwähnten Modelle zur Auswahl oder Konstruktion eines geeigneten Vorgehensmodells liefern Ergebnisse ganz unterschiedlichen Detailgrades. Eine grobe Aussage bezüglich eines passenden Vorgehensmodells liefern unter anderem [Wy14] und [BT03] mit einer Projektphilosophie. Verschiedene Inhaber von Projektmanagementvorgehensmodellen, z.B. die Gesellschaft für Projektmanagement e.V. erläutern in ihren Handbüchern [GPM19], in welchen Kontexten ihr Vorgehensmodell anwendbar ist. Arbeitet man also die Handbücher aller Anbieter durch, kann man zu einer genaueren Entscheidung für ein konkretes Vorgehensmodell kommen. Diese Vorgehensweise ist aber herausfordernd, weil viele Vorgehensmodelle zu einem Kontext passen können und die Abwägung, welches am besten passt und wie es auf den eigenen Bedarf zugeschnitten werden kann, nur mit umfangreichen Fachwissen zu diesen Vorgehensmodellen möglich ist. Das detaillierteste Ergebnis ist von einer Auswahl einzelner Methoden zu erwarten, die zu einem individuellen Vorgehensmodell kombiniert werden. Ideen hierzu sind in [SeTi17] und in [PaST18] enthalten. Darüber hinaus beschreibt [PaST18] einen Auswahlprozess für ein Vorgehensmodell von der Philosophie zum Vorgehensmodell. Daraus und aus der Vorgehensweise in [BK19], nach der zunächst die genutzten Vorgehensmodelle und anschließend die in diesem Rahmen verwendeten Methoden erfragt wurden, konnte eine Hierarchie von Entscheidungen abgeleitet werden, die Abbildung 1 zeigt:

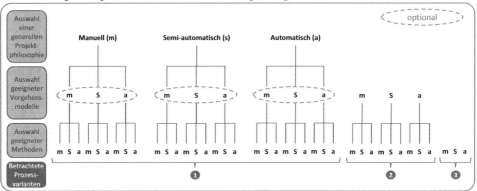

Abbildung1: Varianten von Selektionsprozessen

Die Selektion kann in jedem Entscheidungsschritt manuell, semiautomatisch oder automatisch ablaufen.

Manuell bedeutet, dass die Erfassung von Parameterausprägungen manuell erfolgt, z. B. in einem Interview oder einem Workshop am Flipchart. Die Auswertung erfolgt ebenso manuell durch Sichtung und Kategorisierung der erfassten Daten. Hierzu ist Fachwissen erforderlich. Wenn Software nur dazu genutzt wird, die erfassten Daten aufzubereiten (z. B. Grafiken in Excel), fällt dies ebenfalls unter „manuell".

Automatisch bedeutet, dass die Ausprägungen der Parameter ebenso manuell erfasst werden. Deren Auswertung und die daran anschließende Auswahl sowie die Verknüpfung der Prozessbausteine (Methoden) zu einem durchgängigen Anwendungsmodell [Br03] erfolgt aber anhand eines Algorithmus. Dieser erfordert, mit Ausnahme dessen Aktivierung, keine weitere menschliche Entscheidung zur Konstruktion eines konkreten Vorgehensmodells. Die automatische Lösung kann dadurch auch von Anwendern genutzt werden, die über keine Projektmanagementerfahrung verfügen.

Semiautomatisch bedeutet, dass automatische und manuelle Selektionsmechanismen innerhalb eines oder in aufeinander folgenden Prozessschritten kombiniert werden. Dies ist zum Beispiel der Fall, wenn Algorithmen, Heuristiken oder Selektionsterme zur Auswahl geeigneter Prozessbausteine genutzt werden, die Prozessbausteine aber manuell zu einem durchgängigen Prozess zusammengefügt werden.

Da die in Kapitel 3 beschriebenen Parameter aufgrund ihrer Herkunft, unter anderem aus [BK19], Implikationen für die Verwendung von Methoden liefern, wurde für das in diesem Beitrag beschriebene Referenzmodell die Prozessvariante 3 (Abbildung 1) weiterverfolgt. Der tatsächliche Selektionsprozess einzelner Methoden erfolgt semiautomatisch in den beiden Schritten:

1. Relevanteste Methoden identifizieren
2. Selektierte Methoden auf Vorhandensein aller wesentlicher Themen überprüfen

Abbildung 2 zeigt beispielhaft Methoden, die den HyProMM-Prozessen [TiSe16] zugeordnet werden.

HyProMM Prozess #	HyProMM Prozess Bezeichnung	Methode	Rang	Rangwert = Rel*Gew	Parameter A Relevanz (Rel) = 1	Parameter B Relevanz (Rel) = 3	
I.1	Projekt starten	Projektsteckbrief erstellen	1	19	10	3	Durchschnittliche Gewichte (Gew) (0-10) für die jeweilige Relevanz (1-3) aus Interviews
I.1	Projekt starten	Projektstart-Workshop durchführen	3	10	4	2	
I.1	Projekt starten	Teambuilding fördern	2	9	6	1	
I.1	Projekt starten	Rollen genau definieren und abgrenzen	4	2	2	0	
I.2	Grobziele festlegen	Zielarten definieren (Magisches Dreieck)	2	22	1	7	
I.2	Grobziele festlegen	Machbarkeitsstudie durchführen	1	26	2	8	
I.3	Kundenanf. ermitteln	Anforderungen sammeln	2	20	5	5	
I.3	Kundenanf. ermitteln	Lastenheft erstellen	3	18	3	5	
I.3	Kundenanf. ermitteln	Initiales Product Backlog erstellen	4	8	2	2	
I.3	Kundenanf. ermitteln	Lastenheft aus Product Backlog erstellen	1	30	6	8	
I.3	Kundenanf. ermitteln	Persona(s) definieren	3	18	3	5	

Abbildung 2: Zuweisung von Rang zu Methode (Auszug)

HyProMM wurde als Struktur ausgewählt, weil es alle wesentlichen Projektmanagementprozesse beinhaltet. Die Heuristik ähnelt einer Nutzwertanalyse. Im ersten Schritt wird die Relevanz aller Parameter bewertet. Diese kann „null" sein, wenn der Parameter nicht relevant ist. Mit Relevanz „drei" wird ein Parameter bewertet, wenn er zu den wichtigsten Parametern gehört, d. h., wenn er ein Bedürfnis (z. B. Transparenz von Aufgaben) beschreibt, das im Projekt oder im Unternehmen sehr wichtig eingestuft wird. Die angegebenen Gewichte werden mit der Frage ermittelt, wie sehr ein Parameter für die Anwendung einer Methode spricht. Null bedeutet keine Implikation. 10 bedeutet, dass der Parameter in der jeweiligen Relevanz (1–3) sehr für den Einsatz der Methode spricht. Der Rangwert berechnet sich aus:

(Rel Parameter A * Gew Parameter A) + (Rel Parameter B * Gew Parameter B). → In Zahlen zur Abbildung 2: (1 · 10) + (3 · 3) = 19

4.3 Gestaltung des Prozessmodells

Die Frage danach, wie ein Referenzmodell aufgebaut sein muss, bezieht sich im ersten Schritt auf die mögliche Anordnung der Prozessbausteine (in diesem Fall BPMN) zueinander. Für den vorliegenden Fall wurden die in Abbildung 3 dargestellten Strukturen untersucht.

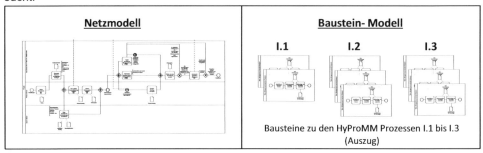

Abbildung 3: Aufbauvarianten Referenzmodell

Bei einem Netzmodell sind die Prozessmodelle aller Methoden zu einem gesamthaften Hauptprozess verbunden. Es beinhaltet die Prozessbausteine, die jeweils eine Methode eines relevanten Vorgehensmodells repräsentieren. Netzmodelle können hierarchisch aufgebaut sein. Dabei werden Aktivitäten eines Hauptprozesses in Teilprozessen verfeinert. Dadurch entsteht eine beliebig tiefe Hierarchie von Prozessbausteinen, auf deren unterster Ebene inhaltlich nicht mehr sinnvoll teilbare Prozessbausteine stehen.

Ein Bausteinmodell ist einfacher strukturiert. Es kann als „Pool" an Prozessbausteinen betrachtet werden, die ebenfalls jeweils Methoden repräsentieren. Da ein Bausteinmodell keine Verbindungen zwischen den Prozessbausteinen enthält, muss nach der Selektion der passenden Bausteine zunächst die Kompatibilität der Bausteine überprüft werden. Sollte die Überprüfung ergeben, dass ein oder mehrere Bausteine nicht kompatibel sind, muss ein Mechanismus zur Selektion eines passenden Bausteines definiert werden.

Für ein Netzmodell kann nicht sichergestellt werden, dass alle möglichen Verbindungen zwischen Methodenstart und Ende erhalten bleiben, nachdem eine Selektion von Methoden ersten Ranges gemäß der Heuristik in Kapitel 4.2 durchgeführt wurde. Damit kann dementsprechend kein übersichtliches Referenzmodell entwickelt werden, ohne erhebliche Ergänzungen zur Schließung der entstandenen Lücken zwischen Methoden vorzudenken. Da damit über die Erstellung des Netzwerkes hinaus auch die Mechanismen zur Kompatibilitätsprüfung analog des Bausteinmodells erfolgen müssen, wurde zunächst das Bausteinmodell verfolgt.

4.4 Auswahl der Konstruktionstechnik

Die Techniken zur Referenzmodellierung stellte [Br03] vor. Diese umfassen die Konfiguration, Aggregation, Instanziierung, Spezialisierung und Analogiekonstruktion. Eine Basis für die Abwägung von Konstruktionstechniken im vorliegenden Fall stellen die Ausführungen von [Delf06] dar, da er die Techniken unter dem Gesichtspunkt der adaptiven Referenzmodellierung betrachtet.

Konfiguration bedeutet im vorliegenden Kontext, dass aus der Gesamtmenge aller Prozessbausteine die passenden Bausteine selektiert werden. Mit der Heuristik in Kapitel 4.2 wurde daher schon ein Konfigurationsmechanismus genutzt.

Ein Mechanismus zur *Aggregation* ist für den vorliegenden Fall ebenfalls notwendig, da die selektierten Bausteine zu einem Vorgehensmodell zusammengesetzt werden müssen.

Die Technik der *Instanziierung* wird angewandt, wenn Platzhalter mit Prozessbausteinen befüllt werden. Mit der Festlegung auf das Bausteinmodell und mit der Festlegung zunächst für alle HyProMM-Prozesse jeweils eine Methode zu wählen, wird instanziiert. Weitere Mechanismen zur Instanziierung sind aktuell nicht vorgesehen.

Die Technik der *Spezialisierung* ist für das adaptive Referenzmodell nicht vorgesehen, da nach dieser individuelle Anpassungen an einzelnen Prozessbausteinen möglich sind. Das adaptive Referenzmodell soll aber auch für Anwender nutzbar sein, die über kein Projektmanagementwissen verfügen und somit keine individuellen Anpassungen vornehmen können.

Die Technik der *Analogie* wenden Referenzmodellnutzer nur zufällig und unbewusst an, wenn sie die Parameter genauso ausprägen, wie Referenzmodellnutzer vor Ihnen sie bereits ausgeprägt hatten. Fraglich ist, ob man bei unbewusster Anwendung überhaupt von Analogie sprechen kann. Wesentlich ist an dieser Stelle eher, dass Analogie ein Qualitätskriterium des konstruierten Vorgehensmodells darstellt, weil die genutzten Konstruktionstechniken bei wiederholter Eingabe von Parametern das gleiche Vorgehensmodell rekonstruieren können müssen.

Der Mechanismus zur Aggregation, der im vorliegenden Fall definiert werden musste, umfasst im Wesentlichen die in Kapitel 4.3 angekündigte Kompatibilitätsprüfung. Diese stützt sich im Wesentlichen auf einen Vergleich von sog. Inputs und Outputs. *Inputs* sind Dokumente, Daten und Informationen, die zur Anwendung einer Methode benötigt werden. *Outputs* sind analog die Dokumente, Daten und Informationen, die während der Anwendung einer Methode generiert werden. Die Kompatibilitätsprüfung besteht aus vier Schritten, die semiautomatisch aufgrund der am Prozessbaustein annotierten Eigenschaften erfolgen kann:

1. Zunächst werden die HyProMM-Prozesse priorisiert. Aus den in Abbildung 2 beschriebenen Rangwerten lässt sich hierfür die Summe aller Rangwerte pro Prozess ermitteln. Daraus ergibt sich eine Prozessordnung aller HyProMM-Prozesse (von höchster zu geringster Summe), die optional im nachfolgenden Schritt 3 benötigt wird.
2. Im zweiten Schritt werden die Inputs- und Outputs der Prozessbausteine verglichen, die über die Zuweisung von Rang 1 vorselektiert wurden. Wenn Inputs und Outputs mit der gleichen Bezeichnung identifiziert werden, sind diese Prozesse zunächst für das Vorgehensmodell „autorisiert".
3. Nicht autorisierte Prozessbausteine werden im dritten Schritt durch den Prozessbaustein ersetzt, der die Prozessordnung 2 im betroffenen HyProMM-Prozess besitzt. Wenn mehrere Prozessbausteine nicht autorisiert sind, werden die zweitrangigen Bausteine nacheinander (entsprechend der im ersten Schritt ermittelten Ordnung) ersetzt und erneut überprüft, ob diese autorisiert werden können.
4. Nach drei Schleifen folgt ein manueller Schritt 4. In diesem wird automatisch eine Frage an den Referenzmodellnutzer ausgegeben. Sie stellt in einfacher Weise Fragen zum Bedarf des Bausteins im vorliegenden Projekt. Wenn die überwiegende Anzahl der Fragen mit „ja" beantwortet wird, werden Tipps zur Integration des Bausteins in ein bestehendes Vorgehensmodell gegeben.

Gleichzeitig schließt sich hier auch der Kreis zu den in Kapitel 4.1 erwähnten Parametern vom Typ 2, da sich die zur Kompatibilitätsprüfung benötigten Parameter 2 von den Parametern des Typs 1 unterscheiden.

4.5 Beschaffenheit der Prozessbausteine

Da das Prozessmodell (Kapitel 4.3) aus Bausteinen besteht, die möglichst flexibel kombiniert werden können sollen, wird auf eine Hierarchisierung der einzelnen Prozessbausteine verzichtet. Verknüpfungspunkte mehrerer Prozessbausteine sind die Start- und Ende-Symbole (in Abbildung 4 nicht sichtbar). Die Verknüpfung erfolgt, wie in Kapitel 4.4 beschrieben, auf Basis der Inputs und Outputs, die an eingehenden und ausgehenden Dokumenten oder Informationen annotiert sind. Direkt auf Bausteinebene werden der Rang des Bausteins (siehe Abbildung 2) sowie die in Kapitel 4.4. erwähnten Fragen annotiert.

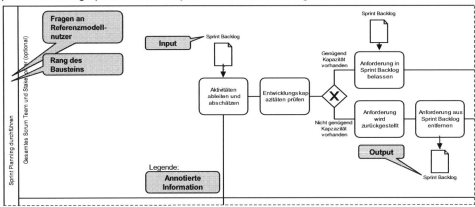

Abbildung 4: Ausschnitt eines Prozessmodells mit annotierten Eigenschaften

5 Fazit und Ausblick

Der vorgestellte Ansatz für die Konstruktion eines adaptiven Referenzmodells für hybrides Projektmanagement ist einfach in mehrerlei Hinsicht. Die ersten drei Schritte können allein durch die Annotation von Eigenschaften an Prozessbausteinen durchgeführt werden. Eine Annotation langer Terme, wie [SeTi17] und [PaST18] sie vorschlagen ist nicht nötig. Auch die Annotation der Fragen und Tipps zum Prozessbaustein können einfach gehalten werden. So könnte man sich bei den Fragen auf eine geringe Anzahl an Fragen beschränken, zu denen keine Rückmeldung bzw. Eingabe erwartet wird. Man müsste den Referenzmodellnutzern nur die Möglichkeit bieten, den jeweiligen Prozess manuell zu entfernen, wenn sie sich gegen eine Nutzung entscheiden sollten. Die annotierten Tipps können mit konkreten Bezügen zu anderen Methoden versehen werden, d. h. mit Tipps zum Umgang mit dem Prozessbaustein, wenn ein anderer definierter Prozessbaustein ebenfalls selektiert ist. Sowohl die Fragen als auch die Tipps müssen in einer Sprache erfolgen, die für Einsteiger ins Projektmanagement verständlich sind. Eine erste Evaluation der ersten drei Schritte des Ansatzes wurde mit Referenzmodellnutzern durchgeführt, welche die Parameter entsprechend ihres aktuellen Projektes ausprägten. Mit Ausnahme einer einzigen Methode, wurden anhand des Prototyps genau die Methoden selektiert, die tatsächlich beim User im Einsatz sind. Die eine „überflüssige" Methode wird nur in einer stark vereinfachten Variante genutzt.

Die erarbeitete Einfachheit des Aggregationsmechanismus ist gleichzeitig noch eine Schwäche, da noch nicht alle möglichen Fälle abgedeckt werden können. Dies kann durch weitere Regeln zu noch nicht abschließend geklärten Fragen ausgeglichen werden.

Eine offene Frage betrifft beispielsweise die Beschränkung auf drei Bearbeitungsschleifen, bevor mit Schritt 4 begonnen wird. Es ist noch zu klären, ob drei Schleifen ausreichen und ob die Gefahr einer Endlosschleife besteht, wenn die Anzahl der Schleifen nicht beschränkt wird.

Die aktuelle Heuristik zum Selektionsprozess beinhaltet die Annahme, dass alle HyProMM-Prozesse in jedem Projekt benötigt werden. Darüber hinaus ist noch zu klären, ob und mit welchem Mechanismus mehrere Methoden eines HyProMM-Prozesses berücksichtigt werden sollen und können.

Neben den in Kapitel 4.1 erwähnten Korrelationsanalysen werden zukünftig auch Sensibilitätsanalysen an mehreren Stellen im Prototyp durchgeführt. Durch diese soll ermittelt werden, wie stabil ein Ergebnis gegenüber kleinen Abweichungen bei der Parameter-Relevanz und den Gewichten ist.

Je größer die Menge zugrundeliegender Datensätze ist, desto zuverlässiger beruht das konstruierte Vorgehensmodell auf positiven Erfahrungswerten von Experten. Da aufgrund der vielen Parameter und der großen Anzahl an Methoden sehr viele Datensätze gesammelt werden müssen, erfordert die Pflege der Datengrundlage zum Referenzmodell ein Konzept. Dieses befindet sich aktuell in Erstellung. Bis zur Fertigstellung sind Experten willkommen, die in Interviews ihre positiven Erfahrungswerte zur Nutzung von Methoden in Projekten mit hybriden Projektmanagementvorgehensmodellen teilen wollen.

Aktuell wird außerdem untersucht, wie sich die Logik des Bausteinansatzes auf ein Netzwerk übertragen lässt, da auch hier Potentiale vermutet werden. Zudem wird untersucht, wie das Risiko- und das Changemanagement durch Hinweise oder Handlungsvorschläge, die an den Bausteinen annotiert sind, unterstützt werden kann.

Literaturverzeichnis

[BK19] Blust, M.; Kan, E.: Vorgehensmodelle und Methoden im hybriden Projektmanagement – eine empirische Studie, 2019.

[BITS19] Blust, M.; Timinger, H.; Seel, C.: Einflussgrößen für die Konstruktion eines adaptiven Referenzmodells für hybrides Projektmanagement. In (Wolf, M. R. et al. Hrsg.): Angewandte Forschung in der Wirtschaftsinformatik 2019. mana-Buch, Heide, Holst, 2019; S. 20–29.

[Br03] Vom Brocke, J.: Referenzmodellierung. Gestaltung und Verteilung von Konstruktionsprozessen. Zugl.: Münster, Univ., Diss., 2002. Logos, Berlin, 2003.

[BT03] Boehm, B. W.; Turner, R.: Balancing agility and discipline. A guide for the perplexed. Addison-Wesley, Boston, 2003.

[Delf06] Delfmann, P.: Adaptive Referenzmodellierung. Methodische Konzepte zur Konstruktion und Anwendung wiederverwendungsorientierter Informationsmodelle. Zugl.: Münster (Westfalen), Univ., Diss, 2006. Logos-Verl., Berlin, 2006.

[Feld18] Feldmüller, D.: Konfiguration des hybriden Projektmanagements nach Nutzenbetrachtungen. In (Barton, T. et al. Hrsg.): Angewandte Forschung in der Wirtschaftsinformatik 2018. Hamburg. mana-Buch, Heide, 2018; S. 177–186.

[FeLo04]   Fettke, P.; Loos, P.: Referenzmodellierungsforschung Langfassung eines Aufsatzes, 2004.

[GPM19]   Deutsche Gesellschaft für Projektmanagement e.V. Hrsg.: Kompetenzbasiertes Projektmanagement (PM4). Handbuch für Praxis und Weiterbildung im Projektmanagement. Buch & media, München, 2019.

[He04]   Hevner, A. R. et al.: DESIGN SCIENCE IN INFORMATION SYSTEMS RESEARCH. In MIS Quarterly, 2004.

[PaST18]   Paukner, M.; Seel, C.; Timinger, H.: Projektparameter für das Tailoring hybrider Projektmanagementvorgehensmodelle. In (Barton, T. et al. Hrsg.): Angewandte Forschung in der Wirtschaftsinformatik 2018. mana-Buch, Heide; S. 166–176.

[SeTi17]   Seel, C.; Timinger, H.: Ein adaptives Vorgehensmodell für hybrides Projektmanagement. In (Barton, T. et al. Hrsg.): Prozesse, Technologie, Anwendungen, Systeme und Management 2017. Angewandte Forschung in der Wirtschaftsinformatik; mana-Buch, Aschaffenburg, Heide, 2017; S. 20–29.

[SoBr12]   Sonnenberg, C.; Vom Brocke, J.: Evaluation Patterns for Design Science Research Artefacts. In (Helfert, M. Hrsg.): Practical Aspects of Design Science. European Design Science Symposium, Springer Berlin Heidelberg; 2012; S. 71–83.

[TiSe16]   Timinger, H.; Seel, C.: Ein Ordnungsrahmen für adaptives hybrides Projektmanagement. In projektMANAGEMENT aktuell, 2016, 2016.

[Wy14]   Wysocki, R. K.: Effective Project Management. Traditional, Agile, Extreme. Wiley, Indianapolis, Indiana, 2014.

Kontakt

Martina Königbauer (vormals Blust)
Hochschule Landshut, Institute for Data and Process Science (IDP), (vormals IPIM Institut)
Am Lurzenhof 1, 84036 Landshut
martina.koenigbauer@haw-landshut.de

Semantic Feature Engineering für ElasticNet-Modelle

Johannes Busse

Zusammenfassung

An einem Bag-of-Words-Beispiel für eine Klassifikationsaufgabe im Machine Learning untersuchen wir explorativ, wie Ontologien das Feature Engineering so unterstützen können, dass sich die praktische Brauchbarkeit von ElasticNet-Modellen verbessert: Bei gleichem AUC-Score erzeugt Semantisches Feature Engineering nicht nur schlankere, sondern auch durchschaubarere Modelle, was auch ethischen Anforderungen an KI entgegenkommt.
Kontext:
Die Themenfelder (Semantic Web-)Ontologien und Machine Learning (ML) stammen aus zwei recht unterschiedlichen wissenschaftlichen Kulturen. Die hohe Komplexität der einzelnen Fachrichtungen führte bisher eher zu einer Konkurrenz, die bis tief in die jeweiligen methodologischen Grundlagen reicht: ML beruht vorwiegend auf numerischen Codierungen und parametrischer und nichtparametrischer Statistik, das Semantic Web vorwiegend auf kategorialen Codierungen und formaler Logik. Auf den letzten zwei Semantics-Konferenzen (Wien 2018, Karlsruhe 2019) spielte in unserer Wahrnehmung logikbasiertes Inferencing allenfalls eine marginale Rolle. In der sich derzeit rasch entwickelnden Data Science scheinen formal-logische Ansätze gegenüber numerischen Verfahren des Machine Learning (ML) stark an Bedeutung verloren zu haben.
Der vorliegende Aufsatz zeigt, auf welche Weise Ontologien mit eingebautem Standard- (hier insbesondere RDFS-)Inferencing auch im Kontext von ML deutliche Mehrwerte entfalten können. Unser Ansatz besteht darin, nicht unmittelbar einzelne spezielle Businessprobleme, sondern generischer einzelne Methoden des ML als Anwendungsfall zu betrachten. Wie lässt sich ML durch die Ausnutzung von Wissen verbessern, das in der erstklassigen Wissensrepräsentation „Ontologie" formal codiert vorliegt?
Derzeit sind wir in der Phase explorativer Untersuchungen. Wir präsentieren im Folgenden erste Ergebnisse, um mit Kollegen ins Gespräch zu kommen, in welche Richtung sich weitere Forschung lohnt.
Um den Ansatz *Semantisches Feature Engineering (SFE)* transparent und so leichter kritisierbar zu machen, zeigen wir eine Anwendung von SFE für ML an einem maximal einfachen Sandkastenbeispiel, das notfalls sogar per Hand nachvollzogen werden kann. Unser Beispiel stammt aus dem Bereich der Klassifikation von Text, in der vor zehn Jahren noch Description Logic als primärer Hoffnungsträger galt, und die heute durch ML beherrscht wird. Interessante Challenges im Bereich der Textklassifikation mit ML finden sich heute insbesondere im Feature Engineering, also im Vorfeld der eigentlichen Modellerstellung, das in besonderer Weise vom Hintergrundwissen menschlicher Akteure profitiert.
Wir suchen daher exemplarisch nach (1) einer Ontologie und (2) einem ML-Verfahren, die in Kombination mit einem (3) Sandkastendatensatz davon profitieren, dass (4) in der Datenvorverarbeitung einer ML-Modellkonstruktion ein SFE stattgefunden hat. Wir stellen im Folgenden eine solche Kombination vor und (5) vergleichen die jeweils erzeugten Modelle.

1 Die Ontologie: Ein SKOS-Thesaurus

Gesucht wird eine Methode, die das in einer Ontologie enthaltene Wissen so nutzbar macht, dass ein geeignet ausgewählter ML-Algorithmus ein in der Praxis brauchbareres Modell erzeugt. Praktische Brauchbarkeit eines Klassifikators erschöpft sich bekanntlich nicht nur in mathematischen Scores wie *precision*, *recall* oder *AUC*, sondern bezieht aus Sicht der Wirtschaftsinformatik auch die Nachvollziehbarkeit des Modells bis hin zur Qualitätssicherung der Eingangsdaten und den Prozess der Modellbildung selbst mit ein.

Um auch auf Seiten der logikbasierten Wissensrepräsentation Brauchbarkeit sicherzustellen, suchen wir einen Ontologietyp, der möglichst leichtgewichtig ist und dabei gerade noch eine interessante Ausdruckskraft aufweist. Allein aus technischen Überlegungen ist es immer eine gute Strategie, beim Reasoning Komplexität zu reduzieren und den Durchsatz zu erhöhen. Aber auch das Kriterium der Praxistauglichkeit lässt es ratsam erscheinen, eine Ontologie strukturell so überschaubar zu halten, dass sie insbesondere auch von Domainexperten ohne vertiefte formal-logische Ausbildung gepflegt werden kann.

Ein einfacher, leichtgewichtiger Ontologietyp, der sich in der Praxis bewährt hat, liegt insbesondere mit der Wissensrepräsentation *Simple Knowledge Organization System (SKOS)* vor. Technisch gesehen ist SKOS eine Ontologie, die im Wesentlichen eine einzige relevante Klasse `skos:concept` sowie einen Strauß interessanter Relationen definiert. Pragmatisch gesehen fungiert SKOS damit als Meta-Ontologie, mit der man auf Instanzebene ein vergleichsweise brauchbares semantisches Netz als leichtgewichtige Ontologie aufbauen und so sein Wissen „nach Art" eines Begriffsbaums modellieren kann. Für die Logik wird dann nur noch ein RDF(S)-Inferencing benötigt, für das ausgereifte Lösungen erhältlich sind.

2 Der Machine Learning Algorithmus: glmnet/elasticnet

Für unser Beispiel suchen wir nach einem gut verstandenen, breit anwendbaren Standardverfahren aus dem ML, das von Haus aus gute Werte liefern sollte, aber – zumindest in Bezug auf mathematische Scores – nicht unbedingt in die Spitzengruppe der ML-Verfahren gehören muss. Für unser Experiment ebenso wichtig wie ein guter Score ist, dass sowohl das Verfahren als auch das vom Verfahren generierte Modell transparent und im Detail nachvollziehbar ist (White-box-Evaluation). Denn wir wollen ja nicht nur experimentell messen, ob durch eine Ontologie das ML verbessert wurde, sondern auch abschätzen und begründen können, woher die Verbesserung stammt. Nur ein vollständig nachvollziehbarer Algorithmus und ein durchschaubares Modell erlauben es uns, neue Hypothesen und Ansatzpunkte für mögliche Einflüsse der Ontologie auf den ML-Algorithmus zu entwickeln.

Unsere theoriegeleitete Hypothese besteht darin, dass Gradientenabstiegsverfahren eigentlich davon profitieren sollten, dass die Oberfläche eines hochdimensionalen Optimierungsproblems durch das geeignete Auffüllen von dimensionalen „Löchern" sozusagen glatter wird.

Im Detail: Klassifikation durch logistische Regression ist in der Praxis des ML nach wie vor eine wichtige Methode. Kategoriale Attribute werden gemeinhin durch `sklearn.preprocessing.OneHotEncoder()` oder `pandas.get_dummies()` in einen *bag of words (BoW)* überführt: Für jeden faktisch auftretenden Wert eines kategorialen Feature (z. B. `Anrede` mit den Werten *Herr*, *Frau*, *Monsignore*) wird ein neues numerisches Feature mit dem Namen dieses Wertes angelegt (in unserem Beispiel die neuen Features `Titel_Herr`, `Titel_Frau`, `Titel_Monsignore`); als numerischer Wert dieser neuen Features bedeutet eine *1*, dass dieses Feature in dem ursprünglichen kategorialen Feature als Wert enthalten war. Die Feature-Matrix wird bei diesem Prozess um so viele Spalten erweitert, wie unterschiedliche Werte in den kategorialen Features enthalten waren.

Die Feature-Matrix eines BoW ist typischerweise „breiter als lang", d. h. sie enthält typischerweise um eine Größenordnung mehr Features (Spalten) als Datensätze (Zeilen). In der Praxis der Textklassifikation entsteht hier leicht eine Feature-Matrix mit 10.000 bis 100.000 (!) Spalten, die speichereffizient als dünnbesetzte (*sparse*) Matrix vorgehalten werden kann. Aus der Schulmathematik bekannte Verfahren zur Herstellung von in der Praxis relevanten logistischen, multinominalen Regressionsmodellen sind bei BoW für Klassifikationsaufgaben nicht anwendbar, da die Feature-Matrix ja massiv unterdeterminiert ist.

Wenn man auf neuronale Methoden wie `word2vec` verzichten will, gelten l1/l2-regularisierte Gradientenabstiegsverfahren als Stand der Technik, darunter insbesondere `glmnet` aus [FrHT10, HaTW16] oder weiterführende, z. T. auch stochastische Implementierungen für die Suche von ElasticNet-Pfaden, z. B. aus der `sklearn`-Bibliothek die Algorithmen `linear_model.LogisticRegressionCV` oder `linear_model.SGDClassifier` mit dem Parameter `penalty='elasticnet'`. Diese Verfahren reduzieren Overfitting, indem eine zu große Varianz des Einflusses einzelner Features auf die Lösung bestraft und so die Generalisierbarkeit des Modells erhöht wird (ausführlich siehe [Jame13], Chapter 6: Linear Model Selection and Regularization). Um die Maschinerie im Detail untersuchen zu können, verwenden wir allerdings nicht diese High-level-Bibliotheken, sondern die Cross-Validation aus [Bowl15, Listing 5-4] in Verbindung mit `sklearn.linear_model.enet_path`.

Wir halten fest: Der intendierte Anwendungsbereich von SFE sind BoW-Probleme mit dünn besetzten, sehr „breiten" Matrizen in Verbindung mit ML-Verfahren, die dezidiert für solche Matrizen zugeschnitten sind und in der Praxis brauchbare Klassifikationsmodelle erzeugen.

3 Der Datensatz: Das Feature „Anrede" der Titanic-Passagiere

Für unser Experiment integrieren wir das leistungsfähige und gut untersuchte ML-Verfahren *glmnet/ElasticNet* mit der gut bekannten und vergleichsweise einfach handhabbaren Semantik-Web-Technologie *Simple Knowledge Organisation System (SKOS)* im Anwendungsbereich der Textklassifikation. Die Idee besteht darin, im Rahmen des Feature Engineering Features vom Typ Text nicht nur manuell auf Basis individueller intellektueller Leistungen eines domänenkundigen Data Scientist, sondern auch auf Basis des in einer SKOS-Terminologie enthaltenen Domänenwissens automatisch vorzuverarbeiten.

Zu den am besten untersuchten Datensätzen der didaktischen ML-Szene gehört der Datensatz *https://www.kaggle.com/c/titanic*. Auch wenn hier eigentlich kein Beispiel für Textklassifikation vorliegt, erzeugen wir uns daraus unser Sandkastenbeispiel für Textklassifikation, indem wir den Datensatz auf das einzige Eingabe-Feature `Anrede` (mit Werten wie *Mr*, *Mrs*, *Master*, *Reverend* etc.) sowie das Target `survived` mit den boolschen Werten *0* und *1* reduzieren. Durch diese Reduktion stehen uns – im Unterschied zur Kaggle-Version – insbesondere die Features `Alter` und `Geschlecht` nicht mehr zur Verfügung.

4 Das Feature Engineering

Zum ML-Gemeinwissen über den Titanic-Datensatz gehört, dass das Alter und das Geschlecht eines Titanic-Passagiers ganz zentrale Prädiktoren für einen Platz im Rettungsboot waren. In unserem radikal zusammengestrichenen Sandkastendatensatz stehen uns Alter und Geschlecht jedoch nicht mehr explizit als Features zur Verfügung. Es stellt sich die technische Frage: Wie können wir diese Features aus dem nunmehr einzig übriggebliebenen Feature Anrede (re-)konstruieren? Und es stellt sich die viel schwierigere Frage: Woher wissen wir, dass wir genau diese Features rekonstruieren sollten? Welche anderen Features wollen wir ggf. hinzufügen?

Als Datenanalysten mit ausreichend Weltwissen erinnern wir uns heuristisch der damals gültigen gesellschaftlichen Norm „Frauen und Kinder zuerst" und schreiben im Rahmen des Feature Engineering programmatisch entsprechenden Code, in *Python* etwa so:

```
if data['Anrede']=='Mrs':    data['Geschlecht']='f'
if data['Anrede']=='Master': data['Alter']    ='young'
```

Dieses unser Handeln wollen wir genauer betrachten. Wir stellen fest: (a) Wir müssen diese für unseren Usecase einschlägige soziale Norm aus dem frühen 20. Jahrhundert kennen und uns ihrer möglichen Relevanz bewusst werden. (b) Wir müssen diese Norm im Rahmen des Feature Engineering durch geeigneten Code repräsentieren. Die formale Sprache (und die von ihr unterstützte Wissensrepräsentation), in der wir diese Norm codieren, ist oft identisch mit der Host-Sprache, in der wir die Analyse durchführen. In unserem Beispiel verwenden wir direkt in Python prozedural formulierte Wenn-Dann-Regeln. (c) Die neuen Features dienen lediglich als Heuristik, ihre tatsächliche Relevanz ist noch unklar. (d) Solange wir nicht über valide Übersetzungen kategorialer in numerische Werte verfügen, werden auch die neuen Features vermutlich kategoriale Features bleiben.

Stünden uns also in unserem Toy-Datensatz außer dem einzigen Feature Anrede zusätzlich auch die Features Geschlecht oder Alter (letzteres kategorial als *young* oder *adult* codiert) zur Verfügung, stellt sich die Frage, ob ein geeigneter Algorithmus die neuen Features tatsächlich als maßgebliche Prädiktoren für das Überleben identifizieren würde – jedenfalls maßgeblicher als andere Features in unserem BoW. Hier sind unterschiedliche Hypothesen denkbar:

- Hypothese 1: Die Modellqualität *bleibt gleich*. Argument: Der ML-Algorithmus ist *intelligent genug*, um eine geeignete (hier: Linear-)Kombination aller relevanten Features zu identifizieren.
- Hypothese 2: Die Modellqualität *verbessert* sich. Argument: Der ML-Algorithmus *profitiert* von den hinzugefügten Features.
- Hypothese 3: Die Modellqualität *verschlechtert* sich. Argument: Der ML-Algorithmus wird von den redundanten Features *gestört*.

Wir probieren das einfach aus. Um eine Übersicht zu erhalten, mit welchen Begriffen wir es zu tun haben, stellen wir die im Datensatz enthaltenen Anreden zunächst gemäß [Buss14] als Mindmap dar (Abbildung 1).

Diese Mindmap lässt sich leicht als hierarchischer Feature Space ([RiPa14]) interpretieren. Wenn man den hier grafisch dargestellten Baum technisch als SKOS-Thesaurus codiert, lassen sich alle aus dem BoW ableitbaren Fakten mit klassischem RDF(S)-Inferencing als transitiver Abschluss der skos:broader Relation ausmaterialisieren und so explizit machen.

Durch dieses Verfahren werden in jedem Datensatz zu einer gegebenen Anrede alle zugehörigen „Oberbegriffe" hinzugefügt. (Strukturwissenschaftlich professionell verwendet man hierzu einen RDF-Store mit integriertem RDFS-Inferencing. Für unser Experiment erzeugen wir die Oberbegriffe quick & dirty per XSLT-Scripting auf Basis der Mindmap.)

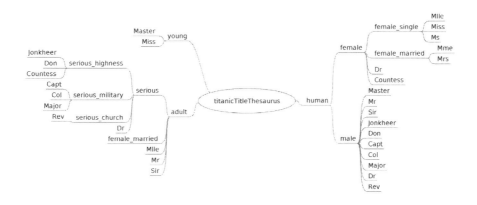

Abbildung 1: Titanic Thesaurus als Freeplane-Mindmap

Im Gegensatz zu anderen Ansätzen *erweitern* wir hier den Feature Space, erhöhen also seine Dimensionalität, anstatt sie zu reduzieren. Dies ist insofern interessant, als beim ML gelegentlich viel Aufwand betrieben wird, um (z. B. durch PCA) die Anzahl der Dimensionen eines Feature Space zu reduzieren, um nachgelagerte Verfahren effizient oder sogar überhaupt erst einmal effektiv anwenden zu können. Auch wenn man im ML gerne von einem *curse of dimensionality* spricht: Unser Verfahren interpretiert eine – zumindest systematisch erzeugte – hohe Dimensionalität nicht als Fluch, sondern als Segen.

Den Einfluss des SFE bestimmen wir in einem direkten Vergleich zweier Modelle: Das Modell ohne SFE (Abb. 2, gestrichelte Linie, rot) wird auf der BoW-Repräsentation ausschließlich auf Grundlage des Features Anrede erstellt. Das Modell mit SFE (Abb. 2, durchgezogene Linie, blau) wird über einem BoW erstellt, der durch SFE um verschiedene weitere Features erweitert wurde.

5 Modellvergleich

Black-Box-Vergleich: Der Score von Klassifikationsaufgaben wird typischerweise als *area under (receiver) curve (AUC)* angegeben. Abbildung 2 protokolliert die Suche nach dem besten Modell für unseren Datensatz ohne und mit SFE als das Verhältnis von Penalty (s. u.) und dem jeweils erzielten AUC. Als wichtiges erstes Ergebnis unseres Experiments ist festzuhalten, dass durch SFE ein nicht schlechterer AUC mit deutlich weniger Schritten gefunden wurde.

Damit scheint Hypothese 1 unterstützt zu werden: Die Modellqualität wird nicht besser, sondern bleibt *gleich* – jedenfalls gemessen am AUC. Gleichzeitig wird Hypothese 3 zurückgewiesen: Unsere Befürchtung, dass die zusätzlich generierten Features den Algorithmus verwirren könnten, hat sich gemessen am AUC nicht bewahrheitet.

Scores wie der AUC, die Fehlklassifikationsrate oder andere Werte der Confusion-Matrix nehmen als Black-Box-Kriterien keinen Bezug auf die Modellstruktur. Da der AUC keine Unterschiede zeigt, müssen wir, wenn wir die Qualität von Modellen umfassender bewerten wollen, in die Modelle auch hineinschauen. Ein solcher White-Box-Vergleich hängt naturgemäß stark vom verwendeten Algorithmus und Modelltyp ab.

In unserem Experiment verwenden wir die Funktion `sklearn.linear_model.enet_path` zur Modellbildung, die basierend auf [Bowl15] (Chapter 5, Listing 5-4) in eine Cross-Validation-Struktur eingebettet wird. In groben Zügen funktioniert `enet_path` wie folgt: In einer inneren Schleife werden nacheinander diejenigen Features identifiziert, die das Target jeweils am besten vorhersagen. Diese Suche wird parametrisiert durch ein beliebiges, aber festes `alpha`, das als eine *penalty* (Strafe) für ein zu großes Ungleichgewicht zwischen Features verstanden werden kann. Eine äußere Schleife führt diese Feature-Identifikation nacheinander für verschiedene Werte von `alpha` aus, die typischerweise in Zehnerpotenzen zwischen den Größenordnungen *10* bis *0.0001* heruntergeregelt werden. Wesentliche Aufgabe der äußeren Schleife ist es, als bestes `alpha` denjenigen Wert zu identifizieren, der den besten AUC erzeugt.

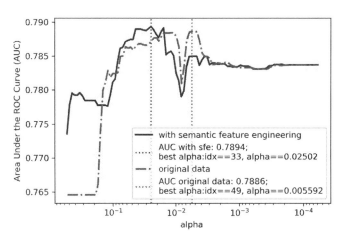

Abbildung 2: AUC mit abnehmender Penalty `alpha`,
ohne (gestrichelt, rot) und mit (durchgezogen, blau) Semantischem Feature Engineering

Abbildung 2 zeigt, wie der AUC mit sinkender Strafe zunächst ansteigt, bei zu kleiner Strafe dann aber wieder abfällt. Als Ergebnis liefern diese zwei Schleifen einen besten Wert `alpha` und eine geordnete Liste von Features. (Die Entwicklung der SFE-Modell-Koeffizienten in Abhängigkeit von `alpha` sowie ihre Werte für einen optimalen AUC zeigt dann Abbildung 3.)

Eine Eigenschaft unseres Algorithmus besteht darin, dass (bei einem geeignet gewählten, aber festen Verhältnis von `l1` und `l2`-Regularisierung) mit kleiner werdendem `alpha` immer mehr Features im Modell enthalten sind, um die Target-Variable vorherzusagen. Umgekehrt gilt: Je größer `alpha` ist, desto weniger Features werden zur Vorhersage benötigt. Generell sind wir an einem möglichst großen `alpha` interessiert, denn Modelle mit weniger Variablen und einer höheren Bestrafung von Ungleichgewicht sind schlanker, weniger *overfitted*, besser generalisierbar und in der Performanz besser vorhersagbar. Vor allem aber haben Modelle mit einem größeren `alpha` den deutlichen praktischen Vorzug, dass sie im Allgemeinen durchschaubarer, leichter zu erklären und leichter auf Angemessenheit zu überprüfen sind als Modell mit kleinerem `alpha`.

Beim White-Box-Vergleich zwischen unseren zwei Modellen stellt der jeweils beste Wert für `alpha` eine wichtige, jedoch nicht die einzige Information dar. Stellt man die Modellstrukturen einander gegenüber, dann wird erkennbar, dass es dem Algorithmus in der Tat gelingt, die zusätzlichen Features zu nutzen, um ein Modell mit ähnlichem AUC schneller aufzubauen. Die gepunkteten Kurven in Abbildung 3 zeigen die Entwicklung der Modellkoeffizienten – und damit auch die Eintrittsreihenfolge der Features in das Modell – in Abhängigkeit von `alpha` im finalen Modell nach der Anwendung von SFE. Die senkrechten Linien markieren den besten Wert für `alpha` ohne und mit SFE.

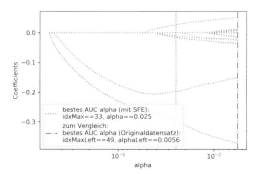

Abbildung 3, links: Pfade im ElasticNet-Modell mit SFE; rechts: Koeffizienten ohne/mit SFE

Man sieht leicht, dass das SFE-vorverarbeitete Modell dank des größeren `alpha` deutlich weniger Variablen enthält. Der entscheidende Unterschied zum Originaldatensatz zeigt sich im höheren Wert `best_alpha`. Insbesondere enthält das SFE-Modell genau diejenigen Features, die wir aufgrund unseres Vorwissens „Frauen und Kinder zuerst" als maßgeblich vermutet hatten.

Ergebnis: In unserem Beispieldatensatz erhöht SFE zwar den AUC nicht merklich, unterstützt den Algorithmus `ElasticNet` aber darin, trotz einer Erhöhung der Dimensionen des Feature Space in kürzerer Zeit schlankere Modelle aufzubauen.

6   Zusammenfassung

An einem minimalen Sandkastenbeispiel untersuchen wir, wie die Klassifikation von Texten auf Basis der Bag-of-Words (BoW)-Datenstruktur von neuen Features profitieren kann, die auf Basis einer Domain-Ontologie automatisch hinzugefügt werden. Wir machen Gebrauch von dem Machine-Learning-Algorithmus `sklearn.linear_model.enet_path`, der – etwa im Ggs. zu Naïve-Bayes-Klassifizierern – nicht voraussetzt, dass die Features stochastisch unabhängig sind. In unserem Beispiel erhalten wir ein Modell, dessen AUC trotz der zusätzlichen abhängigen Features nicht abfällt, gleichzeitig aber weniger und relevantere Features enthält und dadurch durchschaubarer wird. Dieses Ergebnis ist nicht ganz trivial, da wir die Dimensionalität des Datensatzes einem gelegentlich zitierten *curse of dimensionality* zum Trotz nicht reduzieren, sondern erhöhen.

Der größte Mehrwert des SFE besteht unseres Erachtens in der besseren Erklärbarkeit des erzeugten Modells bei nicht schlechterem AUC. Die Erklärbarkeit steigt nicht nur (a) durch ein schlankeres Modell, sondern auch (b) durch besser strukturierte Feature-Engineering-Prozesse: Beim SFE beruht die Suche nach neuen kombinatorischen Features nicht mehr lediglich auf manuell erstellten (und möglicherweise sogar nativ in der Data-Science-Sprache formulierten) urwüchsigen Ableitungsregeln, sondern zusätzlich auch auf projektübergreifend gültigen formalen Wissensrepräsentationen. Nicht zuletzt steigt die Erklärbarkeit (c) dadurch, dass Ontologien Artefakte sind, die oft langfristig einem QM-Prozess unterzogen werden.

Insgesamt ist das durch SFE erzeugte Modell in seinem Ergebnis wie auch seinem Entstehungsprozess an bereits existierendes, formal repräsentiertes, ggf. qualitätsgesichertes, jedenfalls explizit vorliegendes und daher kritisierbares Wissen besser anschlussfähig. Beim SFE verlassen wir uns nicht mehr lediglich auf die Intuition eines Data Scientist und handgemachten Code, sondern wir können das Feature Engineering auf Basis der High-Level-Datenstruktur „Ontologie" rationaler gestalten. Vollmundig könnte man sagen: Wir nutzen symbolische KI zur Verbesserung von subsymbolischer KI.

Letztlich dient dieser Ansatz einem wichtigen Ziel, das in diesem Aufsatz noch nicht erwähnt wurde, aber unser Experiment forschungsleitend motivierte: Wir suchen nach besser erklärbaren Modellen als Grundlage für eine *ethischere* KI, wie sie z. B. von [Smuh19] dringend eingefordert wird.

Literaturverzeichnis

[Agga18] Aggarwal, Charu C. 2018. *Machine Learning for Text*. Cham: Springer International Publishing. https://doi.org/10.1007/978-3-319-73531-3.

[Bowl15] Bowles, Michael. 2015. *Machine Learning in Python: Essential Techniques for Predictive Analysis*. Indianapolis, IN: John Wiley & Sons, Inc.

[Buss14] Busse, Johannes. 2014. „Semantische Modelle mit Mindmaps". In *Wissensorganisation Und -Repräsentation Mit Digitalen Technologien*, herausgegeben von Stefan Andreas Keller, René Schneider, und Benno Volk. Berlin, Boston: De Gruyter Saur. https://doi.org/10.1515/9783110312812.115.

[FrHT10] Friedman, Jerome; Trevor Hastie; Robert Tibshirani. 2010. „Regularization Paths for Generalized Linear Models via Coordinate Descent". *Journal of Statistical Software* 33 (1). https://doi.org/10.18637/jss.v033.i01.

[HaTW16] Hastie Trevor; Robert Tibshirani; Martin Wainwright: Statistical Learning with Sparsity. The Lasso and Generalizations, o. J. [2016], 362 pages, https://web.stanford.edu/~hastie/StatLearnSparsity_files/SLS_corrected_7.28.16.pdf (zuletzt abgerufen Juli 2020)

[JWHT13] James, Gareth; Daniela Witten; Trevor Hastie; Robert Tibshirani: *An Introduction to Statistical Learning: With Applications in R*. Springer Texts in Statistics 103. New York: Springer 2013

[RiPa14] Ristoski, Petar, und Heiko Paulheim. 2014. „Feature Selection in Hierarchical Feature Spaces". In *Discovery Science*, herausgegeben von Sašo Džeroski, Panče Panov, Dragi Kocev, und Ljupčo Todorovski, 8777:288–300. Cham: Springer International Publishing. https://doi.org/10.1007/978-3-319-11812-3_25.

[Smuh19] Smuha, Nathalie, Hrsg. 2019. „Ethics Guidelines for Trustworthy AI". High-Level Expert Group on Artificial Intelligence, https://ec.europa.eu/digital-single-market/en/high-level-expert-group-artificial-intelligence.

[Zhen19] Zheng, Alice: Merkmalskonstruktion für machine learning. Prinzipien und Techniken der Datenaufbereitung. Heidelberg, O'Reilly 2019

Kontakt

Prof. Dr. Johannes Busse
Fakultät für Informatik, HAW Landshut
Am Lurzenhof 1, 84036 Landshut
www.jbusse.de, busse@haw-landshut.de

Autoren

Tamara Brettner
Fachhochschule Aachen
Eupener Str. 70, 52066 Aachen
tamara.brettner@alumni.fh-aachen.de

Prof. Dr. Johannes Busse
Fakultät für Informatik, HAW Landshut
Am Lurzenhof 1, 84036 Landshut
www.jbusse.de, busse@haw-landshut.de

Dipl.-Math. Enrica Cherubini
Institut für Lernen und Innovation in
Netzwerken (ILIN)
Fakultät für Informatik und
Wirtschaftsinformatik
Hochschule Karlsruhe
Moltkestr. 30, 76133 Karlsruhe
T +49 721 925-2979
enrica.cherubini@hs-karlsruhe.de

Prof. Dr. Sandy Eggert
Hochschule für Wirtschaft und Recht Berlin
Badensche Straße 52, 10825 Berlin
Sandy.Eggert@hwr-berlin.de

Prof. Dr. Andreas Johannsen
Technische Hochschule Brandenburg
Magdeburger Str. 50, 14770 Brandenburg
T +49 3381 355-256
andreas.johannsen@th-brandenburg.de

Prof. Dr. Steffen Kinkel
Leiter Institut für Lernen und Innovation in
Netzwerken (ILIN)
Fakultät für Informatik und
Wirtschaftsinformatik
Hochschule Karlsruhe
Moltkestr. 30, 76133 Karlsruhe
T +49 721 925-2915
steffen.kinkel@hs-karlsruhe.de

Klemens Köhler
Fachhochschule Aachen
Eupener Straße 70, 52066 Aachen
T +49 241 6009 52239
k.koehler@fh-aachen.de

Martina Königbauer (vormals Blust)
Hochschule Landshut, Institute for Data and
Process Science (IDP), (vormals IPIM Institut)
Am Lurzenhof 1, 84036 Landshut
martina.koenigbauer@haw-landshut.de

Tobias Kopp, M.Sc.
Institut für Lernen und Innovation in
Netzwerken (ILIN)
Hochschule Karlsruhe
Moltkestraße 30, 76133 Karlsruhe
T +49 721 925-2913
tobias.kopp@hs-karlsruhe.de

Dr. Elvira Kuhn
Hochschule Trier
Schneidershof, 54294 Trier
T +49 651 8103 299
e.kuhn@hochschule-trier.de

Christian Lossos
Robert Bosch GmbH
Postfach 30 03 20, 70442 Stuttgart
christian.lossos@de.bosch.com

Dr. Eike Meyer
Druckerstrasse 46, 22117 Hamburg
eike.j.meyer@fh-kiel.de

Prof. Dr. Frank Morelli
HS Pforzheim
Tiefenbronnerstr. 65, 75175 Pforzheim
T +49 7231 28-6697
frank.morelli@hs-pforzheim.de

Simon Geschwill
Schwarz Dienstleistung KG
Stiftsbergstraße 1, 74172 Neckarsulm
simon.geschwill@mail.schwarz

Prof. Dr. Martin Przewloka
Institut für Digitale Assistenzsysteme e.V.
Ulmenring 4, 35418 Buseck
T +49 6408 4656
martin.przewloka@mnd.thm.de,
martin.przewloka@institut-das.de

Saskia Rafalski
CGI Deutschland B.V. & Co. KG
Weihergasse 5b, 65203 Wiesbaden
T +49 172 84 57 354, saskia-r@falski.de

Prof. Dr. Martin Rupp
Provadis School of International Management
and Technology
Industriepark Höchst, Gebäude B845
65926 Frankfurt
T +49 69 305-81051
martin.rupp@provadis-hochschule.de

Mario Schüller
Fachhochschule Aachen
Eupener Str. 70, 52066 Aachen
mario.schueller@alumni.fh-aachen.de

David Veit
Hochschule für angewandte Wissenschaften
Würzburg-Schweinfurt
Sanderheinrichsleitenweg 20, 97074 Würzburg
T +49 931 3511-8325, david.veit@fhws.de

Prof. Dr. Kristin Weber
Hochschule für angewandte Wissenschaften
Würzburg-Schweinfurt
Sanderheinrichsleitenweg 20, 97074 Würzburg
T +49 931 3511-8947, kristin.weber@fhws.de

Prof. Dr. Doris Weßels
Fachhochschule Kiel
Sokratesplatz 2, 24149 Kiel
doris.wessels@fh-kiel.de

Prof. Dr. Martin R. Wolf
Fachhochschule Aachen
Eupener Straße 70, 52066 Aachen
T: +49 241 6009 52171, m.wolf@fh-aachen.de

Prof. Dr. Konrad Zerr
HS Pforzheim
Tiefenbronnerstr. 65, 75175 Pforzheim
T +49 7231 28-6206
konrad.zerr@hs-pforzheim.de

Printed in Poland
by Amazon Fulfillment
Poland Sp. z o.o., Wrocław